EL CAMINO A LA
SOBRIEDAD
—— PARA ——
PERSONAS INTELIGENTES

DIRIGIDO A
HOMBRES
Y MUJERES
DE ÉXITO
QUE PERIÓDICAMENTE
BEBEN
MÁS DE LA CUENTA

árbol editorial

BERT PLUYMEN

୨୧

EL LIBRO MUERE CUANDO LO FOTOCOPIAN

๛

TÍTULO DE LA OBRA EN INGLÉS: *The Thinking Person's Guide to Sobriety*
PUBLICADO POR: St. Martin's Press
© 1999 by Bert Pluymen
Nueva York, E.U.A.
TRADUCCIÓN: José Enrique Volio Sanguinetty
EDICIÓN LITERARIA: Matilde Schoenfeld

© 2001   Árbol Editorial, S.A. de C.V.
Av. Cuauhtémoc 1430
Col. Santa Cruz Atoyac
México D.F. 03310
Teléfono: 5605 7677
Fax: 5605 7600
Correo electrónico: arboleditor@mexis.com

ISBN 968-461-128-5
Reservados todos los derechos
Impreso en México / *Printed in Mexico*

Para mis padres, Paula y Harry;
para mi hermosa hija, Anita,
con todo mi amor

Índice

Nota del autor

Cuando dejé de tomar, hace diez años, mi familia, amigos y colegas abogados me decían: "Tú no tienes problemas con la bebida. ¿Por qué dejas de beber?" Pero ellos no se despertaban en mi cuerpo ningún domingo, cuando me sentía horrible. Alguna vez oí que el jugo de naranja era bueno para la *cruda* (resaca), así que me tomaba dos litros, con aspirinas. Después me miraba al espejo y me prometía que *jamás* volvería a hacerlo. Y de hecho, no lo volvía a hacer. En tres semanas.

También dejaba de beber por completo durante una semana, un mes o incluso tres meses. Entonces pensaba: No tengo problemas con el alcohol. Puedo dejar de beber cuando quiera. Así que decía: "Deme una cerveza. O mejor, que sean dos". No tenía idea de que la adicción al alcohol es un desorden intermitente y que la mitad de los adictos dejan de beber durante algún mes del año.

Cuando llegué a estar sobrio sufrí un caso severo de los "todavía no": todavía no me habían arrestado, todavía no había perdido mi trabajo, todavía no bebía en las mañanas ni me temblaban las manos. Pero sabía que el alcohol era un problema porque por lo general me pasaba el tiempo intentando moderarme al beber. Y el deseo de beber de manera moderada es conocido únicamente ¿por quiénes? por aquellos que tienen problemas con la bebida. Hombres y mujeres comunes beben moderadamente sin tener que proponérselo.

Inclusive cuando mi forma de beber no interfería con mi trabajo, mi vida personal era un desastre, lo que me ins-

piraba a buscar mi recuperación, como el capítulo "Rogar
por treinta minutos no es estimulación erótica" (al leer el
capítulo sabrá por qué).

Por fortuna, estando sobrio conocí a muchas personas
que tenían historias sobre la bebida similares a la mía. Podía verme reflejado en sus vidas, y posiblemente también
el lector lo haga. Incluyo también las elocuentes voces de
mujeres (una maratonista, una azafata británica, una estrella del basketball, una ingeniera química y una diseñadora
de interiores) así como de hombres (un escritor, un gerente australiano, un agente de bienes raíces).

¿Cómo es que mujeres y hombres de bien se hacen adictos al alcohol? Bien, sabemos que la adicción está presente
en familias y que algunas personas están genéticamente pre-
dispuestas al desorden. De hecho, tengo un amigo que se
lamenta: "Si no hubiera heredado mi alcoholismo, mi familia no me habría dejado nada".

Sin embargo, por cada persona como él, que tiene una
desafortunada tendencia genética hacia la adicción, hay dos
como nosotros que aparentemente nos arreglamos para adquirir este desorden por nuestra cuenta. ¿Cómo? Gracias a
años de beber socialmente grandes cantidades de alcohol.
Y lo que más influye sobre nosotros es la cultura en que
vivimos.

Alguna vez vi en un automóvil una calcomanía con la
leyenda: "Dios creó el alcohol para que los irlandeses no
conquistaran el mundo" y después me di cuenta de que era
una reflexión bastante acertada sobre el impacto que la cultura tiene en nuestra manera de beber. Muchos hombres
irlandeses toman litro tras litro de cerveza con su grupo de
amigos en la cantina porque es una parte integral de su
cultura. En este y otros países, si uno cierra los ojos mientras habla con otras personas de 30 o 40 años, pensaría que
está hablando con jóvenes de 19: Todavía se llaman por
teléfono durante la semana para planear dónde pasar la

"Hora Feliz" en algún bar el viernes, luego el partido de futbol (y después las cervezas) el sábado, y los toros el domingo. Como resultado, "normalizan" su comportamiento respecto a la bebida. Y la mayor dificultad es que no es el brazo el que se vuelve adicto, sino el cerebro. El órgano al que le gusta el alcohol es el que intenta determinar si debe cambiar su comportamiento. Adivine qué decisión va a tomar cada vez. Es por ello que este libro advierte: "Su mente es como un vecindario peligroso: nunca entre ahí solo".

Muchas mujeres beben, hoy en día, al mismo ritmo que los hombres, sin darse cuenta de que sus cuerpos son mucho más sensibles al alcohol. Y cuando resultan más intoxicadas, algunas culpan con razón a su menor tamaño físico. Pero si uno seleccionara a una mujer y a un hombre que tengan el mismo peso, digamos 75 kilos, y les diera a beber a ambos la misma cantidad de alcohol, ¿sabe quién resultaría más intoxicado? La mujer. ¿Sabe por cuánto? El nivel pico de alcohol en su sangre es 40% más alto que el del hombre. Esto tiene terribles implicaciones, no sólo en cuanto a su comportamiento; además, las mujeres que toman únicamente dos copas al día en promedio tienen un aumento de 50 a 100% en incidencia de cáncer mamario.

Olvidamos que el alcohol es una toxina tan dañina que 1 de cada 3 adictos muere de un infarto. La mitad muere de enfermedades del corazón o de cáncer. Edad promedio de muerte: 52 años. En contraste, por enfermedades del hígado, sólo 2% muere. Como me gusta la ironía, cuando una persona muere de un infarto a los 45 años, me pregunto si su familia dice: "Pepe amaba la vida", o si sus amigos dicen: "Julieta vivió su vida al máximo".

Muchos de nosotros nos hemos envenenado buscando divertirnos. Y no me malentienda: Todavía quiero divertirme. Después de haber estado sobrio durante un año, le prometí a mi grupo de apoyo que si la vida no era igual de divertida en sobriedad, volvería a tomar. Pero cuando uno de mis compañeros de parranda se ofreció a llevarme a "reintoxicar", decliné la oferta porque la vida me parecía buena —y prometía mejorar. En las vidas de amigos sobrios podía ver sueños haciéndose realidad.

De hecho, si usted se desempeña a un 80% de su capacidad y su vida va bien pero sus sueños no han sido satisfechos, ¿por qué no desempeñarse al 100% y ver que sus mejores sueños se hagan realidad?

Uno de mis sueños era dejar de ser abogado, y jamás habría podido pensar en la manera de lograrlo cuando todavía bebía. Ahora mi mayor miedo, si alguna vez vuelvo a beber, no es terminar en una banqueta (acera) o en la cárcel, sino en un despacho de abogados; y que la secretaria se acerque a mí y me diga: "Señor Pluymen, su siguiente cliente lo espera". Pensaré: Demonios, ¿cuándo fue que empecé a tomar otra vez?

Agradecimientos

Tengo una deuda de gratitud con muchas personas por su estímulo y asistencia. Al Profesor John Trimble, autor del libro *Writing with style: Conversations on the art of writing*, sobre el arte de escribir, por su experta opinión literaria e invaluable corrección, sin mencionar su fe constante en este libro. Al doctor Carl Erickson, director del centro de investigación científica y educación sobre la adicción, en la Universidad de Texas, en Austin. A Bill Hanson, en Bright Books, y a Trevor Lemoine. A Glenda Hathaway por sus dedicadas transcripciones. A la doctora Melinda Longtain, por su magnífica orientación y a Frank Ivy, Neal Carson, Cecilia Hunt, Enrique Toro, Gypsy Cole, Shay St. John, Dona Seitsinger y Ray Chester, por su apoyo constante. A los hombres y mujeres admirables que compartieron libremente los detalles más íntimos de sus vidas para que sus experiencias pudieran ayudar a otros. Y, finalmente, a todos los científicos e investigadores que han dedicado sus carreras a encontrar una solución a este angustioso enigma.

PRIMERA PARTE

Llamada de atención

¡Hasta el fondo!

"Mi nombre es Bert... y, bueno, deseo dejar de beber". Estas difíciles palabras salieron vacilantes de mi boca. En la habitación había sentadas personas totalmente extrañas, excepto por el único buen amigo a quien le pedí que me trajera. Los extraños sonrieron comprensivos. Se me hizo un nudo en la garganta y contuve las lágrimas que, en cualquier momento (y en este lugar desconocido) me podrían abrumar.

Mis antiguos amigos nunca habrían comprendido que yo estuviera aquí. Yo era un abogado litigante: en dos ocasiones fui reconocido, por recomendación de jueces y colegas, en *The Best Lawyers in America*, un libro que destaca a los mejores abogados de Estados Unidos. Además, poco antes, me calificaron de "sobresaliente joven abogado" en Austin, Texas, por haber litigado en un caso importante en la Suprema Corte de Justicia de Estados Unidos, apenas dos años después de graduarme de la Escuela de Derecho. También fui co-asesor legal en un juicio con tribunal de jurados sobre los bienes de Howard Hughes, el cual duró tres meses, y que eventualmente resultó en un pago de 50 millones de dólares al Estado de Texas.

Nunca me han arrestado por manejar en estado de ebriedad, por intoxicación en la vía pública o cualquier otra falta. No he tenido accidentes automovilísticos a causa de la bebida, ni lagunas mentales o pérdidas de la memoria por haber bebido. Tampoco he recibido quejas por mi forma de beber: ni de amigos, socios de bufete, mujeres con las que salía o cualquier otra persona. Nunca tuve incidentes: ni en una sola de las ocasiones en que bebí.

Entonces, ¿qué demonios fue lo que me poseyó para pedirle a mi amigo que me llevara a una reunión de AA? El motivo fue que mi esposa (con quien llevaba seis meses de casado) me abandonó para irse a vivir con otro hombre; y para detener el dolor tan insoportable que su ausencia me dejó, habría tenido que beber tal cantidad de alcohol que habría terminado muerto.

De pronto, esa experiencia tan atormentadora se me presentó como una oportunidad para tocar un fondo relativamente alto; al fin encontré un buen lugar para bajarme del elevador descendiente del alcohol. "¿Quinto piso?"... "Muchas gracias, aquí me bajo." No tenía sentido seguir viajando en ese "lindo" aparato y terminar en el tercer nivel del sótano.

En ese momento sólo tenía la certeza de poder tomar una decisión: podía mantenerme sobrio, soportando mi dolor por el rechazo y abandono un día a la vez, o podía ahogar mis sentimientos en alcohol y... morir.

La ventaja de mantenerme sobrio era llegar a la otra orilla tan pronto como fuera posible; pero la desventaja era que no ofrecía ningún alivio a la agonía. En cambio, beber otorgaba el atractivo del alivio temporal del dolor; pero arriesgaba mi vida a causa de la cantidad de alcohol necesaria para lograr disfrazar mis sentimientos. Aun si sobreviviera al intento de anestesiar los sentimientos, tendría que padecer los efectos dolorosos de las crudas (resacas), a la vez que revolcarme en mi propia conmiseración y prolongar así, indefinidamente, el proceso de recuperación. ¿Qué me llevó a pensar que podría sobrevivir a una tragedia bebiendo una cantidad mortal de alcohol? Para contestar dicha pregunta, contaré mi historia.

La fiesta apenas empieza

Mi descubrimiento del alcohol no comenzó en mi hogar. Ni mi madre ni mi padre bebían; a menos que el lector considere "beber" tomar una copa de jerez durante los días festivos. Obviamente no hay predisposición genética alguna para mi afición por el fruto de la vid.

Nací en Holanda, por lo que, cuando mi familia de mineros de carbón emigró a Estados Unidos, yo no hablaba inglés. En ese entonces yo tenía diez años. En Holanda, la escuela siempre me resultó fácil, así que en el nuevo país obtuve dieces en todas las materias durante el primer semestre, excepto en inglés. Por supuesto, yo era un típico niño inmigrante bien motivado, producto de unos padres que habían dejado todo lo que tenían para viajar seis mil cuatrocientos kilómetros y mudarse a un lugar ajeno y extraño, sin trabajo, familia, ni amigos a la vista.

Yo era una pieza de curiosidad en mi escuela primaria en Port Arthur, Texas, debido a mi origen y acento. Ser una celebridad me parecía agradable y gracioso, pero también peligroso— los chicos buscaban pleito conmigo por ser diferente: era el caballo pinto en la manada castaña. Sin embargo, a las maestras les caía bien porque era cortés y tenía buenas calificaciones; y la mayoría de los estudiantes también me aceptaba. En la secundaria fui presidente del Cuerpo Estudiantil, capitán del equipo de futbol americano, y quien pronunciaba los discursos de salutación de la clase.

Mi amorío con el alcohol comenzó durante el tercer año de preparatoria, luego de mi último juego de futbol americano. Los entrenamientos y la abnegación habían terminado: ¡Ahora empezaba la diversión! ¡A festejar se ha dicho!

Después de que los primeros tarros aclimataron mi lengua, la cerveza me supo exquisita. La cerveza aparecía en la reconfortante camaradería de los amigos, paseando juntos para arriba y para abajo por la calle principal, jugando billar de casino, y yendo a bailar a donde quisiéramos, como al otro lado del río limítrofe, en el Estado de Louisiana. ¿Recuerda usted esa complicidad emocionante, generada al romper las reglas, comprando alcohol cuando se es menor de edad? Todavía puedo saborear las cervezas que nos pasábamos de uno a otro: las abríamos en celebración y las compartíamos en amistad; ¡era la espuma fría y efervescente de la hermandad!

Ninguna diversión era superada por la bebida. Durante el verano siguiente a la graduación, pasamos noches y noches jugando póquer hasta el amanecer. Hicimos fiestas de esquí en el río, rodeados de la risa de las chicas resonando en los canales y en los brazos pantanosos del río. Nuestro envalentonado e irreverente grupo de futbol americano acampaba y bailaba desnudo a la luz de la luna llena. Sabíamos que pronto nuestra alegría se apagaría en un trabajo, en la universidad o en el servicio militar, por lo que decidimos celebrar nuestra libertad y amistad mientras la teníamos.

Mi plan para el futuro era continuar con la escuela. Mi padre trabajaba instalando tuberías y antes fue minero de carbón; mi madre era ama de casa y empleada doméstica de medio tiempo en el día, y también asistente de enfermería por la noche. Como sus padres y abuelos, ellos lucharon toda su vida para tener una mejor oportunidad. Por eso, la universidad era una atractiva ruta de escape al destino familiar. Sin embargo, la única y verdadera disyuntiva estaba en ir de fiesta o estudiar.

Sabiéndome capaz de hacer cualquiera de las dos cosas, escogí intencionalmente un ambiente académico que fuese desafiante y, supuestamente, libre de tentación. La Universidad Rice me otorgó una beca y también todo lo que yo buscaba intelectualmente; cada uno de sus estudiantes había sobresalido en la preparatoria; alumnos con mención honorífica recorrían el campus. El competidor que hay en mí surgió entonces con todas sus fuerzas. Apunté mi objetivo directamente al Cuadro de Honor: debía lograr estar en él. Mis amigos universitarios tenían la misma ambición. Todos estudiábamos con fervor, motivados tanto por el miedo a ser humillados como por el deseo de tener éxito. Todos estábamos acostumbrados a estar a la cabeza; ahora, algunos terminarían en medio, y otros en último lugar. ¿Yo, estar entre los últimos? ¡Impensable!

Recuerdo el día en que las notas del primer examen de química fueron divulgadas en los carteles. Mi calificación fue de 24 puntos, en una escala del 1 al 100. Entonces supe que la nota más alta en nuestra clase de cien estudiantes había sido 42, y que el promedio era de 18; varios de mis amigos, en efecto, tuvieron menos de 10 puntos.

Nada hubiera funcionado mejor para convencernos, a nosotros, muchachos arrogantes de dieciocho años, de que después de todo no éramos el regalo de Dios al universo. Hasta ese momento, la mayoría no había conocido a quien lo superara en las calificaciones, aun sin proponérnoslo. Pero, en un instante, el grupo pasó de ser el vencedor a ser el vencido.

Dos cosas sobre la humildad: uno la tiene o la va a tener. En ese entonces, aprendí a tener humildad con mi inteligencia, pero nunca soñé que más tarde aprendería a tener humildad respecto al alcohol.

Deme lo mismo que bebe ese hombre que está tirado en el piso

Beber en la universidad era divertido. Estudiábamos ferozmente, y después nos liberábamos los fines de semana en "fiestas de colchones y cerveza". ¿Cómo las hacíamos?: un grupo de estudiantes se organizaba para alquilar un granero en las afueras de la ciudad, conseguía un grupo de música y además proporcionaba un montón de barriles de cerveza. Nosotros nos llevábamos los colchones de los dormitorios de la universidad al granero, los colocábamos contra sus paredes interiores, en el perímetro de una pista de baile hecha de tierra, y bebíamos y bailábamos hasta caer rendidos.

Por esa época, descubrí que el alcohol, además de aliviar la tensión, me ayudaba a relajarme en las citas románticas. Educado como un católico estricto, creía que hasta un beso apasionado era un pecado mortal que me condenaría al fuego eterno. Pero la lucha máxima por la supremacía entre las enseñanzas de mi niñez y las hormonas de mi adolescencia, alcanzó su clímax en la universidad.

En mi inocencia, en verdad creía que el sexo fuera del matrimonio era inmoral y que su belleza y significado serían manchados y contaminados sin tal santificación. Por eso, cuando acaricié suavemente, y por primera vez, el pecho de mi novia, estallé en lágrimas.

En retrospectiva, mientras éramos vírgenes, la belleza y poder del amor era hipnotizante. Podíamos sentarnos por horas bajo las estrellas y mirarnos fijamente a los ojos, hechizados por nuestras mutuas promesas de amor y por la creencia de que su magia duraría para siempre. Nos hincábamos desnudos en un cuarto aislado del edificio de dormitorios de la universidad; bañados por la luz de las velas nos tocábamos el uno al otro con admiración..., amorosamente..., dulcemente. Nuestros espíritus se elevaban en un amor mutuo que se extendía hasta acariciar el mismo universo.

Mas, por supuesto, esa pureza apasionada no podía durar: niños jugando con fósforos nunca sueñan con empezar fuegos tan intensos. El violento conflicto interno entre la fe y las hormonas, eventualmente fue resuelto en favor de los impulsos de la naturaleza; sí, pero siempre con la ayuda reconfortante e indispensable del alcohol.

En los años que siguieron, no recuerdo haber asistido a una cita o hacer el amor, sin que el alcohol formara parte de la ocasión romántica. A la luz de las velas, brindábamos con copas de vino; en invierno, frente al fuego de la chimenea, sorbíamos champaña; en el sol caliente del verano, comíamos barbacoa y la acompañábamos con cerveza helada; más tarde, después de una picante comida mexicana refrescábamos la lengua con *margaritas* en hielo picado.

No es que el alcohol fuera una necesidad; es que simplemente hacía que cada ocasión pareciera mucho más divertida. También ayudaba a que hacerle "ojitos" a una compañera en una cita fuera mucho menos torpe.

El alcohol también lubricaba nuestras actividades de grupo. Nos bañábamos desnudos en el lago y en la alberca del presidente de la universidad. Nadábamos en las fuentes públicas en la avenida principal, de donde nos sacaba la policía. Bailábamos en los clubes, retozábamos en la playa, gritábamos durante los juegos de futbol americano, y pasábamos en vela toda la noche, mientras jugábamos en un torneo de rugby; todo esto sin sentir ningún dolor, anestesiados placenteramente por nuestra cocción favorita.

Beber era divertido, relajante, social, ubicuo y, virtualmente, libre de problemas.

El alcohólico sólo escucha lo que quiere...
¿Y lo que no?

Durante la época de preparatoria y también en la universidad, tuve algún amigo ocasional que bebía tanto, que el resto de nosotros reconocía que tenía un problema con la bebida. Por ejemplo, después de la graduación, uno de nuestros amigos de la preparatoria se bebió una caja de cerveza cada fin de semana durante todo el verano. Entre nosotros comentábamos que él bebía demasiado y que podría ser un alcohólico. También en la universidad conocí a un par de tipos que bebían hasta perderse casi todas las noches.

En esos momentos, pensábamos que la cantidad de alcohol que el otro consumía era anormal, y les hacíamos comentarios amigables sobre nuestras inquietudes. Después dábamos por hecho que eran cosas de muchachos, particularmente cuando ellos acababan de saborear su independencia y no tenían cerca a una figura paterna que controlara su diversión. Suponíamos que después de un tiempo se cansarían de la juerga. Además, si eso fallara, las responsabilidades del trabajo o los exámenes inevitablemente les jalarían la rienda.

Recuerdo que leí, en ese entonces, que el alcoholismo era una enfermedad. ¡Qué salida más fácil!, pensé. Un tipo desarrolla el mal hábito de beber demasiado y quiere echarle la culpa de su comportamiento a ¿un padecimiento? ¡Díganle que deje de beber tanto! Nadie le está metiendo el alcohol a la fuerza.

Con excepciones menores, la mayoría de nosotros bebía normalmente, por lo menos de acuerdo con los estándares de la universidad. Entre semana estudiábamos, y los fines de semana, o en ocasiones especiales como cumpleaños y días festivos, organizábamos fiestas.

¡¿Cuál problema?!

Pero incluso nosotros, los bebedores normales, teníamos ciertos problemas con el alcohol. Vomitar ocasionalmente era uno. Aun así teníamos razones aparentes para ello. No nos tomó mucho tiempo descubrir que no había que beber con el estómago vacío. O aprender que "la cerveza después del whisky es muy riesgosa; pero el whisky después de la cerveza, es cosa hermosa".

Una de las sensaciones más desagradables era acostarse al fin, después de ingerir demasiado licor, sólo para sentir que el cuarto daba vueltas cada vez que uno cerraba los ojos. El único remedio era mantenerse despierto hasta que el efecto pasara.

La universidad y la escuela de posgrado fueron tiempos no sólo de aprender, sino también de experimentar. Beber cerveza de exquisito sabor (muchas de las marcas que al principio nos sabían espantoso), pronto dejó de ser suficiente. Una persona tenía que ser más elegante, lo cual obligaba a aprender a beber escocés. Pero esto representaba un problema: esa cosa sabía horrible. Y además, al contrario de otros licores que merecían ampliamente el apelativo de "agua de fuego", no era correcto mezclar el escocés con un refresco gaseoso.

Por suerte, una amiga compartió un método probado para adquirir la afición y el gusto: "Compra una botella de *Cutty Sark*", me aconsejó. "Luego, tápate la nariz, y tómalo de un solo trago hasta terminar la botella. Después de eso, te encantará el sabor." Tuvo razón. Me llevó dos semanas acabarme esa cosa tan repulsiva; pero después, me encantó.

CAPÍTULO 2

¡Negar, negar, negar!

Cuando salí al mundo real, continué disfrutando de la bebida por muchos años. Al principio, lo hacía más que nada los fines de semana y en una que otra ocasión especial. Luego, un jueves después del trabajo, algunos compañeros me invitaron a beber una copa. El evento resultó tan divertido que lo convertimos en una actividad regular. Con esto, en los alrededores siempre habría un bar donde seguro encontraríamos amigos a los que, de otra manera, nunca veríamos. Después, cuando empezó el programa de televisión *Monday Night Football*,* algunos nos reuníamos a ver, beber y vitorear. Con esto, sólo nos quedaron libres el martes y el miércoles.

Con el tiempo, el martes se convirtió en el día de beber una copa con la amiga. Y luego se volvió, también, un buen momento para "sacar un clavo con otro clavo", pues se necesitaba algo de alcohol para curar la resaca por las fiestas, que ahora corrían de jueves a lunes.

Muy pronto, también la noche del miércoles terminó siendo una noche de copas. Después del trabajo, bebía en un bar, ya fuera con amigos, con una compañera en una cita, cenando, o bien con el perro mientras veía televisión.

Pude haberme convertido en un gordinflón con todas las calorías que tomaba, pero afortunadamente era bastante vanidoso. Para verme bien, levantaba pesas después del tra-

---

* *Monday Night Football* es un programa de televisión muy popular en Estados Unidos, que regularmente presenta en vivo los mejores juegos de futbol americano los lunes por la noche.

bajo varios días a la semana, seguido de un trote lento de cinco a nueve kilómetros alrededor del lago local. En muchas ocasiones, mientras sudaba la cerveza de la noche anterior, me preguntaba qué tan ligero podría trotar si yo no bebiera.

Debido a que las bebidas y la comida adicional que ingería para contrarrestar mis peores resacas, contenían gran cantidad de calorías, en ocasiones me sometía a una dieta para bajar kilos extra. Aunque ninguna de las dietas prescribía alcohol, obviamente yo modificaba el régimen recomendado, e incluía dos copas de *Chablis* bajo en calorías por día; descubrí que todavía podía lograr la pérdida de peso estimada por la dieta.

En esa época comenzaba mi carrera profesional, por lo que trabajaba muchas horas. El estrés generado me llevaba a buscar alivio en el ejercicio y el alcohol. Entre más duro trabajaba, más alcohol consumía; sin embargo, casi no bebía durante proyectos intensos, tal vez sólo una copas de vino, o dos, para dormir.

Con el tiempo, las largas horas de trabajo y la bebida me hicieron efecto. Yo ignoraba lo que estaba pasando; sólo sabía que a menudo me sentía exhausto. También comencé a experimentar un adormecimiento a lo largo de los brazos, lo cual realmente me atemorizó. Acudí con varios médicos para estar seguro de que no tenía un problema en el corazón: ¡aún no cumplía treinta años! Aunque aún corría regularmente y levantaba pesas cada vez que podía, aumentar el nivel de ejercicio para sentirme mejor ya no era una solución. A veces las cosas se ponían tan mal que deseaba hospitalizarme por agotamiento. Nunca creí que el conocido "tratamiento de las estrellas" podría ser recomendable para mí, debido a mi problema con la bebida.

En ese momento, gracias a un litigio en el que estaba trabajando, perseguí al fantasma de Howard Hughes, entrevistando a las personas que lo conocieron por todo el oeste de los Estados Unidos. Fue una temporada fascinante: hablé con John Wayne en la terraza de su casa de playa; descubrí por los documentos de Hughes confiscados en Acapulco, que el billonario recluso era un adicto a la codeína; y escuché las descripciones, dadas por sus antiguos sirvientes y que en esa época aún eran increíbles, acerca de un hombre de cabello largo, que iba desnudo y era paranoico.

Durante las reuniones de nuestro personal legal, disperso a lo largo del país, aprendí el arte de beber *Chateauneuf du Pape*, *Bourdeaux* y otros vinos finos; también, a discernir cuál botella complementaba cada plato. La idea de comprar cierta cantidad de buenos vinos jóvenes y después cosechar una excelente cava, me embelesaba. Incluso compré un par de cajas para cumplir tal propósito... ¡pero ninguna botella envejeció más de tres meses! También aprendí a beber ginebra, la mejor, por supuesto: Ginebra de Bombay en las rocas, adornada con una brocheta de diminutas cebollas marinadas, que se convirtió en mi entremés favorito.

Parecía que lo único que lograba realizar en la vida era trabajar, beber y dormir. Por supuesto que mi sueño no era tranquilo y reposado: mi cuerpo ocupaba cada noche en procesar la última carga de alcohol. Así que mi agotamiento era en realidad, el resultado de la privación del sueño. Pero eso no era todo, no me sentía bien y me dolía el cuerpo entero; comencé a tener esporádicas palpitaciones del corazón y ataques de ansiedad.

Un médico relacionó mi agotamiento y ansiedad ocasional con el estrés. ¿Su receta? valium para relajarme. Yo viajaba y trabajaba largas horas, de modo que el diagnóstico parecía razonable. Sin embargo, el médico no supo cuánto bebía por las noches; en parte, porque realmente yo no estaba consciente de que la cantidad fuese dañina y también porque yo le dije que "bebía socialmente, en promedio, un par de copas por noche".

La verdad era que bebía, en promedio, de cuatro a cinco copas cada noche. Lo descubrí cuando decidí empezar a contar mi consumo diario de alcohol. Y es que comencé a correr diariamente, pero todavía sufría de resacas destructivas. Así que me limité a no más de dos copas de licor fuerte o tres cervezas, o copas de vino, por noche. Todavía tengo el calendario del año en que corrí 1,600 kilómetros, donde anotaba la distancia que recorría diariamente, el clima, las condiciones del terreno, y mi consumo diario de alcohol. Una frase típica del día era: "Día fresco, con sol; 10 km (4 en las colinas). Lento al principio, deslizándome al final. Dos escoceses. Dos cervezas". De hecho, sobrepasé mi "límite". Recapacitando, me parece increíble que no me diera cuenta del alcance del reto que enfrentaba. Creía que yo era un bebedor normal que sólo necesitaba aflojar el paso. La verdad es que ningún bebedor normal encuentra necesario contar su consumo de alcohol.

La gran máquina de hacer neblina

A veces, mientras disfrutaba el néctar de los dioses, sabía bien que la bebida lastimaba mi cuerpo. Sin embargo, todavía no me percataba de que su efecto acumulativo incluía una corriente oculta de agotamiento leve. E indudablemente nunca hubiera adivinado que también me estaba causando una tranquilidad imperceptible en la mente. De hecho, el alcohol estaba afectando mi propia percepción.

"Eres como una persona manejando de noche por la autopista, con las luces apagadas y las intermitentes encendidas", me dijo una vez un amigo. "Hay personas que tienen sus faros encendidos y, algunos, incluso traen las luces altas." Yo no tenía la menor idea de lo que él quiso decir; solamente sabía que la vida era una constante lucha.

El alcohol es mañoso porque afecta la habilidad de ver sin que uno se de cuenta de que su visión ha cambiado. La percepción de la mente, el instrumento que realmente "ve", se altera por un consumo regular de alcohol, con lo que el cerebro ignora que está viendo una realidad modificada. En otras palabras, el alcohol crea su propia neblina invisible para esconder el impacto que produce. Su efecto es parecido al de la arrogancia: una persona arrogante es la última en descubrir que posee esa cualidad. Su misma existencia esconde el rasgo de la persona que la tiene.

Con la esperanza de ver mejor la situación, empecé un diario y escribí en su portada una misión exploratoria de la vida: "Dedicado al día de hoy para que los pensamientos y lecciones de ayer puedan florecer y dar fruto".

Al registrar día a día mis entradas en el diario, pude darme cuenta de que todavía me deleitaba la compañía y elegancia del alcohol. Así como muchos bebedores tienen carreras exitosas, yo pude disfrutar del alcohol en varios sitios lujosos. Por ejemplo, tuve la oportunidad de sorber coñac *Courvoisier VSOP* en el Hotel Corona en Amsterdam. Allí servían unos meseros de edad avanzada, vestidos de etiqueta en una atmósfera holandesa exquisita, con paredes de caoba oscura, mesas cubiertas con manteles blancos y cortinas de encaje bordado a mano. Por supuesto, mi mente asoció al alcohol con un estilo de vida confortable y refinado.

"Cuando regrese a Holanda", escribí entre copas, "me voy a mudar a un hogar cómodo y acogedor junto con mis antigüedades; voy a colgar mis cortinas de encaje hechas a mano y mis pinturas de Douglas Whitfield; abriré mi botella de *Dom Perignon*, y voy a escuchar música. ¡Deberá tener una chimenea y un bar con tarja! Y también deberá estar cerca de una buena zona para correr".

Pero el júbilo llevaba consigo un precio molesto: "Anoche cené en el elegante comedor del Hotel Corona y consumí cuatro *Courvoisier VSOP*, antes de una suntuosa comida formal con arenque crudo, ternera, papas, zanahorias, garbanzos, una sopa de verduras, ensalada, y postre con mucho café humeante en la mesa".

La combinación de café y coñac en exceso me cayó tan mal, que al día siguiente imploraba en mi diario:

Por favor, Bert:
No bebas más café o té con alcohol.
No bebas nada más que cerveza.
Aunque sea para mitigar la soledad.
Tu cuerpo sólo puede recuperarse después de cierto tiempo.

Sin embargo, a los pocos días el romance regresó: "Bebiendo a grandes tragos medio litro en el café de la acera en el Arco del Triunfo en los Campos Elíseos. El cielo está con bruma, encapotado al medio día; se siente un poco de frío con la brisa de los últimos días de agosto. *Un ver de vin rouge, s'il vous plait**".

En medio de esta montaña rusa de regocijo y tormento, reflexioné sobre la reciente pérdida de una novia: "Las mujeres han estado en mi mente desde que llegué a Europa. Las mujeres aparentemente siempre están en mi mente, pero ahora sí estoy realmente solo porque, poco antes de que me viniera de vacaciones, mi última mujer me dijo que no quería volver a verme nunca más. Esa despedida fue algo que temí por mucho tiempo; sorprendentemente, en este momento no siento la más mínima insatisfacción. Por primera vez en mi vida, tengo la intención de mantenerme libre hasta que algo realmente especial suceda, hasta que la persona deseada entre en mi vida. **No estoy dispuesto a seguir desperdiciando el tiempo como si éste no existiera.**"

A veces, la vida parecía como un rompecabezas: y mi corazón una verdadera mezcla de sentimientos. Al dejar

---

* Una copa de vino tinto, por favor.

París, viajé de nuevo a la provincia holandesa donde nací, y me sobrellevó repentinamente una emoción: "Leyendo una novela en el tren a Maastricht, echo un vistazo a la campiña holandesa y siento las lágrimas llenándome los ojos. ¿Por qué? ¿Será porque estoy solo? ¿Porque siempre estoy solo? ¿Porque me fui de aquí solo y ahora regreso solo?" ¿Mi solución a la soledad? Una mujer, por supuesto: "Quiero encontrar a una mujer inteligente, bonita, graciosa, sensual, honesta, afectuosa y con muy buena pierna. No descarto el deseo de tener hijos. ¡Y no debo olvidarme de vivir hasta 100 años para encontrar a esa mujer! No, absoluta, categóricamente, me rehuso creer eso".

En mi mente turbia, percibía una conexión entre mi profundo deseo del amor y mi uso del alcohol:

> Tengo un cerebro, y esto se supone que es una ventaja. Pero esta mente, tan útil profesionalmente, se torna en un gran albatros en mi tiempo libre. Y por eso es que bebo: para calmar a mi cerebro. Sé que, eventualmente, el alcohol matará mi cerebro, y he ahí el problema. ¡Pero mi sueño es posible! Mi igual existe. Nos vamos a encontrar el uno con el otro. Nada más sé fiel a ti mismo.
>
> Nunca más será necesario alterar la realidad con el alcohol para contener y reprimir el pensamiento de que mi sueño es un imposible y tampoco para aliviar el dolor de recapitular. Recuerda, sólo estás buscando a una persona.

Locura es hacer lo mismo una y otra vez y esperar un resultado distinto

En ese tiempo yo salía con algunas de las mujeres más lindas de la Tierra. Era soltero, atlético, capaz de expresar mis emociones y sentimientos claramente y, además, atractivo.

Me decía a mí mismo que estaba buscando una esposa, pero mi actitud indicaba lo contrario. Todo lo que realmente quería era pasar un buen rato. Llevaba a mis compañeras de cita a un buen restaurante, tomaba un par de escoceses con soda como aperitivo, me bebía una botella de vino con la cena, y tal vez disfrutaba de un coñac como postre. Y si digo que me bebía una botella de vino es porque lo hacía. La mayoría de las mujeres con las que salía no bebían mucho. Muchas eran corredoras que conocí en el parque, por lo que su interés en el alcohol se limitaba a una copa de vino. Así es que durante la cena me encontraba tomándome el resto de la botella, lo cual por supuesto iba bien conmigo. Y si prescindíamos de los aperitivos antes de la cena, a menudo ordenaba una segunda botella de vino y me bebía la mitad de ésa. Por suerte, tenía la habilidad de mantener mi capacidad de expresión mientras estaba intoxicado, por lo que la gente rara vez sospechaba que yo podría estar bebiendo más de la cuenta.

Era capaz de conducir bien en estado de ebriedad. Recuerdo vivamente una ocasión estrafalaria y ridícula. Los lagos y colinas en los alrededores de Austin eran especialmente deslumbrantes esa noche: los rayos plateados de la luna partían el agua negra, y las estrellas centelleantes parecían al alcance del quemacocos de mi nuevo *Porsche* rojo. Corría por curvas pronunciadas y brincaba por las colinas, acompañado de una trigueña completamente desnuda que lucía sus pechos recién operados y que cantaba chillando y dando saltos desde el principio hasta el fin de la noche. Con el ojo de mi mente, de repente me imaginé un titular en el periódico matutino: "Presidente de abogados jóvenes, arrestado ebrio junto con una mujer desnuda". Pero eso fue rápidamente seguido por una oleada de placer y un "¡Ah, qué más da!"

Mis diversas amigas nunca se dieron cuenta de que yo tenía un problema con el alcohol. Cada una pensaba que yo celebraba solamente cuando estaba en una cita con ella, tal vez porque ella sólo bebía cuando salía conmigo, y por lo tanto asumía que yo estaba haciendo lo mismo. De hecho, yo estaba bebiendo diariamente y empezaba a pagar por ello seriamente con resacas graves.

En el trabajo descubrí que cada vez estaba más impaciente en la espera de que fueran las 5:30. Muchas tardes observaba dolorosamente el reloj, y esperaba con ansiedad el momento de tomar unas cuantas cervezas "rapiditas" para detener el dolor en mi cabeza y pecho. Y eso era exactamente lo que hacía tan pronto llegaba a la casa o, incluso, camino a casa, después de una presurosa parada en la licorería que me quedara más cómoda, si es que me sentía particularmente mal. El remedio casi siempre funcionaba, aunque mis dos cervezas iniciales eran ordinariamente seguidas de otras dos, con lo que la situación se perpetuaba de esa manera hasta el día siguiente y el ciclo empezaba una vez más.

Los fines de semana eran aún peor. Yo controlaba mi bebida durante la semana debido al trabajo, pero los viernes por la noche podía relajarme un poco e ir a fiestas. ¡Hora feliz! Seguido, por supuesto, por media docena de cervezas como buena medida. Todas las preocupaciones del trabajo e inquietudes de la vida eran felizmente derrumbadas.

Pero el sábado en la mañana vendría, y yo me encontraría a mi mismo incapacitado por una resaca. En varias de estas ocasiones, tomé la solemne resolución de no hacerlo nunca más. Cuando fallé, grabé mi agonía en un diario para que de esa manera mi mente loca y amnésica pudiera recordar el sufrimiento de mi cuerpo después de que el dolor hubiera pasado y también para cuando se me presentara otra noche de viernes. He aquí una de estas entradas que me pareció particularmente perturbadora:

El día siguiente, después de haberme embriagado, es el infierno en la Tierra. Mi cuerpo siente que va a morir en cualquier momento. Mi tórax tiene un dolor sordo y constante. A veces mi corazón salta. La aspirina no proporciona ningún alivio. El sueño es la única respuesta real, pero no puedo forzarme a dormir durante el día. La digestión de las comidas grava, cansa y debilita la energía de mi cuerpo aún más. El dolor sordo se esparce y se vuelve más intenso con el transcurso del día. Sólo suficiente alcohol en la noche detiene el grito del cuerpo que pide alivio para el horrible dolor. Sólo una dosis disminuida de alcohol con una oración para que el sueño traiga descanso y paz, no la muerte en la noche.

Seguí bebiendo por cinco años más después de escribir esa entrada. ¿Por qué? Ni quién lo sepa. ¡En serio! Examinemos lo que yo pensaba en aquel contexto y tal vez uno de nosotros lo entenderá.

El martes siguiente escribí: "Cuidarme a mí mismo se siente muy bien. No he bebido una copa desde el sábado. Lo siguente es correr".

Dos días después, mi diario testifica: "Corrí 7.5 km ayer y 5.5 hoy". Hasta ahí, todo iba bien.

La siguiente semana: "No he bebido por una semana. Bien. Ahora limito el consumo. Ya no me hace sentir bien, ni cuando consumo alcohol".

¿Qué está sucediendo aquí? Me siento bien cuando no bebo por tres días, y aún mejor cuando ha sido una semana. Pero después empiezo "a limitar el consumo". ¿Por qué empezar si me hace sentir tan mal?

Justo al día siguiente, después de "limitar mi consumo ahora", escribo esto: "Me siento cansado porque bebí vino anoche y estuve despierto hasta tarde. Espero el juego de futbol de hoy por la noche y dormir bien para curarme. Mi cuerpo realmente necesita mucho descanso".

Y tres días después: "Enfermé desde la noche del juego de futbol. Bebí cerveza y fumé cigarrillos inmediatamente después del juego".

Mi "consumo limitado" pronto se convirtió en una noche de beber hasta tarde que drenó mi energía e hizo que mi cuerpo demandara descanso. Sin embargo, inmediatamente salí y bebí cerveza al punto en que mi juicio estaba tan nublado que fumé cigarrillos y enfermé por el abuso físico infligido por mí mismo.

Pasaría un año entero antes de que escribiera otra vez. Un ciclo sin esperanza, desalentador, había empezado a dar vueltas violentamente y me rehusaba a reportar para mi Diario Derviche. Sin embargo, cuando volví a hacerlo, fue para ofrecerme a mí mismo los frutos de alguna introspección significativa: "Creo que soy psicológicamente adicto al alcohol. Es interesante volver atrás, buscar en este diario y ver las repetidas promesas, que me hice a mí mismo, de detenerme, y mi reconocimiento del daño que me hago física y emocionalmente escondiéndome en el alcohol".

Y si es una adicción psicológica, debe haber una causa psicológica: "Una de las razones por las que bebo es que mi vida no es satisfactoria. Hacer dinero no puede ser todo lo que existe. Me desilusiona y decepciona vivir para el trabajo y el dinero y no ver una esperanza mucho más allá de ello. Así es que escapo con la ebriedad. También salgo con mujeres que tienen poco que ofrecer y que no representan un reto. Esto refuerza mi perspectiva del mundo, me desanima, me ciega a la esperanza, me deja en el status quo de hacer dinero, inconsciente, desanimado, escapando en la neblina del alcohol. ¡Tal desperdicio: revolcarme en la neblina, creada por mí mismo, que oscurece las posibilidades, el camino a la felicidad, la luz y el amor! Quiero estar en una relación maravillosa con una mujer brillante, bella y que me comprenda, y estoy dispuesto a correr el riesgo de enfrentarme al desengaño, a la desilusión, al rechazo y al fracaso con la cara en alto. Me prometo a mí mismo que no consumiré ni un sorbo de alcohol hoy. Me encontraré solamente con el día de hoy, porque de otra manera me atemorizo".

Mi promesa de "no consumir ni un sorbo" no sobrevivió la noche. He aquí la entrada del día siguiente: "Debido a la falta de sueño y el exceso de alcohol la noche anterior a la promesa, mi cuerpo cayó rendido alrededor de las 10:00 de la noche y bebí 2 escoceses con soda nada más para tener un poco de energía". Luego una nueva promesa: "Nada de alcohol hoy". Ese día "corrí y levanté pesas. Ansiaba una copa de vino después de la cena. Resistí."

¿Qué estaba pasando aquí? Le llevé la pregunta a mi terapeuta y esto es lo que reporté después: "Mi terapeuta piensa que no estoy listo para dejar el alcohol (una deducción brillante). Que soy psicológica, y no físicamente, adicto por la falta de síntomas físicos de remoción. (Lo siento mucho, no hay puntos por la agonía, si no te tiemblan las manos.) Y que no estoy listo para dejar de beber porque no he resuelto la pregunta de: ¿para qué estoy aquí? ¿Para hacer qué? (Exacto: ¿Cómo diablos estoy dispuesto a resolver este acertijo mientras luzco mis eternas gafas protectoras de cerveza?)"

¡Ahora, escuche esto!

¿Qué tenía yo que hacer aquí? La muerte súbita y violenta de un amigo cercano le agregó considerable urgencia a esa pregunta.

Lorenzo era un hombre guapo, lleno de júbilo, con innumerables amigos. Nos conocimos un domingo por la mañana cuando él tocó a mi puerta y le dijo a mi cara somnolienta que era el nuevo vecino y que había preparado un omelet de huevo con verduras, frutas, panecillos de media luna, café colombiano, y jugo de naranja para desayunar en la terraza, y preguntó si mi novia y yo estaríamos interesados en acompañarlo.

Nos hicimos buenos amigos. Vivíamos en un barrio antiguo con hogares con pisos de madera y patios cubiertos con robles majestuosos. Nos sentábamos en el pórtico durante horas y hablábamos de la vida. Cuando Lorenzo murió inesperadamente, un viernes por la noche, me causó un impacto que me dejó atónito. Tenía 32 años.

El martes siguiente, mientras cargaba el féretro de Lorenzo, me enfrenté abruptamente con mi propia mortalidad. Al ver el ataúd azul metálico, su tapa cubierta con adornos de flores, vi mi propio ataúd y quise saber: **¿qué podría hacer para estar satisfecho cuando llegara mi hora?** Si pudiera ver mi propio funeral cuando eso ocurra, ¿qué justificaría mi vida? ¿Qué habrá valido la pena?

Después, escribí en mi diario:

> Esa pregunta, en una forma más subconsciente o nublada, ha permeado mi ser por años. ¿Quién soy y por qué estoy aquí?

Tengo el presentimiento de que estoy aquí para lograr algo grande. Este sentimiento ha estado conmigo desde mi infancia. ¿Es una fantasía de mi niñez llevada a la vida adulta y evidenciada por mis caminos pecaminosos y modos ordinarios de beber, perseguir mujeres y buscar riquezas mundanas? Espero que no sea así.

He vivido mi vida de una manera pecaminosa e improductiva, ciertamente no espiritual, y pido perdón por ello.

Falta de orgullo —humildad— y abstenerse de juzgar a otros parecen ser dos principios claves para el diario vivir. También ser amoroso y apoyar a los demás.

¡Qué Dios perdone mis múltiples pecados, incluyendo aquellos que he cometido hoy!

Veo ese ataúd, y todo lo demás se desvanece y pierde sentido. La política, el trabajo, la propiedad, el sexo —todos son tan superficiales. Todo es una pérdida de tiempo, excepto dar amor y aprender de qué se trata la vida. Deseo mantenerme en ese estado de ánimo por tanto tiempo como me sea posible para no olvidarlo, porque el bullicio de la vida pronto ensordece y apaga la realidad.

Dos cosas debo evitar para aclarar mi mente y permitirme avanzar: el alcohol y otras personas, especialmente las mujeres y el sexo. Necesito acallar el ruido en mi vida. **Necesito pasar más tiempo conmigo mismo.**

Me evito a mí mismo con el alcohol y las mujeres. **Es a mí mismo al que debo buscar y encontrar dentro de mí.**

Como referencia, voy a describir mi estado físico actual:

Bebo todos los días. Hoy (domingo), dos copas de champaña, una cerveza, una copa de vino. Ayer sólo una cerveza. El viernes una cerveza, un margarita y cigarrillos. El jueves en cama con una resaca. El miércoles, más de diez cervezas y seis cigarrillos en Halloween.

El alcohol no me hace sentir bien. Me duele el cuerpo. Mi corazón salta. Me siento lento. Duermo mucho para sobreponerme al alcohol en mi sistema. No me siento bien de salud y me preocupo por ello todo el tiempo. Mi cara se siente y se ve abotagada, con sombras de cansancio y líneas bajo mis ojos. No me he sentido genuina y físicamente bien en meses. Sobre mi vida personal, me siento mentalmente desalentado aunque el trabajo está bien. Nada de alcohol. Nada de gente. Nada de sexo. Veamos qué pasa.

¡Ése es el espíritu!

Un año después, continuaba luchando con el pensamiento de que "nada vale la pena realizar ningún esfuerzo. No importa cuál sea el logro, ya sea como servidor público, como profesional de carrera o como obrero; en realidad no importa. Ésa es una proposición que necesito examinar porque encapsula mi búsqueda del propósito de mi vida."
¿Qué hay que valga la pena hacer?

No es acumular fortunas en propiedades y dinero; aunque las comodidades, viajes y ratos de ocio proporcionados por la riqueza liberan el cuerpo, la mente y el espíritu si se dirigen adecuadamente.
Ser grande por amor a la grandeza, tampoco. El ataúd cerrará ese capítulo inmediatamente y de manera fácil. Alcanzar la inmortalidad mediante ciertos logros es una contradicción.
Me queda lo espiritual. Las únicas cosas que valen la pena llevar a cabo tienen que ver con el espíritu o en el servicio del espíritu; sea lo que fuere. Esto incluye ayudar a otros, incluso en el aspecto material, con comida y ropa, porque de alguna manera eso afecta al "espíritu" en mí, aunque tenga un efecto exclusivamente físico en el otro.

Lo espiritual puede ser logrado (Dios lo permita) como abogado; novelista; como una figura pública o de cualquier otro modo —o varios más.

Espiritualidad no es una palabra peyorativa por primera vez en más de una década. *Religión* todavía lo es. También *Iglesia*. La burocracia, la riqueza, y la política del poder básicamente arruinaron o escondieron algo bueno.

Mi papá y mi mamá me han aconsejado confiar en Dios con respecto a mi futuro y no preocuparme por eso. No estar demasiado preocupado por lo que voy a hacer; no planear ni controlar, sino dejarlo en manos de Dios. Eso realmente me hace sentir bien. Vivir tan bien como puedo hoy, no tratar de controlar lo que de todas maneras no puedo controlar; relajarme y dejar que el Creador me sorprenda, ya que no puedo imaginar las labores y alegrías que me esperan en el futuro. Estas bienaventuranzas solamente estarán ahí si suelto el absolutamente falso e inexistente control que yo deseo ejercitar y que nace de mi miedo.

Sería una buena experiencia para mí. Nada más 'permitir' que Dios tome el control que, de por sí, Él tiene. ¿Qué tal si sólo confío en Dios y reposo en sus amorosos brazos?

Ha pasado tanto tiempo desde que confiaba en Dios. Dejé de hacerlo porque la iglesia y sus sacerdotes, que pretendían representar a Dios, demostraron estar equivocados y llenos de ceguera y flaquezas y prejuicios y errores de seres humanos. Eso no tiene nada que ver con Dios.

Así ha sido desde el comienzo de la raza humana. Están todos los asesinatos, las guerras y el sufrimiento causados en el nombre de Cristo por la burocracia católica, la protestante y otras. Esos mismos actos los vemos también cometidos en nombre del judaísmo, el Islam, el hinduismo y al parecer, por cada una de las religiones.

Eso no es Dios. Yo puedo amar a mi creador y confiar sólo en Él, no en alguien que dice representarlo con forma humana. Confiar en Dios y reposar en su bondad, amor y fuerza.

Tornarse en un portador de su luz es algo que no se puede ganar, pero que podría ser dado, a cualquiera que esté abierto a ello. Todo lo que se necesita es relajarse, tener confianza y hacer buenas obras. De seguro realizar buenos actos no implica necesariamente aburrimiento y una labor monótona. Indudablemente, los que ayudan a la gente en una hambruna no piensan así.

La razón por la cual encuentro que vacacionar en Europa o el Caribe es una experiencia insatisfactoria, es porque estoy buscando la forma de hacerme feliz a mí mismo, y podría ser que la única manera de lograrlo sea tratar de hacer felices a otros o ayudar a los demás. Dar la vida —la felicidad— siendo producto natural de un modo de vida útil.

Sexo y espíritu

Como adulto, mi manera de vivir se enfocaba en obtener mujeres y dinero —estuve constantemente en busca de la satisfacción o placer en alguna mujer o algún objeto, sin un indicio ni una pista de mi verdadero anhelo o la necesidad de mi verdadera búsqueda. ¿Cómo fue que me desvié tanto de mi camino?

Una mañana, mientras corría para quitarme otra resaca, experimenté una epifanía:

Hoy me di cuenta de que pude estar buscando a una mujer todos estos años para encontrar a Dios en ella. Después de una niñez empapada en teología ortodoxa conservadora y un esfuerzo genuino por lograr la perfección ante los ojos de Dios, había rechazado mi pasado religioso como algo frustrantemente irreal.

Sin embargo, mi búsqueda de una mujer siempre ha aspirado a la belleza, la inocencia, el amor, la perfección, la sabiduría, la inteligencia, la compasión, la comprensión y el cuidado —en resumen, todas las cualidades espirituales en las cuales yo había estado inmerso como cuando era un monaguillo; aquel niño que quería ser el chico perfecto que Dios y mi madre esperaban.

Yo era inocente.

Y en esa inocencia había una perfección de espíritu que mi ser todavía añora. Ser amado incondicionalmente. Sostener, cuidar y adorar a otro. Volver al vientre del espíritu juntos.

Después de todo, no había errado tanto el camino; simplemente no era capaz de ver la naturaleza de mi búsqueda. Anhelaba un amor que ningún ser humano podría darme.

En la inevitable decepción de buscar la perfección en otro, paso muchas noches ebrio. Es mi manera de negar y obviar.

Y por enésima vez, me exhorté a mí mismo a cambiar: "¡Quiero ser feliz! ¡Sentirme magnífico! O por lo menos, sentirme bien. Han pasado varios años desde que quiero sentirme **bien**. Voy a empezar ahora mismo".

CAPÍTULO 4

Su mente es como un vecindario peligroso: nunca entre allí solo

Mi esfuerzo para sentirme mejor consistía en hacer más ejercicio. Pero a pesar de correr y levantar pesas, mi cuerpo no estaba sano. Casi nunca me sentía bien, y decidí consultar a un médico. Los exámenes de laboratorio mostraban que la química de mi cuerpo estaba fuera de balance, debido a que mi tiroides estaba trabajando lentamente y mis paratiroides estaban hiperactivas. La indicación era la cirugía.

La idea de que un bisturí me rebanara la garganta me asustó tanto que consulté a una curandera. Ella me dijo que mi cuerpo estaba sano en su estado natural y que sólo se trataba de una reacción a las impurezas que invadían el sistema. Necesitaba purificarlo con una dieta especializada, altas dosis de vitaminas y minerales y, sobre todo, **nada de alcohol**. Siguiendo su recomendación, llevaba un pastillero repleto a todos lados. En los restaurantes, me tragaba docenas de cápsulas y tabletas con las comidas. Algunos comensales me miraban como si fuera un drogadicto enloquecido. Eso no me importaba; lo que me preocupaba era pensar cómo podría dejar de disfrutar del inofensivo vino por un largo período de tiempo.

Afortunadamente para mí, la ayuda surgió de un modo accidental e inesperado. Una mujer me pidió consejo legal por una situación difícil con su marido. Ella había estado sobria por muchos años, pero él continuaba bebiendo considerablemente. Algo tenía que cambiar, y un problema en particular era que su comportamiento le estaba creando serias dificultades legales y económicas.

—¿Cómo dejó de beber usted? —le pregunté.

—Primero leí *El Gran Libro de Alcohólicos Anónimos*, hace algunos años; después comencé a asistir a reuniones de "los doce pasos"... ¿Por qué lo pregunta?

—Eh... porque uno de mis amigos me confió que está luchando con el alcohol. De hecho, a él le podría parecer interesante una copia de ese libro.

—Yo le conseguiré uno —dijo sonriendo.

—Gracias.

Al día siguiente encontré, en mi silla, una copia del libro y una nota: "Espero que ‹su amigo› lo disfrute". ¿Tendrían las comillas la misma intención que un guiño del ojo? A la fecha no lo sé. Pero entonces no me importó. Estaba contento de tener el libro; lo llevé a mi casa, y en secreto devoré sus páginas buscándome a mí mismo.

Mientras leía, descubrí un deseo inesperado: en realidad ansiaba ser descrito en sus páginas. Al igual que un paciente en un consultorio, yo quería que me diagnosticaran algo conocido. El miedo a lo desconocido —y tal vez irresoluble— había cedido su lugar al deseo tranquilizador de lo tratable y lo curable. Pero no iba a ser así.

Varios días después, escribí:

> He leído el libro de Alcohólicos Anónimos y me doy cuenta de que aunque me preocupa y me aqueja el alcohol, **yo no calzo dentro de su descripción de un alcohólico** porque no he pasado por las desastrosas etapas destructivas que los autores describen como típicas. Sin embargo, **eso no significa que no tenga un problema con el alcohol.** Al contrario: necesito sacarlo de mi vida para no tener que llegar a esas etapas.

Por supuesto, leer sobre el alcoholismo no fue en vano. Había ganado conocimiento, conciencia de mí mismo y la certeza de que el alcohol y yo teníamos que separarnos. El problema fue que el conocimiento y la conciencia de uno mismo, por sí solos, **no tienen absolutamente ningún valor para luchar contra la adicción.** Una adicción corporal le dará una patada en el trasero mientras usted medita, razona y toma decisiones. El cuerpo ha desarrollado una ansiedad física y un anhelo sutiles y muy poderosos. Ese anhelo ha estado presente desde el primer sorbo como una predisposición genética; o se ha desarrollado gradualmente durante mucho tiempo. Alguien en el árbol familiar ha cambiado la química normal del cuerpo, o usted ha usado su propio cuerpo como una planta procesadora de alcohol durante tanto tiempo que ha alterado su química; a tal grado que ahora, la planta necesita la misma materia prima.

Pareciera que el cuerpo y la mente preferirían no sobrevivir antes que renunciar a esta materia prima que se ha convertido progresivamente en una fuerza destructiva. El cuerpo no sólo absorbe más de la que conviene darle, sino que la mente también se altera gradualmente hasta que no puede ni imaginar la vida sin el alcohol.

"¿Qué haré para divertirme? La vida será aburrida; no valdrá la pena vivir...", son aseveraciones absurdas para una persona normal, pero parecen ser muy válidas —de hecho, *una verdad absoluta*— para un adicto al alcohol.

Una más, por favor

Mientras estuve en el programa holístico de desintoxicación, no bebí durante tres semanas enteras. Pero entonces vino Cozumel...

En vista de que nuestra firma de abogados había disfrutado de un año particularmente bueno y exitoso, decidimos darle una recompensa al cuerpo administrativo para estimularlos con una excursión navideña a esa encantadora isla del Caribe. ¡Ah, qué maravillosos deleites! Playas atractivas y tentadoras, claras aguas de color turquesa, cardúmenes de peces tropicales, blancas y frías *margaritas* con hielo picado...

Varios compañeros del área administrativa insistieron en que bebiera con ellos. "¡Vamos, señor Pluymen!", decían a coro: "¡Estamos de vacaciones!" Yo me había portado bien por tres semanas y mi tiroides había sanado, pero aún era necesaria la cirugía, y la abstinencia no me libraría del bisturí, así que... qué carajos.

Además de hacerme sentir incómodo y débil del estómago mientras buceaba, al principio, mi hábito nocturno de beber pasó sin mayor novedad y bastante desapercibido. Sin embargo, una de nuestras amigas protagonizó un gran escándalo. Después de que Lisa bebió en la cena de la primera noche, su esposo se rehusó a acompañarnos a la disco de enfrente. Regresó al hotel, a pesar de que varias mujeres, bromeando, lo tomaban del brazo y simulaban jalarlo hacia adentro. Una vez en la disco, Lisa bebió unas copas de más y después empezó a coquetear descaradamente con un lugareño; bailaba prendida de él delante de todos nosotros. Después de un largo rato de baile, ella regresó con nosotros; pero olvidó que había una pequeña mesa de centro en la que teníamos nuestras copas, por lo que se desparramó cuan larga era. Todo mundo rió más fuerte de lo que la simpatía dictaba, y Lisa rió nerviosamente, como disculpándose. Varias canciones después, su admirador se acercó para invitarla a bailar de nuevo. Ella se levantó repentinamente y volvió a tropezar con la mesa de centro, aterrizando de cara al suelo. Esta vez nadie rió.

Más tarde, Lisa repitió el espectáculo en la pista de baile, pero sin una mesa que la detuviera.

Al día siguiente, cuando apareció en la playa ya muy entrada la mañana, sus brazos y piernas mostraban severas magulladuras y moretones. "Lisa, ¿podemos hablar un momento?", le pregunté, mientras la conducía a la sombra.

—¿Qué pasa?

—¿Estás bien?

—Por supuesto; tengo un poco de hambre, pero estoy bien.

—No, Lisa. Estoy hablando de lo que pasó anoche... y esos moretones en tus brazos.

—Ah, es que estaba muy oscuro; simplemente me tropecé y caí sobre la mesa de centro...

—No, querida. Todos los demás pudimos esquivar la mesa. Tú te caías por todas partes.

—Sólo me tropecé. Pudo haberle pasado a cualquiera.

—Sí, a cualquiera que estuviera borracho hasta el tope —le dije, riendo—. Mira, Lisa, te voy a decir algo que nunca le he dicho a nadie: yo también estoy luchando contra la bebida. Dejé de tomar un tiempo, pero ahora estoy bebiendo de nuevo. Mido lo que bebo. Yo sé que es difícil. Desafortunadamente, sé lo que es eso, y veo claramente que tú tienes un problema con la bebida. Anoche estabas demasiado amable con el tipo de la disco, además de tus caídas al piso. Todo el mundo se dio cuenta.

Puse mi brazo alrededor de ella y gentilmente le dije:

—Nada más mira tus brazos y piernas, Lisa.

—Ya lo sé —murmuró ella. Mi papá se ha mantenido sobrio durante cinco años. Y está muy preocupado por mí.

En los días siguientes, yo mismo fui protagonista de unos cuantos espectáculos. Era todo un caso —volteaba los grandes vasos llenos de *margaritas* en la mesa del restaurante para atrapar la mezcla congelada dentro del vaso; reía escandalosamente mientras vertía la copa llena sobre la cabeza de un amigo, a la vez que él me vaciaba una piña colada en la parte delantera de los calzones; y luego le gritaba a una mujer de la administración que dejara inmediatamente de comer su comida mexicana; después, le daba generosas propinas al personal del restaurante para compensarlos por el alboroto. Además de las resacas, todo era una estruendosa diversión para todos.

Al terminar las vacaciones y regresar a casa para enfrentarme a la cirugía, sentí miedo porque la operación me complicaba todo: mis asuntos, el trabajo y puntos de control. Yo recé como no lo había hecho en años y me abstuve de beber durante una semana. Por fortuna, la cirugía resultó todo un éxito, y prolongar la abstinencia de bebidas alcohólicas durante las dos semanas de convalecencia resultó sorprendentemente fácil.

Orgullosamente anoté en mi diario: "**La compulsión por beber ha desaparecido. Puedo tomarlo o dejarlo...**"

Entonces se me ocurrió organizar una fiesta para celebrar mi recién encontrada salud y libertad.

Sin esperanza

Mi entrada del diario del día siguiente es una de las más reveladoras que jamás haya escrito:

> Anoche tuve fiesta y no voy a poder ir de corbata al festejo de Año Nuevo que habrá esta noche en la azotea del edificio, porque me duele todo. Tengo una resaca muy fuerte. Me duele el pecho, y he sentido los latidos de mi corazón todo el día. En verdad no es nada placentero. Lo de anoche tampoco.
>
> No soy capaz de divertirme.
>
> Comenzaba a pensar que podía beber y disfrutar pero parece que no es mi caso.
>
> Esta miseria ha durado más años de la cuenta. No me sirve y se vuelve un obstáculo para mi realización.

Quiero tener una misión en la vida; hacer algo por la gente. Tal vez la razón de que las personas se vuelvan alcohólicas es que, en su interior, sienten que sólo contribuyen con apariencias, que no realizan algo que realmente valga la pena y, decepcionados de ellos mismos, beben para ocultar su desesperanza —una desesperanza callada y profunda de que esto es todo lo que existe.

¿Serán los alcohólicos unos soñadores empedernidos desde su niñez, que subconscientemente saben que no pueden lograr grandes cosas por sí solos y, aun si lo hicieran, de todas maneras la muerte pronto apagaría la luz vacilante de su llama? ¿Será por eso que la espiritualidad parece ser la única respuesta a la desilusión del alcoholismo?

Beber ha ido, más allá de un hábito, a un anhelo. **En realidad, saber por qué bebo no es relevante.** Lo único que importa es que lo sigo haciendo, a pesar de saber que me hace daño y a pesar de mis ganas de dejarlo. *Me estoy destruyendo a mí mismo, contra mi propia voluntad.*

Tratando con desesperación de romper el ciclo, recordé que ya lo había logrado dos veces por órdenes del médico. ¿Sería capaz de mantenerme **voluntariamente** alejado del alcohol durante una semana?

¡Por supuesto!

Aun así, tuve que convencerme a mí mismo de no beber una cerveza o una copa de vino cada noche. Eso me asustó tanto que decidí hacer a un lado el alcohol durante un mes entero para probarme que **no** era un alcohólico.

Los primeros cuatro días de combatir el deseo de beber fueron, como siempre, los más difíciles (mental, emocional y físicamente). Después de eso, el camino fue fácil. "Obviamente —concluí con júbilo— el alcohol no es una verdadera adicción para mí."

De hecho, el mes había pasado tan pronto y sin esfuerzo que decidí continuar sin beber entre semana, pero me di permiso de disfrutarlo con mis amigos en la "hora feliz" del viernes y las salidas de los sábados por la noche. ¡No hay ningún problema!

Dos semanas después, me di cuenta de que consumí algún tipo de alcohol todas las noches desde mi decreto de "sólo los fines de semana". Aparentemente, estaba tan contento de poder beber de nuevo que inconscientemente fui cayendo en mi viejo patrón, sin percatarme de que rompí mi promesa. Entonces decidí dejar de tomar por dos meses. Ese exitoso esfuerzo fue seguido de otra declaración fallida: "ahora sólo beberé ocasionalmente". Molesto, finalmente me castigué con una veraniega abstinencia de tres meses y, los efectos fueron casi mágicos:

Acabo de correr y meditar, es de mañana y me siento magnífico física y mentalmente. El ejercicio físico, sin alcohol, me hace sentir de maravilla. Sería increíble que me pusiera a beber en cualquier momento, pues me siento muy bien sin hacerlo.

En los últimos tres meses, he bailado hasta las cuatro de la madrugada, he dormido tarde, y me he sentido muy bien. Me ha sentado excelentemente hacer ejercicios en el gimnasio los sábados en la mañana, mientras escuchaba los quejidos y gemidos de los que parrandearon y trataban de recuperarse de la noche anterior. He asistido, una tras otra, a actividades políticas y fiestas de coctel; incluso a varios bares y clubes nocturnos sin desear ni pensar en una copa. Trabajo con la mente clara y activa, y con mucha energía.

Esta sobriedad coincidió con un despertar espiritual:

Dios ha sido muy bueno conmigo. Siempre que pido algo, me lo concede. Cuando busco la presencia del Espíritu, ahora de manera cotidiana, veo sus acciones y reconozco su presencia. En el pasado fue difícil creer que Dios, un ser tan especial e individual, se interesaría por mí de esta manera.

La vida parecía maravillosa, ¿verdad? Pero, adivine qué: **Lo eché a perder todo... y no sé por qué.** Mis pretextos fueron la tensión de un juicio importante y el atractivo de una pelirroja intrépida, a quien conocí en un club local cerca de la hora de cerrar, siendo yo el único hombre capaz de expresarse claramente, porque estaba sobrio.

Un mes después, para escapar de la olla de presión que representaba el juicio, me reuní con la dama peliroja en Francia. Resultó desastroso. Después de beber bajo las estrellas en un café de Niza, caminamos del brazo por las calles adoquinadas hasta el hotel; nos despertamos mirándonos de reojo con los ojos semicerrados por la brillante luz de la mañana.

—Oh, tus piernas son tan morenas —observó ella, mientras acariciaba gentilmente el muslo bronceado de él.

—Tu cabello es color rojo fuego —respondió él, jugueteando con un rizo entre sus dedos.

—Te dije que era una auténtica pelirroja.

Después de eso, ya no tuvimos nada más que decirnos el uno al otro. Al final de un largo viaje en tren, las angostas y estrujadas calles de Venecia me sofocaron hasta sacarme la vida. ¿Cómo podía una ciudad tan abrumadoramente sensual ser tan asfixiante, en especial cuando uno está acompañado por una mujer hermosa?

"¿Qué he decidido en silencio?" —escribí en Italia. "¿Que el sexo es de capital importancia? ¿Que los senos y unas bonitas piernas son todo lo que cuenta? ¿Que hacer mucho dinero es la única meta de una carrera? Con razón te gusta tanto beber alcohol o cafeína, fumar, trabajar o hacer ejercicio. ¡Deténte!"

Dejar de beber y volver a empezar es como manejar dentro y fuera de una bruma turbulenta: "En estos momentos siento que paso por la vida como si estuviera en una neblina. Es tan difícil ver y pensar con claridad sobre mi vida y su significado. ¿Por qué todo es tan confuso? ¿Por qué se vuelve tan difícil recordar experiencias y traducirlas en un aprendizaje efectivo?"

Desde fuera, la respuesta es obvia; pero por dentro, me encontré a mí mismo preguntándome:

¿Es esto una función del alcohol o es ésta la vida? Arriesgo hacer esa pregunta aunque es probable que dé una falsa impresión sobre mi consumo de alcohol, el cual en su peor momento nunca ha pasado de unas cinco copas por día, lo que es suficientemente grave.

Cuando paso un tiempo con cierta gente, me sorprende ver cuántas cosas no logra ver. Las cosas que miro rápida y claramente no son perceptibles para ellos sin algún grado de dificultad. Benditos son aquellos cuyos ojos pueden ver mucho más que los míos; cuya percepción de las cosas, verdaderamente importantes en la vida es clara y fuerte.

Rogar durante treinta minutos no es una estimulación erótica

Mis percepciones sobre la vida eran todo, menos claras y seguras. Una noche en que salí muy tarde, después de escuchar el testimonio de un cirujano, me detuve en un pequeño bar para despabilarme. El lugar estaba vacío y la cerveza fría. Además, la camarera era rubia, bonita y amable. Reímos y hablamos sobre navegación de veleros, de correr y de la vida. Ella no quería saber más de su antiguo novio, y por supuesto le encantaba la idea de ir a correr conmigo al día siguiente.

Mientras los patos y cisnes surcaban las aguas del lago (en el centro de la ciudad) nosotros corrimos entre los árboles a la orilla del agua mientras nos confiábamos nuestros secretos; a cada paso nos sentíamos más cerca el uno del otro. De pronto, en una colina, ella se detuvo y dijo: "Hay algo que quiero que sepas. No sé si soy yo... o los hombres que escojo, pero mi deseo más profundo es mantenerme comprometida en una relación, aunque simplemente parece que nunca podré lograrlo".

En los ojos azules de esta encantadora mujer, a quien llamaré Cristina, sólo pude ver belleza e inocencia. Y honestidad. Me enamoré en ese instante. Mejor dicho, me zambullí en la adicción.

Fue muy claro que desde el principio no puse límites. Al recogerla del trabajo, a menudo esperaba en los taburetes de bares y en estacionamientos durante una hora, hasta que ella cerraba su última cuenta. O contaba los minutos en casa después de que llamaba a media noche para decirme que iba a salir por una copa con otra camarera y que llegaría pronto, para después aparecer tambaleándose a las tres de la madrugada. Como la mayoría de los bebedores anormales, llevé mi vida hasta el límite. Hubo un tiempo en que el camino fue ancho, lleno de promesas y oportunidades. Antes, cuando tenía 32 años, mis amigos llamaban y dejaban mensajes jocosos, en los que me felicitaban por haberme convertido en una celebridad en el campo legal. No les creí hasta que vi el libro que habían comprado: *The Best Lawyers in America,* escrito por los egresados de la Escuela de Leyes de Harvard, Naifeh y Smith. Ahí estaba mi nombre, junto a los de los abogados más famosos de la Tierra, que en su mayoría eran veteranos del oficio. No estaba mal para un chico inmigrante que a la edad de diez años tuvo que pelear para entrar a la escuela primaria en Estados Unidos, porque el matón residente le prohibía poner un pie en la escuela.

Pero eso fue entonces, y **ahora** era esto. "Ahora" quería decir una preciosa casa en un risco, con las luces parpadeantes de la ciudad formando una kilométrica alfombra; debajo de ella, algún venado pastando junto a los ventanales, y un hombre solitario bebiendo *Glenlivet,* en espera de que llegara la única persona en su vida. Ningún amigo varón. Ningún grupo de amigos con quienes convivir. Ninguna vida fuera de esta mujer, o de la anterior a ella.

A menudo Cristina salía con sus amigas, o por lo menos eso decía. A mí no me molestaba, pero algunas de sus historias no eran lógicas, especialmente los fines de semana. Así que un sábado fui a su casa muy temprano; entré sin tocar la puerta y en la cocina, tuve que saludar de mano a un sorprendido extraño, mientras ella, sentada ante la mesa, me miraba atónita.

—Hola, soy Bert.

—Hola, soy Gustavo.

Era su antiguo novio. Les di la espalda y salí; ya sabía la verdad.

"Conoceréis la verdad, y la verdad os hará libre," dice el Evangelio. La frase debería agregar: "a menos que usted sea adicto".

La siguiente semana, otra vez quise más de lo mismo. Pasé por donde ella trabajaba, y le declaré mi amor y mi deseo de continuar viéndola. Ella me aceptó. ¡Qué increíble que continuara saliendo con alguien tan estúpido!

El doloroso ciclo continuó. Pasamos unas vacaciones románticas esquiando en Snowmass, viendo cómo el viento llevaba los copos de nieve a los bosques de álamos durante el día, y la luz del fuego brillando sobre los amantes que paseaban por el río Bordeaux durante la noche. Yo quería que la magia durara para siempre. Cristina insistió en regresar antes de lo previsto, y no estaba en casa esa noche, cuando la llamé.

Incapaz de aceptar que ella simplemente no estaba enamorada de mí, supuse que su comportamiento tenía que ver con las parrandas, porque parecían coincidir. Así que, después de otra escapada nocturna, una mañana la enfrenté y le dije que me parecía una persona maravillosa, bondadosa y afectuosa cuando estaba sobria; pero cuando bebía, nuestra relación no le importaba un comino. Dije que yo no podía continuar sufriendo como lo hacía. Dije que tendría que escoger entre el alcohol y yo. Y que saldría de su vida si ella continuaba bebiendo.

Cristina empezó a llorar, dijo que no quería perderme, y que a partir de ese momento dejaría de beber. Al medio día, la acompañé a una reunión de AA pues; me parecía obvio que **ella** lo necesitaba. En realidad sentía curiosidad sobre mi propia forma de beber y deseaba saber si me encontraría con mis deudos y amigos.

Ahora sí, ya estoy cocinado; pueden servirme, por favor

El discreto edificio estaba rodeado por robles españoles y parecía ser una casa espaciosa. El salón de reuniones estaba oscuro y lleno de humo, aunque estaba dividido entre fumadores y no fumadores. Al frente, una persona hablaba acerca de su alcoholismo e invitaba a otros a hablar. Un tipo con numerosos tatuajes mencionó haber sido detenido tres veces, la última por asalto a mano armada. Otro narró cómo solía sentarse en un parque junto a la vía, bebiendo whisky de una botella envuelta en una bolsa de papel. *No, AA no es para mí.*

Ya ninguno de los dos bebía. Empecé a descubrir que para mí, como para mucha gente, no hay medias tintas. Uno tiene que ir hacia un lado o hacia el otro. No beber absolutamente nada o beber en exceso. Es como manejar por un camino y llegar a una bifurcación. Uno puede irse a la izquierda o a la derecha: no se puede seguir de frente.

Yo me acercaba rápidamente a la bifurcación.

Cristina y yo disfrutábamos parrandear juntos. Pasamos gloriosos fines de semana en el velero, jugando desnudos bajo el sol, bebiendo sangría y durmiendo bajo las estrellas. Disfrutamos la sensación de verternos vino el uno al otro por nuestras gargantas hasta rebosar, bañándonos en el líquido, mientras hacíamos el amor. Nunca se me ocurrió pensar que en toda mi vida no había hecho el amor completamente sobrio.

En restaurantes o bares, a menudo ordenaba dos cervezas cuando me sentaba, pues invariablemente me terminaba la primera mucho antes de que el mesero volviera a nuestra mesa. Además, mis mejores amigos eran personas que aguantaban el ritmo. Era importante ver el programa *Monday Night Football* con un amigo que bebiera cerveza tan rápido como yo.

—¿Quieres otra?

—Por supuesto que sí.

Estaba seguro de que tenía un problema con el alcohol, pero aún no estaba listo para buscar la solución. Recuerdo que en mi pueblo había un anuncio con una leyenda que decía: "¿Qué será lo que necesita?" Con toda exactitud sabía exactamente a qué se refería.

Sin embargo, a veces podía escoger la ruta seca del camino durante meses. Una vez, hastiado del Derecho, perdí la cordura temporalmente y me lancé como candidato a alcalde. Sabiendo que mi mente necesitaba estar tan clara como el agua, simplemente evité el alcohol por seis meses. Pero eso fue todo lo que hice. Fui incapaz de hacer otros cambios fundamentales en mi vida, como abandonar una relación enfermiza; pero sé que no tenía los elementos para hacerlo.

Mientras tanto, con su actitud, Cristina continuaba mostrando que no estaba satisfecha conmigo. Después de comprometernos, rompió nuestra relación por un corto plazo antes de casarnos. En cambio, mi fantasía y adicción permanecían intactas. Cuando al fin nos casamos estaba entusiasmado y ciegamente enamorado.

Mi otra adicción, el alcohol, parecía estar relativamente bajo control; en parte gracias a que vivía con Cristina, quien ya no bebía. Muchas veces, yo también pasaba una o dos semanas sin beber nada. Cuando ella estaba inmersa preparando exámenes o escribiendo un reporte, yo me hacía acompañar por un paquete de cervezas o una botella de vino, mientras veía la televisión.

En ocasiones, después de unas cuantas copas, me daban deseos de *bañarme* en alcohol. Y no sólo de beberlo, sino de sentarme en él, salpicarlo sobre mi cuerpo y bajo mis brazos. Era como un impulso que emergía más allá de mi mente, incitándome simplemente a dejarme ir y nadar en la bebida. Nunca cedí a ese impulso, pero sí tuve que luchar contra él. Parecía que se aproximaba el día en que inevitablemente me entregaría a su llamado seductor. De manera recurrente tenía sueños con agua; caminaba a lo largo de la ribera empinada de un río turbulento, resbalaba accidentalmente hacia abajo de la ladera enlodada, y me precipitaba aguas abajo en el torrente, sintiéndome a la vez temeroso y excitado.

Seis meses de matrimonio y diez días después de mi último trago, tuve una cita crucial en la corte fuera de la ciudad. Estaba ansioso, perder la audiencia ocasionaría que desecharan el caso de mi cliente y yo tendría que exponer una decisión legal embarazosamente tonta. La noche antes de la audiencia, cené con mi socio y su esposa, bebí dos copas de *Chardonnay*, en gran parte para calmar mi miedo al inminente fracaso. Mi socio y yo partimos directamente al aeropuerto, y esperamos el vuelo en —¿dónde más?— el bar. Allí, discutimos los casos publicados similares al nuestro que esperábamos influyeran en el juez, a nuestro favor. Para propósitos de referencia, saqué estos documentos de mi maletín y los extendí en nuestra mesa. Después de beber dos copas de vino, nos llamaron a abordar y partimos... sin la documentación crítica.

Al darme cuenta del error, esa noche, en el hotel, llamé frenéticamente a mis amigos abogados en la ciudad de nuestro destino para conseguir acceso a una biblioteca de Derecho durante la madrugada. Una vez logrado ese cometido urgente, caí en un sueño inestable. Por la mañana, localizamos de nuevo los casos favorables; el juez falló a nuestro favor y nosotros volamos a casa.

Por la tarde, ya de regreso en la oficina, mi socia, que apenas conocía a mi esposa, se acercó y me dijo: "Bert, anoche tuve un sueño muy raro, soñé que Cristina tenía un amante".

Al regresar a la casa, comenté: "Cariño, no creerás lo que Amanda soñó anoche: que tenías un amante".

Cristina se puso blanca como una sábana, y balbuceó: "O... oye, eso no es verdad... Pero tenemos que hablar... no me siento satisfecha y quiero que nos separemos".

En un instante, me encontré en un mundo distinto. Un lugar irreal. Otro tiempo. Mi cuerpo y mente se desconectaron de la habitación. Yo estaba estupefacto. Mi corazón empezó a latir irregularmente. "¡No puede ser!", exclamé. "¿Por qué?"

—Simplemente, no puedo hacerlo.

—¿Hay otro hombre?

—¡No!

—Por favor, cariño; hagamos algo... Un consejero matrimonial... lo que sea... ¡Por favor!

—No puedo.

Empecé a llorar en silencio. Cristina se desplomó en una silla. Fui hacia ella, me arrodillé en el piso, me abracé a sus piernas y lloré sin vergüenza, rogándole que cambiara de parecer. Esa noche ella se quedó a dormir en otra habitación. Sin poder dormir; entré y observé su respiración; la desperté con suavidad para preguntarle una vez más. Estaba decidida a irse, pero juró que no había nadie más.

Por supuesto que lo había, y ella estaba enamorada de él. Sentí que mi vida acabaría en un diluvio de alcohol y dolor, o mi resurrección empezaría aquí mismo. Anhelaba ser elevado a una vida nueva y diferente. ¿Cómo pude ser tan ciego para no darme cuenta de lo que sucedía frente a mis narices? ¿Cómo pude mal interpretar la relación? **¿Cómo puede alguien vivir en tal mundo de fantasía?**

Necesitaba ayuda, sabía que no iba a lograrlo por mí mismo; así que le pedí a un buen amigo, que había estado sobrio durante tres años, que me llevara a otra reunión de AA. Al día siguiente, fuimos a un salón donde la gente reía y se abrazaba al entrar. Hablaron sobre lo buena que era la vida y de lo agradecidos que estaban. Cuando llegó mi turno, todo lo que pude compartir fue mi dolor y sollozar descontrolado. Ellos me dieron afecto, me estrecharon en sus brazos y me consolaron.

Me dijeron que el único requisito para ingresar al grupo era el deseo de dejar de beber —no necesitaba ser un alcohólico para incorporarme.

Después de la reunión, dos tipos altos se acercaron. Uno era contratista de construcción y el otro ingeniero. Ambos estaban pasando por divorcios dolorosos, uno con dos hijos adolescentes y el otro con tres. Nos convertimos en amigos inseparables.

SEGUNDA PARTE

La recuperación

Usted está a punto de tener la relación más significativa que pueda tener. Esa relación es con usted mismo. Está a punto de descubrir quién es usted en realidad.

JAIME, UN CONSERJE QUE ESTUDIÓ
HASTA CUARTO DE PRIMARIA

CAPÍTULO 6

Sólo tire la toalla y grite:
"¡Me rindo!"

De niños, aprendimos una lección muy simple que se nos olvidó al convertirnos en adultos. Cuando nos encontrábamos contra el suelo, en una posición dolorosísima y penosa, podíamos liberarnos del dolor y el apremio con sólo gritar "¡me rindo!" Ahora que somos adultos, preferiríamos morir que ser humillados; sin embargo, la frase liberadora sigue siendo la misma. Alguna vez encontramos amistad, gentileza, y libertad tras la rendición. En este momento, un indescriptible poder y gracia fluyen cuando simplemente soltamos el control y tenemos la humildad de admitir que somos impotentes.

La admisión de un defecto de carácter, y la resignación ante la idea de que somos sólo humanos, es difícil. Incluso aunque tengamos más problemas que un empresario en crisis económica, rehusamos rendirnos; y tercamente nos aferramos a nuestras viejas ideas. Al beber queremos ser como todos los demás, y estamos dispuestos a morir en el intento... A menudo lo logramos.

Pero el hecho es que todos somos distintos, con diversas fortalezas y debilidades tanto físicas como mentales. Algunos tenemos una adicción física a un líquido que contiene el compuesto químico llamado alcohol etílico. La única manera de dejarlo es admitir que no tenemos ningún poder sobre esta sustancia aparentemente inocua. Y ése es, sin duda alguna, el logro más difícil para una persona fuerte, inteligente: admitir que somos distintos y, que según parece, también somos débiles.

51

El primer paso hacia la recuperación es simplemente admitir que somos impotentes frente al alcohol, y que nuestras vidas se han vuelto inmanejables. Cuando fui confrontado con mi mayor temor —el abandono inesperado de mi verdadero amor— supe instintivamente que, a pesar de los años que llevaba tratando de controlar mi manera de beber, era impotente ante el alcohol, y que éste me patearía el trasero si elegía revolcarme en él.

Pero, me resistí a creer que **mi vida** era inmanejable. Siempre pensamos que nuestra vida es manejable y normal, no importa cuán difícil se vuelva. Y es que la vida que hemos llevado hasta hoy es la única que hemos conocido, y por eso deducimos que una vida sin alcohol sería peor. No tenemos ninguna experiencia de lo que es una una vida mejor, una vida verdaderamente buena. No hemos probado la alegría y la libertad que más adelante nos esperan.

Una vez que se inicia nuestra recuperación, y nuestra vida mejora más allá de nuestros sueños más anhelados —física, emocional, y financieramente— creemos a cada momento que esto es lo mejor que podemos alcanzar. Nuevamente lo creemos así, porque es lo único que conocemos. Y con cada paso hacia un plano más alto, invariablemente creemos que es lo máximo, particularmente si nos parece y se siente fabuloso. No somos capaces de ver más allá de donde estamos. No tenemos la experiencia de estar más contentos y plenos; de sentirnos más en paz; más espirituales y más libres, física y económicamente.

Sin embargo, *empezar* es lo más difícil, aunque ésto sea la semilla que crecerá en una vida de plenitud, satisfacción y alegría. Trasponer las puertas para entrar a una reunión de AA es todo un reto. Implica coraje, humildad y un profundo compromiso con uno mismo.

Una vez ahí, nos esperan maravillosas sorpresas. El primer día, me sentí avergonzado por el temor a ser reconocido. Pero inmediatamente encontré personas, altamente versadas e instruidas, a las que conocía y respetaba. Verlas ahí me produjo una sensación inesperada: yo estaba **orgulloso** de ellas; y nunca más me sentí avergonzado de ser visto. También me sorprendí de ver a tanta gente joven, adolescentes aún.

En la reunión me dijeron que yo tenía una adicción física al alcohol, y que décadas de experiencia con millones de personas demostraban que ésta se trata de un desorden progresivo. El único tratamiento efectivo, conocido hasta entonces, era la abstinencia por un día. *Yo no tenía que decidir dejar el alcohol por el resto de mi vida, ni siquiera por una semana. Sólo necesitaba resolver no beber hoy. Y eso sí podía hacerlo.* De este modo, si un viernes en la noche, me daban ganas de beber, entonces decidía salir a ponerme una verdadera borrachera... el sábado por la noche. Y cuando llegaba el sábado, por lo general el deseo ya había pasado. Si esto no pasaba, entonces yo decidía pasarlo para el domingo. Fue muy enriquecedor descubrir que tales deseos son fenómenos pasajeros que simplemente cambian por su propia cuenta si uno no actúa sobre ellos.

Se busca nuevo gerente general del universo

> Incluso los más fuertes debemos escuchar cuando las voces cantan en nuevas direcciones; nuevas voces, nuevas visiones.
>
> *Anónimo*

Además de tener una adicción física, supe que tenía actitudes en común con otros bebedores anormales; una de ellas era que yo me veía a mí mismo como el centro del universo —prácticamente me sentía su gerente general. Y que era el momento de renunciar a esta posición. Que los murmullos que llevan los vientos son verdad —sí hay un poder superior en el universo, aun cuando yo no pueda creerlo o aunque me incomode la sola idea de que yo no tenga ese asiento en el pináculo del poder, sobre un imperio de unos diez billones de años luz de diámetro. Y si viera que es imposible creer en un espíritu al que no se puede ver con poderes más grandes que los míos propios, entonces podría reconocer y aceptar a mi nuevo grupo de colegas, con más experiencia en la sobriedad, como un poder más alto. Me dijeron: "Nadie necesita tener problemas con la espiritualidad del programa. *Buena voluntad, honestidad y una mente abierta son los elementos fundamentales de la recuperación. Son indispensables*".

Existe un principio, una barrera contra toda información, que es la mejor prueba contra todos los argumentos, y que no falla para mantener a alguien en la ignorancia sempiterna.

Ese principio es el desdén anterior a una investigación.

Herbert Spencer

Así, abruptamente, me enteré de que el egoísmo y el egocentrismo estaban en la raíz de nuestro problema común, y que necesitábamos deshacernos de esta actitud y nuestra manera de vivir antes de que ésta nos matara. El egocentrismo nos llevaba inevitablemente a depender de nosotros mismos; éste nos guió en el viaje que terminó conduciéndonos hasta aquí. Una sabiduría y orientación sin límites estaban a nuestro alcance con sólo abrirnos a ellas.

Bueno, yo estaba abierto porque mi vida personal era un revoltijo.

Cristina y yo estuvimos asistiendo con el consejero matrimonial semanalmente, durante una separación de tres meses. Acordamos tratar de salvar nuestro matrimonio de seis meses y acabábamos de alquilar una nueva casa para vivir juntos en ella. Pero la noche anterior a la mudanza, pasé a verla a su departamento. Cuando abrió la puerta, era una mujer distinta. "Necesito decirte algo", dijo. "Quiero el divorcio."

Mi vista se nubló como si alguien se hubiera tropezado con una cámara de video mientras grababa la película de mi vida.

—¡Dime qué diablos pasa!

—¿Qué quieres decir?

—Tú sabes lo que quiero decir. ¿Quién es él?

—No sé de qué hablas.

—Sí, lo sabes. ¡Mira, Cristina; no soy un estúpido! Dime quién es él.

Después de una larga pausa, ella dijo: "Tienes razón. Estoy enamorada de Guillermo, y quiero vivir con él. Por primera vez en mi vida sé lo que es el verdadero amor. Sinceramente, espero que tú también lo encuentres algún día". Hubo un largo silencio, y después añadió: "Bert, si no hubiera sido él, hubiera sido cualquier otro. Tú y yo ni siquiera tenemos una canción".

—¿Una canción?

Entonces me dio un sobre y dijo: "Aquí están los anillos de matrimonio y compromiso".

Como el tonto romántico que siempre he sido, le respondí: "No, quédate con ellos. Quiero que algún día puedas mirar hacia atrás y recordar que alguna vez tuviste un marido realmente bueno". Y caminé hacia la calle con el corazón en la garganta.

Estaré siempre agradecido con Cristina por seguir el deseo de su corazón de estar con el amor de su vida. Sin querer, su partida me rescató de una existencia dolorosa la cual sólo iba a terminar en algo mucho peor.

Al día siguiente busqué por los alrededores un nuevo lugar para vivir solo, manejaba con una profunda tristeza;

una lágrima rodó por mi mejilla y gradualmente comenzó un llanto incontenible. Llamé a la oficina intergrupal de AA* y pregunté por el grupo más cercano que estuviera en sesión en ese momento; me enviaron a un grupo "sólo para hombres", que se encontraba precisamente un piso abajo del club donde conocí a Cristina dos años antes. Esta vez compartí abiertamente mi pesar, y el apoyo que recibí en la reunión fue extraordinario. Los seres humanos son lo mejor que hay cuando abren los brazos y dan de sí mismos a un compañero que los necesita. Un grupo de AA es uno de los pocos lugares en la Tierra donde los hombres, sin temor y con honestidad, muestran su amor y apoyo hacia los otros.

Una vez que tuve la voluntad de abrirme, empezaron a ocurrir coincidencias mágicas. Emocionalmente incapaz de mudarme a la casa que habíamos escogido juntos, pronto encontré una cabaña muy alegre, acunada en hiedra y robles fuertes siempre verdes. La propietaria estuvo de acuerdo en desocuparla inmediatamente, pues yo no tenía un lugar donde vivir; además hizo algo que, apenas unos días antes, me hubiera ofendido seriamente: me envió algunas tarjetas con citas de la Biblia para animarme:

Por la misericordia del Señor no hemos sido consumidos.
Porque nunca decayeron sus misericordias.
Nuevas son cada mañana; grande es tu fidelidad.
Mi porción es El Señor, dijo mi alma.
Por tanto, en Él esperaré.

Lamentaciones 3:22-24

---

* Prácticamente, cada ciudad del mundo tiene, por lo menos, un registro en el directorio con los números telefónicos de grupos de apoyo mutuo para la sobriedad, como Alcohólicos Anónimos.

¿No has sabido? ¿No has oído?
Que el Dios eterno,
el Señor,
el que creó los confines de la Tierra
¡No desfallece, ni se fatiga con cansancio!
Él da vigor al cansado
¡Y multiplica las fuerzas al que no tiene ningunas!

Isaías 40:28-29

En mi tristeza, con frecuencia leía estas palabras que reafirmaban mis ideas sobre la bondad, compasión, esperanza y fortaleza. Yo sé que esto no significará mucho si usted nunca ha caminado y vivido en la absoluta oscuridad; incluso podría perecerle risible u ofensivo. Pero llegará el día en que sus pies desnudos busquen desesperadamente la roca para caminar sobre ella, y entonces confirmará agradecido la sensación de pisar suelo firme.

Después de que el impacto inicial del rechazo disminuyó, mi mente se obsesionó con las preguntas de qué había salido mal y qué podría haber hecho yo, qué debería haber hecho y dicho de manera distinta. Mis amigos se hartaron de oír mis quejas una y otra vez. Uno de ellos me sugirió un maravilloso libro llamado *Cómo sobrevivir a la pérdida de un amor,* el cual era breve, informativo y, por fortuna, gracioso. Otro me recomendó sustituir estos pensamientos con la oración. Así fue como empecé a manejar por la autopista repitiendo el Padre nuestro un sinfín de veces.

Durante ese tiempo, recibí el mejor regalo que nadie me hubiera dado. Alguien me sugirió que, como primer ejercicio del día y antes de que mi mente comenzara a pasar la acostumbrada cinta negativa, leyera el Salmo 23 de la Biblia:

El Señor es mi pastor; nada me faltará.

En lugares de delicados pastos me hará descansar;
junto a aguas de reposo me pastoreará.
Confortará mi alma;
me guiará por sendas de justicia por amor
de su nombre.

Judea era, en su mayor parte, una tierra árida y rocosa,
con río de aguas turbulentas que se precipitaban con furia
despúes de una lluvia; realmente sólo un extraordinario y
maravilloso pastor podría reposar su rebaño en pastos verdes, junto a aguas tranquilas y mansas, sin que nada le
faltara.

Aunque ande en valle de sombra de muerte,
no temeré mal alguno porque tú estarás conmigo.
Tu vara y tu cayado me infundirán aliento.

A diferencia de lo que ocurre hoy en día, una vez que alguien salía de un pueblo, en Judea, se adentraba en un yer-
mo; cruzaban senderos a lo largo de cañadas y barrancos
profundos; "Valles de sombra de muerte" donde ladrones,
asesinos y predadores naturales esperaban para asaltar o
arrojarse. Mas un buen pastor llevaba una vara fuerte y firme —un bastón para ahuyentar a los animales salvajes—, así
como un cayado para guiar a sus ovejas.

Adornas la mesa delante de mí y en presencia
de mis angustiadores;
unges mi cabeza con aceite
y mi copa está rebosando.
El bien y la misericordia me seguirán
todos los días de mi vida;
y en la casa del Señor moraré
por largos días.

Cada mañana, sabía que ese día Dios rechazaría a las bestias salvajes de mi vida, mientras me guiaba seguro por valles que parecían tan sombríos como la muerte. Podía dejar ir mis peores temores y confiar en ser conducido a mansos y delicados pastos. Y, lo mejor de todo, en una época en la que me sentía totalmente solo y sin amor, me despertaba todos los días seguro —¡seguro!— de que *el bien y la misericordia me seguirían todos los días de mi vida.* Hasta hoy, ese sigue siendo mi lema favorito.

Otra sugerencia positiva que le hicieron a esta persona orgullosa, que era yo, fue la idea de humillarme en la oración. Un amigo me hizo esta recomendación: "Pon las llaves de tu auto debajo de la cama en la noche, para que así a la mañana siguiente, tengas que ponerte de rodillas cuando las busques; y mientras estás ahí abajo..."

Por tonto que le pueda parecer a cualquier agnóstico que ha perseverado en leer hasta esta parte del libro, comunicarse con el espíritu invisible sí cambia las cosas. De hecho, uno no tiene que creer en el espíritu invisible, en Dios o en un poder más alto; o como usted prefiera llamarlo, para que esto funcione. Todo lo que tiene que hacer es probarlo honestamente. *Puede fingir hasta lograrlo.* Por ejemplo, personas que luchan con el alcohol pueden ponerse de rodillas, abrir los brazos y decir honestamente, "Ya no puedo seguir viviendo así. Y no puedo yo solo. Por favor, quítame esta carga". Aunque suene increíble, se les quitará el deseo de beber.

No sea tan orgulloso como para negarse a probar algo del reino espiritual que no entienda. Lo hace en el mundo físico todas las noches cuando enciende la luz, sin tener idea de cómo o por qué funciona la electricidad. Usa la computadora, ve la televisión; incluso empieza relaciones sin tener la menor idea de cómo funciona nada de eso. ¿Por qué no darse a sí mismo la oportunidad, en privado, de recibir este regalo que puede ser la más grande y mejor sorpresa de su vida?

Como le dijo el príncipe Hamlet a su amigo Horacio:

Hay más cosas en el Cielo y la Tierra, Horacio, de lo que sueñas en tu filosofía.

W. Shakespeare, *Hamlet*

Y no confunda esto con "religión". Estamos hablando de "espiritualidad" no de religión o de la Iglesia. Gran cantidad de hombres y mujeres adictos al alcohol, son además, miembros buenos y activos de la iglesia, ministros, o sacerdotes.

Algunas personas llegan a la espiritualidad fácilmente y sin nociones preconcebidas o prejuicios; otros tienen que vivir aprietos desesperados; son hombres o mujeres que se ahogan por agarrarse de cualquier cosa para sobrevivir. Cuando usted se encuentre en peligro de ahogarse en el alcohol y sus consecuencias, abra los brazos y experimente lo que millones antes que usted han experimentado:

Lo que parecía inicialmente un báculo frágil y débil, resultó ser la mano amorosa y poderosa de Dios.

CAPÍTULO 7

CESA

Asistiendo a las reuniones de AA y a algún almuerzo o cena, encontré nuevos amigos que no sólo eran un apoyo, sino gente con mucha experiencia y sabiduría. Me dijeron que no era necesario creer todo lo que oía. Que el programa era un aparador de ideas y sugerencias; podía escoger lo que me gustara y dejar el resto. "Lo que funciona es lo que cuenta," decían.

Una de las ideas más útiles y tranquilizadoras consistió en conocer los puntos que provocan o desatan las ganas de beber. Me dijeron: "CESA cuando se presente cualquiera de estas situaciones, porque cada una de ellas es una luz roja (o señal de alerta)"; es decir

C de cansancio
E de enojo
S de soledad
A de anhelo de comida o hambre

Sabemos que es común que por **cansancio**, una persona beba. No en vano las bebidas alcohólicas son conocidas como bebidas estimulantes. Al final de un exhaustivo día de trabajo, o de una larga noche fuera de casa, las calorías del alcohol pueden proporcionar una placentera excitación para un cuerpo y una mente cansados. Sin embargo, más que un estimulante, el alcohol es un depresivo. Entre más beba una persona para estimular su energía, más alcohol necesitará para sobreponerse al efecto depresivo. Toma prestada del futuro la excitación temporal y después paga las

61

consecunecias en un juego donde nadie gana. La única solución real para el cansancio es el descanso. ¡Qué descubrimiento más novedoso! ¿no?

Me dijeron que el **enojo** hace que la persona cree un estímulo subconsciente para beber. Para eliminar el sentimiento desagradable, surge, como resultado, la actitud consciente de "Al diablo con todo esto, déme una cerveza". Por lo tanto, siempre que me enoje es vital que hable inmediatamente de eso con la persona involucrada; o, si eso no es posible o fuese contraproducente, entonces hablar con alguien que esté dispuesto a escucharme, hasta que el enojo se disipe. Al contrario de mi experiencia con el cansancio, esto no me sonaba nada familiar. Me recordaba las películas viejas en blanco y negro en las que un tipo ahogaba sus penas y rabia en una botella. Un hombre amable y decente como yo no se enojaba; definitivamente nunca pensaría en **beber** por ello.

Me llevé una tremenda sorpresa, cuando me encontré a mí mismo tan exasperado en el trabajo, que el primer pensamiento que vino a mi mente fue: "Voy a pasar a comprar un paquete de cervezas, cuando vaya rumbo a la casa". ¿De dónde salió esto? Aparentemente, todos estos años yo anestesié mis sentimientos con alcohol, y al no gustarme esta nueva sensación —la cual es una emoción genuina— mi deseo fue deshacerme de ella inmediatamente sin importar cómo lo hiciera.

No es casual que una persona que teme a la **soledad** se refugie en los bares. Cuando me gradué de la Escuela de Leyes y tuve mi propio departamento, detestaba la idea de llegar solo a ese lugar "vacío". Así que me iba a alguna taberna donde siempre encontraba caras familiares, y me unía a ellos para beber. Éste es uno de los beneficios secundarios y maravillosos del alcohol: uno evita momentáneamente los sentimientos desagradables. El problema es que nos perdemos del crecimiento inherente que brinda el procesar emociones auténticas; al suprimirlas y reprimirlas artificialmente, nos quedamos en el mismo nivel de madurez por varios años.

Mis nuevos amigos insinuaron que la soledad es un signo de peligro para el bebedor anormal, por lo que los remedios rápidos incluían hablar por teléfono con amigos o vivir el compañerismo de una reunión. Uno de los principales problemas de la soledad es que tenemos la tendencia a sentir lástima por nosotros mismos cuando ésta se presenta, merced a nuestra tendencia hacia el egocentrismo. Es el síndrome de "pobrecito de mí", que conduce al: "Pobre de mí, pobre: sírvame una copa".

Finalmente, mi cerebro malinterpretaba a veces el **anhelo de comida** creyendo que era un deseo por el alcohol. Por lo que siempre que tuviera hambre debía comer. Esto tiene sentido, porque cuando bebía vino, cerveza, whisky o *margaritas*, efectivamente, terminaba posponiendo la necesidad de comer, en particular los viernes por la noche. Así como un par de copas calma fácilmente el deseo inmediato de comer, hacerlo tan pronto como sea necesario satisface el aparente apetito por una bebida.

Todo es tan fácil como descansar cuando esté cansado. Hablar cuando esté enojado. Convivir cuando esté solo. Y comer cuando tenga hambre. ¡Caramba! ¡Hasta yo puedo hacer eso!

Alivio

La camaradería de mis nuevos amigos me trajo otro sabio consejo. Me dijeron que "se me acabaron los asuntos grandes e importantísimos". Esto fue una increíble fuente de alivio para mí, un tipo que podía obsesionarse con un problema o situación hasta el punto de hacerlo materia de vida o muerte. Me recomendaron que hiciera las cosas lo mejor que fuera posible, pero que renunciara a mi responsabilidad personal por los resultados.

Antes, siempre había una ansiedad oculta respecto al trabajo y mi vida. En la oficina, me sentía totalmente responsable por todos los detalles de todos los casos: era una carga imposible ya que representábamos a cientos de clientes. ¡No era de extrañar que bebiera para aliviar el estrés! Pero cuando me di cuenta de que hay un poder en la vida más grande que yo, se me ocurrió que la inmensa mayoría de los detalles estaban bajo la competencia y el alcance de ese poder. Aunque necesite vestirme y presentarme, trabajar diligentemente y aun batallar arduamente cuando sea necesario, es un tremendo alivio confiar en que el espíritu invisible se hará cargo de los detalles. Incluso pude imaginar a ese poder colándose entre los archivos. Quizá suena absurdo pero, a partir de que asumí esa actitud, tuvimos resultados realmente milagrosos en casos imposibles.

Siempre tomé la vida muy en serio y la responsabilidad de manera muy personal: siempre pagaba un precio muy alto en ansiedad. Durante mi educación secundaria, comencé a tener palpitaciones del corazón, las cuales aumentaron a ligeros y ocasionales ataques de pánico en la Escuela de Leyes. No importaba cuánto ejercicio hiciera; mi corazón daba saltos de vez en cuando y sus violentos latidos llenos de fuerza en mi pecho me dejaban congelado de terror. Aunque un cardiólogo me aseguró en repetidas ocasiones la inocuidad de las contracciones ventriculares prematuras, mis emociones se volvieron incontrolables cuando esto ocurría.

Una palpitación empezaba con una pausa aparentemente en el latido normal, seguida por un golpe físico bajo el esternón. Inmediatamente, me ponía en estado de alerta para detectar cualquier adormecimiento delator, o dolor, en el pecho o los brazos; esa preocupación me conducía a una hiperventilación que rápidamente me producía pánico. El temor y los síntomas amplificaban con rapidez el uno al otro, como el zumbido de un micrófono cuando se le sostiene muy cerca de un altoparlante. Cuando esto sucedía en mi casa, le pedía a algún amigo que viniera a acompañarme en ese momento y que estuviera conmigo hasta que me sintiera mejor. Una vez, me sucedió mientras conducía en una autopista en Los Ángeles. Detuve el auto, lo estacioné en el acotamiento y luché contra las olas de ansiedad esperando que pasaran. Pero, como no pasaban, penosamente conduje el auto hasta un crucero, salté de él y, con mucha vergüenza, detuve a otro conductor y le imploré: "Por favor, ayúdeme. No me siento bien. Me está brincando el corazón y eso realmente me asusta. Por favor, cuídeme un ratito hasta asegurarnos de que estoy bien". Después, tuve que convencer a ese pobre, alarmado, y buen samaritano, de que no llamara a una ambulancia. Para no repetir ese embarazoso espectáculo público, desde entonces he manejado hasta un hospital y me he sentado en el estacionamiento de la sala de urgencias, con tal de tener cerca la asistencia médica en caso de que los latidos irregulares progresaran a un infarto. ¡Qué bonito!, ¿no? ¡Un tipo de apenas 30 años, con un ataque al corazón!

Sé que los viejos amigos y colegas no reconocerían a la persona que acabo de describir. Los ataques de pánico eran una ocurrencia bastante rara, y también motivo de vergüenza para este rudo jugador de *rugby* que un momento estaba bien y de repente quedaba aterrorizado por la traición inesperada de su corazón.

Y, ¿sabe qué? Los ataques de ansiedad desaparecieron desde que dejé de beber. Ya no me asustan las palpitaciones del corazón. Por un lado, *tengo fe en la bondad fundamental del universo* y creo que estaré en buen estado. Por el otro, si mi destino es irme ahora, no hay problema. Y finalmente, es evidente que provoqué las palpitaciones del corazón con mis acciones, por lo que es bastante sencillo evitarlas con un cambio de comportamiento. El alcohol y sus efectos secundarios, los cuales sin duda alguna drenan físicamente, precipitaron la mayor parte de los síntomas. La cafeína, la falta de sueño, la vida llena de estrés y la falta de ejercicio, todos, son factores generadores. Así que, cuando no bebo, evito el exceso de cafeína, rezo de vez en cuando, duermo normalmente y hago ejercicio con regularidad, entonces me siento de maravilla. Esto es precisamente lo que he hecho desde el 2 de junio de 1989. Pero, ¿quién no podría hacerlo? *La persona que no puede es aquella que quiere lograrlo sola.*

Es imposible describir el compañerismo y la camaradería de mujeres y hombres, profesionales, obreros, amas de casa, mujeres del club campestre, profesores, conserjes, atletas y artistas que abren los brazos a una persona que desea dejar de beber. Desde aquel hombre solitario que se identificó con un "¿Esto es todo?" me convertí en un hombre bendecido con amigos maravillosos. Nos conocemos bien uno al otro y los demás nos importan profundamente, porque compartimos lo que realmente somos. Entre mis mejores amigos hay dos adolescentes que luchan por mantenerse sobrios; una pareja de hombres esperanzados que acaban de salir de la prisión; el exitoso dueño de un club nocturno en las Islas Vírgenes; un banquero divertidísimo que está recuperándose de la adicción al crack; un atleta profesional que jugó en tres copas mundiales; y algunas de las mejores y más valientes mujeres en la Tierra. ¿Quién querría perderse algo así?

CAPÍTULO 8

"Usted no es alcohólico"

Si usted define el límite de lo que es (para usted) tocar fondo como el momento en que se llega a una situación extrema, es probable que sus amigos, familia y compañeros de trabajo inicialmente le digan que usted no tiene problemas con la bebida. Algunos incluso tratarán de probar con argumentos y razonamientos que usted no es alcohólico, como si eso fuera posible. Pero no está en ellos, en mí, ni en nadie más decidir si usted lo es o no; sólo usted puede decidirlo. Y el tiempo dirá si tomó la decisión correcta.

Mi padre estaba absolutamente seguro de que yo no era alcohólico. Papá no bebe, y nunca presenció las consecuencias de mi bebida. Debido al gran amor que me tenía, no quería creer que su hijo era un alcohólico. Después de una discusión que se prolongó durante mucho tiempo, él sugirió que estaba bien que yo bebiera; que nada más debía limitarme a tomar una cerveza cada noche. Yo me reí; recordé que él había dejado de fumar, y entonces le sugerí que fumara sólo un cigarrillo al día. Inmediatamente protestó: "¡Yo no puedo hacer eso por ningún motivo! Esto es diferente".

—No; no lo es, papá. Es exactamente lo mismo. La cerveza es tan adictiva para mí como el cigarro para ti.

Como resultado de mi sobriedad, la relación con mamá y papá cambió radicalmente. Antes bebía por lo menos cuatro cervezas antes de ir a verlos cuando estaban en la ciudad. Simplemente, no nos llevábamos bien. Yo era muy impaciente con ellos; me exaltaba ante el más pequeño desacuerdo. Siempre veía sus errores, lo que necesitaban cambiar; pero nunca me detuve a ver mi parte, mis propios errores, mis responsabilidades. Como resultado, las visitas terminaban invariablemente en airadas discusiones que nos dejaban a todos frustrados y alterados.

Ahora es fácil visitar a mis padres. Ya no busco peleas ni trato de cambiarlos. No necesito sentirme superior, ni sentir que estoy en lo cierto o demostrar que ellos están equivocados. En vez de eso, me concentro en sus cualidades; soy capaz de apreciarlos como padres y como personas, con verrugas y todo.

Al principio, Patricia, la administradora del despacho y amiga mía desde hace muchos años, tampoco comprendió por qué me consideraba a mí mismo un alcohólico. Pero un año después del inicio de mi sobriedad, me dijo: "Bert, espero que sigas sin beber".

—¿Por qué, Patricia?

—Mira, no te ofendas, —se rió— pero antes tenías constantes cambios de humor en la oficina.

—¿Qué clase de cambios?

—Bueno, a veces te ponías muy irritable. Siempre pensé que era parte de tu personalidad y que se disparaba por la presión del trabajo o por el estrés de preparar un juicio. No tenía la menor idea que tuviera algo que ver con el alcohol. No digo que ahora seas perfecto ni que ya no se te suba el coraje a la cabeza, pero realmente has cambiado.

Una personalidad voluble y explosiva es una de las características principales de los bebedores problemáticos. Ese rasgo de carácter es mucho más evidente los lunes, pues por lo general es el día más difícil para un alcohólico activo —física, emocional y mentalmente—, después de un fin de semana de beber en exceso.

La opinión de Patricia me dio una visión clara sobre mi comportamiento violento y agresivo; era como un jugador de futbol que había estado "fuera de lugar"; sin embargo, esto se repitió con regularidad durante los juegos de futbol los fines de semana. Yo era un hombre salvaje en el campo de futbol —un antiguo guerrero de los campos de *rugby*— a quien le gustaba obstruir y atropellar a los oponentes, en particular a los rápidos y temperamentales, y lanzarlos por el aire para ver cómo se sacudían sus brazos y piernas sin control. Una ira irracional de origen desconocido me hervía por dentro, y un hombre gentil por naturaleza, en cualquier momento, se ganaba la merecida reputación de un jugador agresivo y peligroso.

No fue sino hasta que dejé de beber y empecé a resolver los conflictos cotidianos y el estrés de la vida, en vez de esquivarlos temporalmente con el alcohol, que experimenté un verdadero sentido de paz. A partir de entonces, los repentinos y absurdos accesos de ira reemplazada simplemente desaparecieron.

Sin embargo, la confirmación de mi cambio tuvo lugar hace poco, cuando caminaba por el vestíbulo de un hotel en Alexandria, Virginia, y escuché la voz de una mujer que me llamaba: "¿Bert Pluymen, eres tú?" Me volví y encontré a una mujer afroamericana a la que no reconocí pero cuya voz era idéntica a la de Claudia Taylor, una fascinante ministra religiosa capaz de predicar como la lluvia refrescante en el desierto.

—¿Claudia? ¿eres tú?

—Sí, corazón, soy yo. ¿Cómo rayos has estado?

Nos abrazamos y hablamos; en ese rato nos perdonamos el uno al otro viejos malentendidos ocurridos cuando fui miembro de la junta en su iglesia. Siempre nos tuvimos un profundo cariño, pero la falta de comunicación provocó el distanciamiento. Ahora Claudia vivía en Sacramento, California, y tenía su propia congregación, a la que llamaba con afecto "Congregación de la comida del alma". Conociéndola, sabía que mucha gente estaba siendo alimentada con el amor de Dios, y también con mucha risa y alegría.

Después de ponernos al día en unos minutos, Claudia dijo: "Encanto... ¿pues qué te pasó?"

Por un segundo me preocupé. "¿Qué quieres decir?"

—Simplemente no puedo creer lo tranquilo que estás.

Y estaba en lo correcto. Mientras ella hablaba, yo pude sentir mi tranquilidad permeando el espacio a nuestro alrededor. Antes no había notado la diferencia, de la misma manera que no vemos cuando un perro crece todos los días mientras juguetea entre nuestros pies. Pero, después de cinco años, el cambio radical del profesional estresado a persona llena de paz era obvio para Claudia, y ahora también lo era para mí. **Estar sobrio trajo a mi vida el inesperado regalo de la serenidad.** Y éste es un regalo prometido a cualquiera que trabaja en un programa de recuperación.

Al igual que todos los demás, Claudia se sorprendió de que yo estuviera en recuperación; y, como la mayoría, me mostró mucho apoyo. Sin embargo, hubo algunas personas que no me apoyaban. Uno de mis antiguos compañeros de borracheras insistió en que yo no era alcohólico. "Oye, tú no bebes tanto", protestó. "No bebes más que yo."

Yo le respondí: "Mira, lo único que sé es que ya es tiempo de que yo deje de beber. No sé cómo es para ti; sólo sé cómo es para mí, y creo que necesito dejarlo. Tal vez me equivoque; pero prefiero vivir una vida sobria por error, que continuar bebiendo por error".

No se sienta mal

Si usted sufre fuertes resacas (crudas) con más frecuencia de lo que quisiera, siga estas útiles sugerencias:

- ❖ Antes de salir, coma queso o pan con mantequilla para recubrir su estómago.
- ❖ No beba alcohol con bebidas gaseosas que contengan azúcar, pues el azúcar es lo que causa la resaca.
- ❖ No beba jugo de frutas con alcohol.
- ❖ Manténgase alejado del vino tinto, por sus altos residuos.
- ❖ Evite los vinos que contengan sulfuros; la resaca podría ser causada por una alergia a las sustancias químicas.
- ❖ No mezcle el vino, la cerveza, o el whisky. Consuma una sola bebida. Mezclarlas causa resacas.
- ❖ Beba sólo whisky claro o con agua.
- ❖ El alcohol sin adulterar no causa resaca.
- ❖ Los aditivos sí.
- ❖ Tome dos vasos grandes de agua y una aspirina antes de dormir; la deshidratación causa la resaca.
- ❖ Tome agua si se despierta a media noche.
- ❖ Coma mientras bebe.
- ❖ Tome únicamente vino blanco.
- ❖ Tome únicamente cerveza.
- ❖ Asegúrese de controlar la velocidad a la que bebe.
- ❖ Si ha bebido demasiado, métase un dedo en la garganta y vomite para que así se sienta mejor por la mañana.
- ❖ Si es tan desafortunado como para tener arcadas tome a sorbos una bebida gaseosa para apaciguar su estómago.

✤ Por la mañana sude la resaca con ejercicio, o bien en un baño de vapor o baño sauna.

✤ Cuando todo lo demás falle, "sáquese el clavo con otro clavo".

Si más de una sugerencia de esta lista le suena familiar, *usted no es un bebedor normal.* A los bebedores normales no les preocupan estos problemas porque no los tienen y por lo tanto, no hay razón para contemplarlos. Sólo un bebedor anormal los exploraría.

Campanas al viento

El tiempo ha confirmado la sabiduría y el acierto de mi decisión de dejar la bebida. La vida es mucho más fácil ahora. Pero no sucedió instantáneamente. Desafortunadamente, se necesita tiempo para que un cambio radical de comportamiento se manifieste como una vida gozosa y sin problemas. Todos esos años de bebida son los que le dan cuerda a una enorme máquina de viento, la cual, según un amigo, convierte una maraña de problemas en un verdadero diluvio de mierda. Pero el viento no se detiene automáticamente cuando la máquina se apaga. Continúa soplando por un rato más. Sin embargo, basta con que usted se mantenga firme y resista el impulso de volver a encender la máquina, para que el viento se acabe.

Reparar las faltas del pasado facilita el proceso. Una vez sobrio, es sorprendente la claridad con que vemos nuestra actitud en situaciones que siempre creímos, que fueron causadas por alguien más, matrimonios y relaciones truncados que ocurrieron "sin que nosotros falláramos"; sociedades de negocios y amistades cercanas que fueron destruidas supuestamente por la otra persona. **Reconocer humildemente nuestra parte y tratar de reparar el daño, hasta donde sea posible,** provoca cambios milagrosos.

El gran libro de Alcohólicos Anónimos describe los milagros que ocurren cuando hemos llegado tan lejos:

> Si nosotros somos verdaderamente conscientes de esto... nos sorprenderemos antes de llegar a la mitad del camino. Cono-

ceremos una nueva libertad y una nueva felicidad. No nos arrepentiremos del pasado ni desearemos cerrarle la puerta. Comprenderemos la palabra serenidad y conoceremos la paz. No importa qué tan bajo hayamos caído, veremos cómo nuestra experiencia puede beneficiar a otros. El sentimiento de inutilidad y lástima hacia nosotros mismos desaparecerá. Perderemos el interés en aspectos egoístas y ganaremos interés en nuestros compañeros. El egotismo se desvanecerá. El miedo a la gente y a la inseguridad económica nos abandonará. Sabremos intuitivamente cómo manejar situaciones que antes nos desconcertaban. Nos daremos cuenta de que Dios hace por nosotros lo que nosotros mismos no podemos hacer. ¿Son extravagantes estas promesas? Creo que no. A nosotros nos han sido cumplidas —a veces pronto, a veces después de algún tiempo. Siempre se materializarán, si trabajamos por ellas.

Cuando éstos son los resultados, ¿para qué vivir de otra manera?

La otra opción es continuar luchando con el alcohol; el dolor que lo acompaña, y una cara prematuramente avejentada. Al hablar con mujeres que aparentan más de treinta años y que siguen todavía bebiendo constantemente, a menudo me impresiono cuando confiesan que apenas cumplieron veintiocho o veintinueve. Es asombroso cuánto más joven parece una mujer con apenas seis meses de sobriedad. El cambio es radical.

Y, contra la creencia popular, no hay que dejar de lado las actividades divertidas ni la gente divertida. Una vez que uno confía en su sobriedad, puede participar en fiestas con bebedores normales. En fiestas o clubes, la mayoría de las personas están tan concentradas en lo suyo que no se darán cuenta de que uno no toma alcohol. A veces, después de varias citas, una mujer se da cuenta de que no bebo y me pregunta si me molesta que ella lo haga. Honestamente, no me molesta. Yo puedo divertirme tanto como ella mientras tomo un refresco dietético o agua quina con limón. ¿Por qué no podría ella poder beber socialmente y divertirse conmigo? Yo no le pediría que dejara de beber, como tampoco le pediría que no comiera ostras o camarones si yo fuera alérgico a los mariscos.

Desde el principio de mi sobriedad, hice la solemne promesa de que si mantenerme sobrio no era tan divertido como beber, yo empezaría de nuevo. Desde entonces, no he tenido que evitar el aburrimiento o buscar emociones artificiales con el alcohol. De hecho, la vida sin beber ha sido más excitante, en gran parte porque experimento *todo*, lo bueno y lo malo.

Como muchas personas, cuando alcancé la sobriedad estaba cansado de mi trabajo y quería dejarlo. Un patrocinador me convenció de no tirar a la basura años de educación y trabajo, sino que primero lo soltara en mi corazón. "Una vez que lo hagas," dijo, "tus días mejorarán instantáneamente y tus ingresos aumentarán inexplicablemente". Tenía razón.

—¿Y entonces qué?

—Paga gradualmente tus tarjetas de crédito, tu coche y tus demás deudas; deja sólo el pago de tu casa, y redúcelo si puedes. En ese momento, te sentirás como si te hubieran quitado un gran peso de los hombros, y serás libre por primera vez en tu vida.

—Yo anhelo eso con vehemencia.

—Créeme —dijo—. Acabo de pasar por eso, y no hay como hacer lo que uno elige todos los días.

—Yo he oído de personas que se despiertan todas las mañanas emocionadas por su trabajo y que no pueden esperar para empezar. Yo quiero eso en mi vida.

—Sólo necesitas proponerte dejar lo que tienes ahora —dijo—. Termina con tus responsabilidades. Y cuando estés listo para irte, otra puerta se abrirá para que tú la cruces.

Aunque tenía un buen negocio, cuando llegué a la sobriedad estaba casi en bancarrota; sobre todo por haber tomado malas decisiones de inversión. "Estar 'quebrado' significa que uno simplemente no tiene nada", le dije a mi amigo. "Debo tanto dinero que estoy mucho más que quebrado". Efectivamente, los intereses de la deuda eran tan altos que me sentía como un esclavo de mis acreedores durante los últimos cinco años.

La sobriedad, el apoyo y la sabiduría del programa me dieron el valor que necesitaba para ver a las personas de frente y decirles que no podía seguir por ese camino de autodestrucción. "Lo siento," les decía, "pero simple y sencillamente ya no puedo más". Algunos eran amables y reconocían que había hecho mis pagos por tantos años, que consideraron que estábamos a mano con el pago de sus intereses. Otros propusieron firmar un pagaré con un programa de pagos más fácil. Los últimos tres acreedores estaban asegurados contra cualquier pérdida; no estaban dispuestos a negociar, y simplemente cobraron su hipoteca. Pero al fin se había *terminado*.

Había estado luchando por mantenerme a flote en el agua como si cargara un lastre, pero ahora podía progresar. Cuatro años de pagar poco a poco mi deuda, y quedaría **libre**.

Hoy me siento la persona más bendecida sobre la Tierra. Han pasado tres años desde que vendí mi bufete de abogados, y amo lo que hago —escribir y hablar. Rento una casa en el lago y esquivo a los venados cuando manejo hacia mi hogar. Por la ventana puedo ver a mi perro juguetón, un pastor alemán, ladrándole al agua y brincando en el muelle como un niño de cinco años.

No pensaba hablar de este asunto, por miedo a que algunas personas no lo comprendieran. Pero ha sido real para mí: yo recibo más ingresos netos ahora que cuando trabajaba tiempo completo. Y ni siquiera sé cómo explicarlo. No ha sido algo que haya pedido. Nada que buscara abiertamente. Simplemente he estado atento a las puertas que se abren para mí, a las oportunidades. Cada vez que aparece una, investigo la situación minuciosamente y actúo con confianza donde me parece apropiado.

Para terminar, creo que mientras le agreguemos valor a la vida, ya sea en el trabajo, el hogar, o incluso con extraños, el espíritu cuidará de nosotros. Nunca se han dicho palabras tan verdaderas como: "Lo que va, viene". Hace mucho tiempo, dejé de creer en el infierno después de la muerte, porque el fuego producido por mis actos ya me empezaba a quemar los pies. Y lo mismo puedo decir sobre mi pedacito de cielo.

¿Quién hubiera pensado que necesitaría unirme a un grupo de alcohólicos en recuperación para encontrarlo? De lo que estoy absolutamente seguro es de que yo solo no podría haber navegado para encontrar mi camino.

TERCERA PARTE

Imágenes personales y científicas

*Las interesantes historias que siguen
son el resultado de entrevistas grabadas.
La fascinante información científica
que aparece junto con los relatos
es un resumen de los innumerables
artículos de revistas técnicas
y de libros que repasé y analicé.*

¿Quiénes son los alcohólicos entre nosotros?

Sorprendentemente, la mitad del alcohol consumido es ingerido en cantidades desproporcionadas por apenas 10% de la población. ¿Quién se lo está bebiendo? Muchos de los borrachines son jóvenes; el grupo de edad entre los 16 y 25 años presenta la proporción más grande de bebedores, así como el mayor consumo de licor por persona. La mayoría disminuye su consumo con la edad, y lo hace de manera sustancial al llegar al final de los veinte años o el comienzo de los treinta. Pero los que mantienen o aumentan su nivel anterior eventualmente son diagnosticados con un problema de adicción. A menos que mueran antes. De hecho, lo anterior es muy probable y ocurre unos 15 años antes de lo esperado.

¿Cuál es la causa principal de muerte en estos casos? *Enfermedades del corazón.* Así de destructivo es el alcohol para este músculo vital. Aunque las personas adictas al alcohol con frecuencia requieren tratamiento médico para varias enfermedades, pocos buscan tratamiento para su desorden médico primario. Aquellos que lo hacen, generalmente esperan hasta entrar a los cuarenta luego de pasar por varios años de dificultades.

Tan sólo en Estados Unidos, alrededor de 15 millones de personas llenan el criterio médico por abuso o dependencia del alcohol.

¿Quiénes son estos hombres y mujeres?

De acuerdo con la creencia popular, un alcohólico es alguien cuyo modo de beber está totalmente fuera de control.* Tiene problemas con el equilibrio al caminar y balbucea al hablar. No puede conservar un trabajo porque bebe por la mañana y permanece borracho la mayor parte del tiempo. Todos reconocen su problema inmediatamente y lo evitan. Generalmente, no tiene hogar o lo mantiene una esposa compasiva o un pariente caritativo. Si maneja, a menudo choca por manejar bajo los efectos del alcohol.

Sin embargo, la mayoría de los adictos al alcohol encajan en un perfil radicalmente diferente. De hecho, estos hombres y mujeres se sentirían muy ofendidos si alguien les llamara "alcohólicos". Tienen buenos trabajos o son dueños de negocios prósperos; están casados y viven con sus esposas e hijos; o son solteros deseables, aparentemente sin preocupaciones en la vida. Sin embargo, si no detienen la inevitable carrera cuesta abajo que comenzaron, gradualmente perderán todo. Más aún: como el alcohol crea su propia neblina invisible que obstruye el buen juicio y no permite tener una visión clara, estos bebedores continuan su vida con la intención de dejar de beber en el olvido.

El típico adicto trabaja en una oficina o tiene un empleo como obrero y alterna los períodos de abstinencia o de beber poco, con intervalos de abuso. En lo cotidiano, la

---

* La percepción tradicional del alcohólico como varón es tan frecuente, que a la mayoría de las personas le cuesta trabajo imaginar cómo se vería una mujer alcohólica. El consumo excesivo de alcohol en las mujeres es fomentado e ignorado por nuestra sociedad patriarcal, porque resulta ventajoso para los hombres. Históricamente, las mujeres fueron infundidas con los valores positivos de la espiritualidad y la familia. Ahora, mediante campañas masivas, una generación entera de mujeres ha creído en el mensaje publicitario de que beber y parrandear son un camino a la felicidad. Algunas de las fascinantes historias que aparecen en este libro son relatadas por mujeres; además, el capítulo "Llamada de alerta para las mujeres" explora la sensibilidad especial del cuerpo femenino con respecto al alcohol.

mayoría no tiene problemas con la bebida. De hecho, cada mes la mitad de todas las personas adictas al alcohol está temporalmente en abstinencia. Por lo menos durante tres meses, 70% de los hombres y mujeres adictos lo dejan del todo en algún momento.

Además, la mayoría tiene conciencia de que bebe demasiado y empieza por beber de manera intermitente. A veces, incluso se abstienen por completo, ya sea para probarse a sí mismos que no son alcohólicos o porque las circunstancias dictan que beber no es aconsejable. Eventualmente regresan a la bebida y la adicción vuelve a tomar asiento sin disminuir en nada.

Generalmente, la primera señal de que hay problemas, ocurre cuando el bebedor se encuentra al final de los veinte o al inicio de los treinta años y tiene dificultades en el trabajo; un accidente o, lo que es más común, pierde a su pareja: su esposa, novia o novio se marcha. Irónicamente, el rompimiento es iniciado a veces por el alcohólico, cuya percepción imprecisa dificulta los ajustes personales, no relacionados con la bebida, y que son vitales para mantener su relación. Casi siempre, el alcohólico es estimulado a beber por amigos bebedores; por un lado, debido a la lealtad personal; y, por el otro, porque su propio juicio también está nublado. Más retroalimentación proviene de la publicidad penetrante, la cual glorifica el alcohol como un producto que hace a la persona más sociable, divertida, atractiva y exitosa. Aunque el rompimiento de la relación amorosa cause un dolor emocional severo al alcohólico, y tal vez también lastime y marque a los hijos, a menudo ninguna de las partes reconoce el papel subversivo que juega el alcohol en este proceso.

Con el paso del tiempo, el alcohólico pierde imperceptiblemente a la mayoría de sus amigos que no son bebedores fuertes y se aísla aún más. A pesar de que lo siguen buscando, particularmente si el alcohólico es una mujer o un hombre atractivo, no hay una verdadera amistad de por medio. Gradualmente, la creciente relación cultivada con la cerveza o cualquier otra bebida favorita hace de ella su más importante, estable y constante compañera. En otras palabras, cuando realmente lo amerite, él puede abandonar y olvidar a cualquier persona en su vida pero nunca soñaría con dejar su bebida favorita. En este momento, una vida sin el placer del alcohol parece no valer la pena de ser vivida.

De aquí en adelante, la única pregunta será el lugar y profundidad del aterrizaje.

Cuando una persona adicta busca atención médica, el doctor usualmente estará viendo a un soltero, bien arreglado; a un hombre de familia; una ama de casa o una mujer profesional sobria que se queja de problemas no muy graves, como la dificultad para conciliar el sueño, tristeza, estrés o problemas personales. En la gente de mediana edad, la queja médica puede ser una enfermedad importante; por ejemplo, neumonía, desórdenes del corazón o cáncer. Por lo general, no habrá quejas acerca del alcohol ni será evidente ningún síndrome de abstinencia. De hecho, muchas personas con problemas médicos causados por el alcohol, que ponen en peligro su vida y que pueden morir prematuramente a causa del alcohol, no muestran signos visibles de abstinencia.

Por el contrario, la mayoría de los adictos tienen síntomas ocasionales, mínimos o poco reveladores, que pueden incluir transpiración, pulso rápido, fiebre muy baja, irritabilidad, cambios bruscos de humor o hiperventilación. La tristeza, ansiedad u otras quejas emocionales son comunes (ocurren en tres de cada cuatro personas), mientras que las náuseas y el vómito son experimentados por una de cada dos personas.

La remoción física del alcohol comienza dentro de las doce horas posteriores y llega a su máximo nivel alrededor del segundo o tercer día, para ser totalmente eliminada cerca del cuarto o quinto día. Sin embargo, cierto nivel de ansiedad, que puede ir desde inquietud, desasosiego e irritabilidad hasta el verdadero pánico, puede durar hasta un año, mientras que los trastornos del sueño pueden persistir durante varios más.

El número de personas adictas al alcohol aumenta con rapidez. El riesgo de adicción es ahora el doble de lo que era hace menos de una generación. En muchos países son las personas jóvenes las que enfrentan un riesgo mayor; sobre todo, porque socialmente hay más tolerancia a la bebida.

Los hombres siempre han tenido un riesgo mayor que las mujeres; sin embargo, las tasas de riesgo para las mujeres se han incrementado. Por ejemplo, la generación actual de mujeres que se encuentran en la mediana edad tienen un factor de riesgo similar al que tenían los hombres de la generación de sus padres. Con la reciente revolución en el consumo de alcohol entre adolescentes y universitarias, es probable que pronto leamos una serie de artículos sobre mujeres que buscan la recuperación.

Algunas nacionalidades presentan tasas comparativamente altas de adicción al alcohol. Los franceses, irlandeses, coreanos, rusos y algunas tribus de nativos americanos, son particularmente susceptibles a sus peligrosos encantos. Por otro lado, los chinos y los japoneses se han manifestado casi inmunes a desarrollar dependencia al licor, por lo menos hasta ahora. ¿Qué explica la adicción en unos y no en otros? ¿Es una función de la herencia, de la influencia del medio ambiente y de las circunstancias que nos rodean, o de ambas cosas?

Regresaremos a estas preguntas, después de conocer la conmovedora historia de Rocío.

Rocío

Siendo una quinceañera, fui a una fiesta y tomé once copas —lo sé con exactitud porque más tarde lo escribí. Después tuve relaciones sexuales con un muchacho en un establo. Vivíamos en la campiña inglesa, y fue la primera vez que lo hice.

Mi mamá no supo lo que yo había hecho, pero lo sospechó cuando llegué a la casa con el maquillaje estropeado y la ropa llena de lodo: el muchacho me había quitado la ropa. Yo quise que lo hiciera; era algo que verdaderamente deseaba. Pero mi ropa estaba cubierta de lodo porque la esparció descuidadamente durante el encuentro.

Mi madre se puso histérica. "¿Cómo pudiste *hacernos esto?*" Gritaba. "¿Cómo pudiste hacerme esto *a mí?*"

Yo sólo me senté, y me quedé pensando: "¡Pero si yo no te he hecho nada! No es cierto lo que piensas de mí".

—¡No volverás a salir jamás! —dijo mi madre—. ¡Voy a hablar con ese muchacho!

Por fortuna no lo hizo pero dos semanas después, mi papá dejó a mi mamá por su mejor amiga. Después, desapareció definitivamente, y mi mamá estaba tan fuera de sí que cualquiera que fuera mi comportamiento, no habría importado. Mi castigo terminó, y quedé libre para salir y hacerlo de nuevo. Lo hice una y otra; muchas veces más...

En la terapia supe que lo que yo buscaba era simplemente el contacto físico y el afecto que tanto necesitamos los seres humanos. En ese momento sólo sabía que si tomaba mucho y alguien se me acercaba para platicar, terminaría acostándome con él... Y me sentía bien, a medias.

Yo veía a mi mamá y pensaba: "¿por qué la dejó mi papá? Ella es más bonita que otras mujeres, más simpática y amistosa. Se preocupa más por mí y por mi hermana de lo que las mamás de mis amigas se preocupan por ellas. Rara vez se enoja o le grita a alguien. Nunca le dice a mi papá lo que debe hacer. ¿Por qué nos abandonó? ¿Qué tiene ella de malo?. Y finalmente, ¿qué hice mal?"

Aunque empezó con mi mamá, también a mí me abandonó, porque después él nunca se preocupó por ninguna de nosotras.

⌘

Tan pronto pude, me fui de la casa para trabajar como sobrecargo. De repente me encontré ante un gran grupo de gente que gozaba y era feliz. Eran físicamente activos; les gustaba hacer cosas y querían conocer el mundo. Yo estaba feliz de vivir fuera de mi hogar, porque aunque todo parecía normal, mi mamá era una mujer con el corazón roto.

Me instalé a vivir en Arabia Saudita, donde no había alcohol, pero nosotros lo fabricábamos. Uno bebe más cuando está prohibido, y varios de nuestro grupo bebían demasiado.

Cuando llegué al Medio Oriente era una muchacha de veinte años, perdida e inmadura. Como estábamos tan aislados, la cultura en la que crecí fue la del mundo de las aerolíneas. Así, cuando me transfirieron a Nueva York, después de varios años de volar por Asia, me quedé en ese mundo. Casi toda la gente de las aerolíneas regresa a su hogar con sus familias y amigos. Ellos salen de ese mundo. Yo no lo hice. Dentro de ese mundo hay alcohol y sexo, y yo pasaba momentos maravillosos. Claro que tampoco me acostaba así nada más con cualquier hombre; pero por primera vez era feliz y disfrutaba de mí misma plenamente. Bebía mucho, pero no era un problema. La única vez que se me ocurrió que algo andaba mal fue porque a veces lloraba. Aunque estuviera verdaderamente feliz, me emborrachaba y lloraba sin saber por qué, y esto fue lo que me preocupó.

Cuando me mudé a Nueva York, tomé un segundo empleo; en ese entonces hacía más ejercicio que cualquiera de mis amigas. Trabajar duro y verse bien, ¿qué más hay en la vida? Yo nunca escuché que existiera nada más.

Lo que sabía funcionaba en mi mundo: trabajar fuerte, hacer mucho ejercicio fuerte, beber fuerte y fornicar fuerte e irse mucho al carajo. Lo hacía, y me funcionaba.

Pero cuando cumplí 26 años me enamoré; los dos queríamos casarnos. Sin embargo, la relación duró solamente un año y después todo se echó a perder. No entendí por qué o cómo arreglarlo. Simplemente se acabó. "No hagas caso, no importa", me dije a mí misma. "No voy a insistir. A lo hecho pecho. Sigamos con la vida".

Ése fue el motivo para comenzar a beber nuevamente, pero esta vez me fui al extremo. Después de eso, en mis días de descanso tomaba cerveza todo el día, no comía y adelgacé mucho. No andaba con nadie, pero salía con dos o tres hombres cada noche.

Antes pensaba que yo no decía mentiras, pero solía decirle a mis amigos ocasionales: "¡Claro, me encantaría verte más tarde! Estaré en el gimnasio hasta las ocho, pero necesito una hora más. No estaré libre sino hasta como a las 9:30; mejor a las 10:00, para estar seguros".

Entonces salía con otro hombre y le decía que tenía que estar temprano en mi casa porque tenía algo importante que hacer por la mañana. Varias veces hasta me deshacía de mi cita de las 10 de la noche a la 1:00 de la mañana, para ir a un club con mis amigas y conocer a otro. Era bonita, y si un hombre con el que salía trataba de reprenderme o criticarme, pensaba: "No hagas caso; mañana conocerás a otro".

Después me preguntaba por qué nadie me tomaba en serio, y por qué no podía involucrarme con alguien; por qué no encontraba al hombre apropiado. Era de locos. Yo estaba loca. "¿Qué estoy haciendo mal?" Me preocupaba. Trataba de verme más bonita, trabajar más intensamente en el gimnasio, y conocer a más hombres.

Salí casi todas las noches, desde los 27 hasta los 30; si no salía, pensaba que era una verdadera perdedora. Luego me sentía mal porque no había nada más. "¿En qué estaba mal?" Me preguntaba. Para ese entonces, tenía un verdadero problema: bebía demasiado.

Hasta entonces viví con mis sencillas y estrictas reglas: nunca mentir ni engañar en la cama. No salir jamás con un hombre casado o que salga con otra. Nunca tener un momento en mi vida del que no pudiera dar cuentas. En otras palabras, ser productiva en cada momento: consideraba como algo productivo estar completamente ahogada. Eso era hacer algo; salir; estar ocupada, lo cual estaba en mis reglas: una debe estar ocupada. Yo no creía en Dios, pero pensaba que Él nos dio algo especial, y si una se atreve a desperdiciar el tiempo, sería verdaderamente lamentable. Algunas de mis amigas estaban muy complacidas con su vida, pero yo pensaba que eso era digno de compasión.

Es gracioso: yo siempre me sentí muy elegante, fina: asistía a los clubes nocturnos más selectos, usaba vestidos finos. Ganaba bien y podía comprar lo que quisiera. Pero mi terapeuta me dijo una vez: "Bueno, a mí no me suena tan elegante que siempre estés borracha, acostándote con guapos desconocidos". Nunca se me había ocurrido que eso no fuera elegante.

Yo pensaba que ser refinada era beber champaña, usar vestidos "glamorosos", estar en el mejor club y abrazarme a encantadores profesionistas que ocasionalmente me daban cocaína. Suena de locos, pero me sentía muy digna. No creía tener problemas mientras aspiraba coca. Si alguien tenía un problema con la coca entonces sería un adicto a la droga, ¿no?

A pesar de hacer todo esto, nunca me arrestaron. Nunca tuve que manejar porque vivía en Nueva York, donde nadie conduce su propio auto. ¿Que me habrían arrestado si las circunstancias hubieran sido diferentes?, no lo sé. Además, soy mujer. Es muy fácil salirse con la suya.

⟐⟐⟐⟐⟐

Fue entonces cuando conocí a un hombre que parecía de otro planeta. Nunca en mi vida había conocido a otra persona como él. Me llevó a cenar y después a mi casa. Entonces dijo: "Pasé un rato agradable, buenas noches".

¡Estaba sencillamente desconcertada! "No es gran cosa", pensé; decidí volver a ponerme el abrigo y salir de nuevo. Eran las once de la noche, así que fui a una fiesta y me emborraché. Varios días después, nos encontramos y volvimos a salir. Él me tocaba, pero no sexualmente, y nunca antes me había sucedido algo así. Me fascinó. Era un alcohólico en recuperación, y yo lo consideraba un verdadero amigo. Yo necesitaba asesoría porque estaba iniciando mi propio negocio de importaciones, y él se dedicaba a lo mismo. Era tranquilo y amable. Tenía lo que hoy conozco como "límites". Me apoyaba hasta cierto punto y después me decía: "Ahora depende de ti"; o: "Lo siento; no puedo hacer más". Decía que le gustaba estar conmigo y deseaba verme, pero todavía no me presionaba para tener un contacto sexual. Me dejaba en mi departamento y no entraba. Me sentía intrigada y desconcertada. Sólo se quedaba ahí parado y yo pensaba "¡Haz algo!". Estaba deseosa de que pasara algo, ¡pero nada!

Él era todo eso y algo más. Era papá de una niña de dos años a quien estaba dedicado por completo. Ella vivía la mitad del tiempo con él, y en ese período él se entregaba totalmente a su cuidado. Entonces me di cuenta de que eso era posible. Yo no tenía idea de que los padres le dieran atención a sus hijas. Él la cuidaba e iba más allá de lo común en las cosas que hacía para ella. Yo estaba tan impresionada que eso me produjo una terrible depresión. Mi mundo se *desmoronaba*. Pensé que me estaba volviendo loca por estar tan emocionada. Era inusual en mí perder el control y deprimirme así, pero todo se me salía quién sabe de dónde. *¿Quién llora? ¿Quién en mí dijo eso? ¿Por qué? ¿De dónde sale ese coraje?* Era horrible. No lo soportaba. Mientras tanto, seguí bebiendo, bebiendo y bebiendo. Tenía un modo de vivir, de hacer las cosas, de cómo ser; comportarme, sentir y pensar —creado por las circunstancias, la genética, mi personalidad y mi carácter—; todo esto se moría. Descubrí que no todo estaba bien.

Pero no me parecía que el alcohol fuera el responsable de la forma en que vivía. De ningún modo. Creía que eran dos cosas paralelas. Tomaba buenas y malas decisiones apoyándome en mi manera de ver la vida. Y bebía cada vez más.

El alcohol es una droga, y me volví adicta. Así de simple.

El efecto de beber es que pone una barrera invisible entre mi persona y el resto del mundo. Yo no sabía que ahí estaba, y que me impedía ver y sentir.

En un viaje de negocios a Indonesia, encontré un libro que me mantuvo despierta toda la noche. Lloré durante todo el trayecto. Palabra por palabra, se refería a mí. Lo cerraba y veía en la portada el título: *Hijos adultos de alcohólicos,* y constantemente hablaba de "disfunción" y "dinámicas familiares no saludables". Aunque mis padres no bebían mucho —eran sensatos— todo lo demás, según en el libro, se desarrollaba en nuestra casa. En la introducción decía algo como: "Creemos que este concepto se aplica a niños que crecieron en hogares traumáticos".

Yo estaba segura de que era normal, pero el libro y mis reacciones emotivas me decían lo contrario. Entonces bebí y bebí en el Oriente, y de regreso a Nueva York pensé: "Debo hacer algo. Algo me pasa. No sé qué es, pero tiene que ver con mis antecedentes familiares disfuncionales. Y sé qué es. Voy a ir a Al-Anon".*

Para no sentirme hipócrita dejé de beber mientras asistí a Al-Anon. Yo no era alcohólica, estaba segura. Y no había *motivo* para que fuera a AA. Pero algo andaba mal, y el grupo me ofrecía ayuda para las dinámicas de relación. No sabía si ambas tendrían conexión, pero pensaba demasiado rápido como para intentar algo.

Asistir a las reuniones me ayudó mucho. Ellos emplearon un lenguaje que nunca había escuchado —hablaban de cómo se siente uno. Yo no lo entendía, pero ¿cómo le preguntan a una persona cómo se siente, si en realidad no lo sabe? No tenía la menor idea.

Mis relaciones con empleados de bancos, postales y otros no era lo mejor. Por ejemplo, yo estacionaba la camioneta de mi negocio en la calle y, un inspector de tránsito me decía: "Señorita, no puede estacionarse ahí". "¿Qué demonios quiere decir; que no puedo estacionarme aquí?" Protestaba. "¿Por qué no puedo estacionarme aquí?" Nunca supe qué era lo que me enojaba, pero era así de agresiva casi todo el tiempo.

Al-Anon me ayudó increíblemente durante varios meses. Pero yo me sentía triste, desconcertada y confundida;

---

* Al-Anon, un grupo familiar, es una confraternidad de amigos y parientes de alcohólicos que comparten su experiencia, fortaleza, y esperanza con el fin de resolver sus problemas comunes. Consideran que la adicción al alcohol es un desorden familiar y que un cambio de actitud puede ayudar a la recuperación.

no lograba entender por qué alguien que trabajaba tanto tenía tantos problemas. Ni siquiera había vuelto a beber, entonces ¿qué estaba haciendo mal? "Bueno, no sé cuál es la respuesta", pensé, "pero ésta no es, así que voy a beber". Lo hice, aunque no tanto como antes. Sin embargo, me sentí incómoda durante mi estancia en California con una amiga que no tomaba, y por primera vez en mi vida escondí lo que bebía. Todos los que yo conocía bebían, y nunca noté mi problema hasta que estuve aquel tiempo en casa de mi amiga.

Cuando regresaba del trabajo, me detenía en un bar y tomaba tres cervezas antes de llegar. Después, ella me veía tomar otras tres o cuatro. En ese entonces, me dijo una o dos veces: "No deberías tomar vino con el almuerzo. Te vas a sentir somnolienta por la tarde". Pero yo quería vino cuando almorzábamos juntas, ya que una ocasión agradable no estaría completa sin vino.

Durante muchos meses estuve consciente de cuánto bebía. Una mañana fui al salón de belleza y ahí me arruinaron el cabello. Eran las 11:00, vi una tienda de licores en la acera de enfrente, compré un cuartito de vodka. Tomé un taxi y le pedí al chofer que me llevara a una exposición comercial. En el camino tomé algo de vodka y creí que me sentía muy bien. "¡Así es como quiero vivir! La estilista puede hacer lo que quiera con mi cabello. No me importa".

En la exposición me sentí entumida. Pero me sentía así desde hacía bastante tiempo. Aquí estaba yo, y allá estaba el mundo; la frontera que nos separaba era el alcohol. Me encantaba sentirme entumida. Pasé todo el día allí, tomando vodka a sorbos. A las cinco, hice nuevos amigos en un bar. Estuve todo el día tomando; me sentía bien, sin estar completamente borracha. Pero a la mañana siguiente pensé: "Dios mío, ¿cómo puedo pasar por la vida si no puedo ir a la estética, sin sentir la necesidad de beber porque me hecharon a perder el cabello? Algo anda muy mal".

Ese mismo día fui a una reunión de AA; no quise esperar más.

—Si quieres lo que nosotros tenemos —me dijeron— y eres capaz de llegar a cualquier extremo con tal de obtenerlo, entonces debes seguir ciertos pasos.

Ellos tenían algo que yo quería. Eran tranquilos, y yo tenía un torbellino en mi mente. Estaba muy atribulada y no podía entender por qué no era feliz.

Era increíblemente afortunada y bendecida. Había comprado una casa a los 22 años. A los 26, casi le había dado la vuelta al mundo. Muy poca gente tiene esa oportunidad.

Conocí Saint-Tropez, El Cairo, Atenas, Nairobi, Nueva Delhi, Tokio, Hong Kong, Bangkok... tomé unas vacaciones en Australia y Acapulco... Me hospedaba en los hoteles más exclusivos con descuento de aerolínea... ¿Cómo podía no ser feliz?

Hubo un período en el que sucedían cosas buenas todo el tiempo, y yo estuve muy feliz. Entonces bebía porque estaba feliz. Pero cuando sucedían cosas malas como rupturas, también bebía por eso. Finalmente, tomaba alcohol como respuesta a todo.

Para ser honesta, sabía que tomaba mucho y que no podía seguir así. No fui a AA por ser alcohólica; fui porque quería dejar de beber. Cuando llegué, me di cuenta de que algunos de ellos tenían cosas maravillosas y yo quería eso. No había disfrutado de la vida aunque pensaba lo contrario.

¿Como saber si uno toma mucho? Pensé que a todo el mundo le gustaba lo que a mí. No había más referencia. Yo no tenía idea de que no era normal vomitar. Nunca pensé que no era normal acostarme con un desconocido. Y no estoy bromeando.

¿Cómo lo hubiera sabido?

Especialmente cuando mis atractivas amigas hacían lo mismo. No todas lo llevaban a cabo, pero de las que nunca se hablaba se iban a su casa al final de una cita. ¿Saben? Yo contaba los mejores chistes. Mis amigas se peleaban por oír sobre mi última conquista, y se divertían mucho porque solía verme en los más increíbles enredos. Las entretenía, y creía que sus vidas eran muy aburridas.

Tuve claro mi patrón respecto a la bebida porque mi madrina en AA tenía solamente un año cuando yo apenas llevaba unos días. Ella no podía darme mucha información, pero me escuchaba y eso funcionaba muy bien. Me hizo escribir sobre 20 ocasiones en las que recordara haber estado verdaderamente ebria. No creo que ella supiera realmente lo que estaba haciendo, pero me escandalicé cuando se lo conté. Después de la cuarta o quinta narración, le dije: "¡Esto es estúpido! No creo que quieras saber más, y además no quiero contártelo. Últimamente, todas las historias son iguales".

Todos mis relatos terminaban en que yo llegaba a casa y vomitaba o me acostaba con un desconocido. En una de las peores ocasiones, durante un día feriado había bebido para ir a esquiar; me volví furiosa hacia mi acompañante, y literalmente lo ataqué.

Conservé esa serie de relatos desde los inicios de mi sobriedad; ahora, cuando la leo, pienso: "Con razón me sentía tan vacía. Con razón me sentía terrible y denigrada. Con razón pensé que moría por dentro".

Al principio, no participaba en las reuniones. Sólo escuchaba. Aunque no comprendía todo lo que oía, no estaba tomada y me sentía bien. ¡Era asombroso! Eso era todo lo que necesitaba y era suficiente.

Oía a los compañeros hablar de "fe", "confianza" y "*vivir y dejar vivir*". Eso era nuevo para mí —suficiente para desconcertarme y hacerme perder el control.

Sin embargo, después de varios meses de sentirme bien, empecé a incomodarme y ponerme irritable. Sobre todo, no entendía cómo era que había perdido el criterio; era incapaz de hacer nada o de estimar a una persona. No podía confiar en mí misma para hacer las cosas correctamente. Aunque estaba convencida de ser una persona adulta, en muchos aspectos seguía siendo una niña. De manera que seguí asistiendo a las reuniones y entregándome de lleno al trabajo.

Después de tres meses de reuniones, empecé a oír otras cosas. Oí de personas que estaban mentalmente enfermas. También escuché a personas que no me gustaban. Empecé a oír sobre historias de mentiras y trampas, que yo jamás había hecho.

Conocí personas increíblemente egoístas —todo lo que hacían era hablar de ellos mismos. Y decían cosas peculiares, como "Bueno, es la boda de mi hermana y toda la familia quiere estar ahí, pero yo no puedo estar cerca del alcohol en estos momentos, así que no asistiré." Entonces, todo el mundo aplaudía.

"¡Que bastardo más egoísta!" pensé. "Su hermana se casa una vez en la vida, costándole a su familia miles de dólares; lo único que tiene que hacer es estar ahí un par de horas, pero está tan metido en sus propios problemas, que no puede hacer nada por alguien más. ¡Eso es *enfermizo!*"

No quería seguir ahí, pero tampoco quería beber. Oí y vi gente genuinamente feliz, así que seguí el camino. Cerca de mi segundo aniversario, caí en la cuenta de que no tenía amigos en el programa, porque las personas hablaban de sus magníficas relaciones y eso me ponía furiosa.

Ellos decían: "¡Susana me ayudó tanto! ¿Recuerdan cuando solía llamarla y llorar?"

Durante las primeras reuniones, intencionalmente no hice amigas. Sabía que tenía que ser honesta para poder recuperarme. Pero necesitaba sentirme segura y no correr el riesgo del rechazo. Si la gente no me conocía, no podía rechazarme. Así que no me relacionaba con nadie. Además todos eran unos fracasados, y todos tenían problemas con la bebida. Ellos decían: "Si no quieres beber, tienes que venir a las reuniones. Y las reuniones son de personas honestas, que hablan de cómo se sienten y de lo que les pasa". Entonces dije: "Muy bien; si de eso se trata una reunión, lo haré. Pero no quiero conocerte. Simplemente estamos juntos en la reunión. Soy muy buena por que estoy sola y he pasado toda mi vida sin necesidad de alguien. He trabajado mucho en ese sentido, y no voy a echarlo a perder".

Pero, después de dos años, ansié una amistad y empecé a asistir regularmente a las mismas reuniones, convirtiéndolas en mi propio grupo. Estaba sorprendida de lo difícil que me resultaba. Pensé que si había podido ir sola a Arabia Saudita a los 20 años y sobrevivir; venir a Nueva York a los 24; establecer mi propio negocio y verlo prosperar, entonces podría hacer cualquier cosa. No necesitaba a nadie. No necesitaba que la gente me viera llorar, ni necesitaba lástima o ayuda.

❦

Después de que una relación terminaba, acudía a terapia, y eso era una gran ayuda. AA me había ayudado a dejar de beber. Y hasta que no logré dejarlo, estuve en un punto muerto —mientras beba, estoy acabada. Mientras no tome, puedo hacer cualquier cosa. Pero tan pronto lo dejaba, esperaba que el dolor se fuera, y cuando no se iba, buscaba ayuda.

Nunca hubiera podido avanzar en la terapia sin el programa, porque no sabía lo que significaba honestidad y no podía practicarla. No hubiera sabido cómo. AA me enseñó a estar alerta de cuando miento —no a los demás, más bien a mí misma.

Descubrí que estaba muy lastimada por el comportamiento de mi papá. Después de lo difícil que me resultaba
salir de la sesión de terapia sintiéndome totalmente vacía,
al día siguiente me sentía mejor. La siguiente vez algo no
me gustaba y cada vez que por algo no me sentía satisfecha,
ya no perdía el control. En retrospectiva, la recuperación ha
sido un paso lento, pero estoy consciente de cómo me
comporto ahora, de lo que hago y por qué lo hago.

A los 33 años, mi vida es algo común y corriente, comparada con lo que era. No viajo a los mismos grandes lugares ni
uso ropa cara, y desde luego no recibo la clase de atención
de hace diez años. Pero estoy increíblemente agradecida por
todo lo que tengo. Ni siquiera sabía el significado de la
palabra hace cinco años. Tengo todo lo que necesito. Solía
oír a la gente decir eso y pensar: "¡Qué bruto! ¿A quién le
importa lo que ellos *necesitan*? ¿Y lo que yo *necesito*?"

Todavía me emociona: hace apenas tres semanas algo
ocurrió; y me dolió más de lo que pensé. Contuve las ganas de llorar hasta que llegué a la casa y literalmente me
deslicé por la pared, con las rodillas pegadas al mentón,
llorando. Pero era tristeza y no desesperación. No era vacío
y yo sabía que iba a estar bien. Era algo muy raro; casi me
sentía bien.

Ahora tengo mi mente tranquila. Soy capaz de enfrentarme a una situación confusa y encontrar la respuesta dentro de mí misma. Antes buscaba una docena de personas a
quienes preguntar "¿Tú qué opinas? ¿Debo hacer esto o no?"
Ahora confío más en mis instintos. Casi los aniquilé, pero
poco a poco han regresado; hoy escucho a mi corazón, más
que a mi cabeza, y eso me ha dado un resultado fabuloso.

Hoy comprendo al hombre que no asiste a la boda de
su hermana en el comienzo de su sobriedad, porque es una

batalla de vida o muerte; algunas personas suelen llegar a extremos increíbles para mantenerse sobrias.

Ayudar a otras mujeres es una de las emociones más grandes. Después de desarrollar la habilidad suficiente para cuidar de una misma, lo cual generalmente toma varios años, una está capacitada para apoyar a alguien más y puede decirse: "Yo no soy tan importante. Puedo olvidarme de mí misma. Ahora no se trata de mí; ella me necesita". Una puede resolver su problema con el alcohol, pero ése no es el punto. No es simplemente aprender a cuidar de una misma y ya.

Los perdedores no beben, ¿o sí? Antes, mi idea de un perdedor era alguien que no vestía bien o no cenaba en los restaurantes adecuados. Hoy un perdedor es alguien arrogante y egoísta.

Ahora entiendo lo que la vida puede parecer cuando una es humana; cuando te permites estar presente emocionalmente. Quizá lo más importante es ser un poco vulnerable. Veo lo que hice antes y recapacito; me doy cuenta de que vivía en un planeta muy alejado de éste.

CAPÍTULO 13

Mi abuelo me formó

Mi familia no me habría heredado nada,
de no ser por mi alcoholismo.
Anónimo

Muchos de nosotros hemos pensado que la elección personal, influida por el ambiente, es la única causa de la dependencia del alcohol, y que el remedio se basa en un ejercicio de voluntad propia. Un profesor tenía esta simple solución:

> Debe notarse que muchas personas que viven vidas sedentarias son vulnerables al alcoholismo. Escritores, actores y actrices; abogados, políticos y otros que a menudo están físicamente inactivos son vulnerables, particularmente cuando tienen mucho dinero y pueden holgazanear, y beber. Muchos de estos individuos perderían su vulnerabilidad al alcohol si acostumbraran hacer ejercicio físico, fortaleciendo así sus ambientes interiores.

¡Pero díganle eso a los ratones cuyos antepasados son la causa de que nacieran con una predilección natural al alcohol sobre el agua! En los años cincuenta, la doctora Leonora Mirone, profesora adjunta del departamento de investigación nutricional de la Universidad de Georgia, crió precisamente esa cepa. Mientras, en Santiago, el doctor Jorge Mardone, un nutriólogo de la Universidad de Chile, encontró que las ratas prefieren el alcohol si sus ancestros han escogido esa infusión del demonio antes que ellos. La

100

genética fue tan predecible que, al mezclar borrachos con abstemios, resultaba una progenie que bebía moderadamente.

La pregunta persiste: ¿Pueden los humanos heredar una preferencia genética por el alcohol, al igual que las ratas y los ratones?

Y la respuesta no es fácil porque, como señalara un bromista, "Nadie escribió en la Biblia de la familia que la tía Juanita era una borracha".

Lo que se necesita es un método para darle seguimiento a los humanos y a sus descendientes que tienen inclinación por el alcohol.

Estudios sobre adopción

Los científicos que exploran una posible predisposición genética al alcoholismo prefieren estudiar a niños adoptados. De este modo, cualquier tendencia heredada puede ser aislada de la influencia ambiental de un hogar de alcohólicos. Pero el estudio de niños adoptados a menudo presenta un problema: determinar la paternidad o maternidad. Aun cuando la ascendencia sea correctamente comprobada, existe la necesidad de detectar antecedentes de alcoholismo en la familia. Para los investigadores, en la mayoría de los países, éstos son dos grandes obstáculos.

Por fortuna, los países escandinavos han mantenido excelentes registros sobre nacimientos y alcoholismo y sus estudios han sido muy esclarecedores. Al hacer un seguimiento de niños adoptados poco después de su nacimiento, se descubrió que los niños nacidos de un padre alcohólico y adoptados por padres no alcohólicos tienen casi **cuatro** veces más probabilidades de convertirse en alcohólicos que los hijos de padres normales.

He aquí un descubrimiento igualmente interesante: los hijos de padres sanos, pero que fueron adoptados por un padrastro alcohólico, no tienen más riesgo de convertirse en alcohólicos que la población en general.*

Claramente, la genética influye en la tendencia al alcoholismo. Un estudio sueco dio seguimiento a todos los niños nacidos fuera del matrimonio entre 1930 y 1949, que fueron adoptados por personas que no eran sus parientes. En promedio, estos niños fueron separados de sus padres a los cuatro meses de edad y adoptados a los ocho. La tasa de adicción para niños con un padre alcohólico conocido era hasta tres y media veces mayor de lo normal.

En un estudio danés se analizaron niños con antecedentes similares, que habían sido separados antes de las 6 semanas de edad y adoptados en hogares similares. A los 29 años, los que nacieron de padres alcohólicos tenían una tasa de adicción de 20% comparada con el 5% de los hijos de padres sanos. Este porcentaje es cuatro veces mayor a lo normal.

Puesto que la adicción casi nunca se manifiesta hasta que los bebedores llegan a los 30 años de edad, cabría esperar una tasa mucho más alta para ambos grupos después de los 29 años. De igual forma, dos grupos de estudiantes de Boston, Massachusetts, fueron estudiados hasta la edad de 55 y 60 años. La tasa de adicción al alcohol de los descendientes normales fue del 9 al 10%, en comparación con un 26 a 34% para estudiantes con parientes que abusaban del alcohol.

---

* El factor de riesgo es probablemente mayor, no sólo debido a la corta edad de la población muestra, sino también porque el grupo control (de niños "normales") probablemente contenía hijos de padres alcohólicos que nunca habían sido hospitalizados a causa de su alcoholismo, situación definida por el estudio como "alcoholismo en los progenitores".

¿Cuántas veces se ha divorciado?

El hijo de un alcohólico no sólo es *cuatro* veces más propenso a la adicción al alcohol; sino que también es *tres* veces más probable que sea divorciado.

Él no tiene nada que ver conmigo

Las personas con un padre alcohólico casi nunca se recuperan antes de sufrir los síntomas más severos, debido a su rechazo subconsciente para admitir que son iguales a su padre o madre.

Hogares rotos y pobreza

¿Qué hay de la influencia de los hogares rotos o vecindarios pobres? Un estudio de 40 años con estudiantes de secundaria demostró que los jóvenes provenientes de hogares *sólidos* con un padre alcohólico se hicieron dependientes del alcohol en una tasa de 27% comparada con sólo 5% de los provenientes de hogares desechos, con padres no alcohólicos.

En otras palabras, si usted proviene de una familia inestable o pobre, sus probabilidades de convertirse en alcohólico aumentan únicamente si la inestabilidad o pobreza fue causada por la presencia de un padre alcohólico.

Cuando el árbol genealógico es una cascada de alcohol

Una tasa más alta de adicción al alcohol es predecible no sólo por la ascendencia directa, sino también por el número de ancestros alcohólicos en el árbol genealógico. Un resumen de numerosos estudios efectuados durante los últimos 80 años concluye que, por lo menos 25% de los parientes cercanos de alcohólicos, se convertirán en adictos. Cuanto más cercana sea la conexión, más alta será la tasa. Por ejemplo, prácticamente uno de cada tres alcohólicos conocidos tiene por lo menos un pariente adicto.

Nuestra familia ya ha bebido suficiente

El ambiente también influye en la adicción. Por ejemplo, los hijos de adictos con frecuencia deciden abstenerse totalmente del consumo del alcohol, debido a sus experiencias negativas en el hogar.

Fuera del escenario, fuera de la mente

Sin embargo, los niños que tienen antecedentes de familiares adictos, además de sus padres, muestran un aumento en la adicción, pero no un aumento en la abstinencia. En otras palabras, están expuestos a la vulnerabilidad genética, pero no han estado suficientemente cerca de los alcohólicos activos en la familia como para querer mantenerse lejos del alcohol.

Estudios en gemelos

Una forma de determinar la influencia genética es estudiar a personas con grandes similitudes: gemelos. Gemelos fraternos que nacen de dos óvulos y comparten 50% de sus genes. No tienen más similitud que sus demás hermanos y hermanas; sólo nacen al mismo tiempo. Los gemelos idénticos, en cambio, nacen de un único óvulo y comparten 100% de sus genes. Si un gemelo es adicto al alcohol, ¿variará la tasa de adicción para el otro en función de que comparten 50 o 100% de sus genes?

Definitivamente.

Un estudio sueco con 174 pares de gemelos mostró una tasa de adicción de 28% para gemelos fraternos, y una predecible duplicación de la tasa a 54% para gemelos idénticos. Duplicar su semejanza genética puede que no sólo duplique su placer y diversión.

Lo siento, pero el alcohol no justifica su personalidad

Algunos estudios aseguran haber detectado rasgos de personalidad inherentes en personas adictas al alcohol. Estas investigaciones típicamente escudriñan sólo a individuos que recientemente se han presentado a centros u hospitales para tratamiento. El error de tal planteamiento es excluir los rasgos relacionados con el exceso en el consumo de alcohol.

Sin embargo, el doctor George Vaillant, director del Centro de Estudio del Desarrollo de Adultos, en la Universidad de Harvard, utilizó un original y laborioso enfoque. Dio seguimiento a dos grandes grupos de estudiantes hasta los 60 años de edad para observar cuáles de ellos desarrollaban una adicción al alcohol.

Contra la sabiduría convencional, el estudio reveló que los adultos que se hicieron adictos *no* fueron niños inseguros o con problemas psicológicos que más tarde trataran de compensar sus defectos subconscientes con la bebida. De hecho, diferían poco de los niños normales. En realidad, ¡estos niños mostraron mayor seguridad en sí mismos y menos ansiedad! En resumen, eran niños bien adaptados, y cualquier déficit en sus habilidades para salir adelante como adultos provenía de sus problemas con la bebida. Algunas veces, las personas en recuperación se refieren a un "rasgo típico de carácter" como parte de su adicción. Puede ser baja autoestima, depresión, irritabilidad, ansiedad, enojo, impotencia, desamparo, compulsión, egoísmo, arrogancia o incluso una eventual megalomanía. Las investigaciones indican, sin embargo, que éstas son *condiciones temporales causadas por la bebida,* no rasgos de carácter innatos o permanentes.*

Sólo se halló una característica común de personalidad en los alcohólicos que se recuperan: todos bebían mucho.

Mi herencia no fue precisamente una alta tolerancia al dinero

"Tolerancia" al alcohol significa que se necesita más para tener el mismo efecto. La tolerancia aparece pronto en un bebedor normal, pero ¿será éste un rasgo hereditario?

En busca de una respuesta, algunos científicos efectuaron pruebas sobre la habilidad de tres crías especiales de ratones para balancearse sobre una viga; una de las crías

---

* Algunos estudios han revelado que ciertas personas tuvieron resultados normales en pruebas de personalidad (MMPI) realizadas en la universidad. Más tarde, en pruebas de alcoholismo mostraron los resultados típicos de alcohólicos que han desarrollado la adicción: se habían vuelto egocéntricos, inmaduros y resentidos. Sin embargo, en casos excepcionales hay individuos que presentan un desorden psiquiátrico primario sólo con alcoholismo secundario, y será necesario que busquen ayuda profesional.

tenía predilección al alcohol y las otras dos eran normales. Los investigadores comprobaron empíricamente lo que la abuela nos hubiera dicho: se necesita una dosis más alta de alcohol para modificar el balance de aquellos ratones que preferían el alcohol, que la de los bebedores de agua normales.

Esta reacción de tolerancia al alcohol también podría ser hereditaria en los humanos. En pruebas de laboratorio, los hijos de padres alcohólicos describen significativamente menos sensaciones de intoxicación que los hombres jóvenes con padres normales, aunque tengan un contenido idéntico de alcohol en la sangre.

Pero, ¿cuál es la diferencia entre algunas personas jóvenes que parecieran tener más alta tolerancia al alcohol?

Los investigadores decidieron dar seguimiento a un grupo de hombres jóvenes que, a los 20 años de edad, mostraron un bajo nivel de respuesta al alcohol. Unos tenían padres alcohólicos; otros no. A los 30 años, estos jóvenes tenían 43% de probabilidades de convertirse en alcohólicos, comparados con sólo 11% de los hombres que anteriormente habían mostrado un alto nivel de respuesta al alcohol. En otras palabras, cualquier persona de 20 años con una alta tolerancia al alcohol es cuatro veces más propensa a desarrollar la adicción alcohólica a los 30 años, sin importar si tiene o no antecedentes familiares de alcoholismo.

En realidad, algunas personas jóvenes están físicamente impedidas para darse cuenta de los efectos de su forma de beber. Mientras los bebedores normales que abusan del alcohol reciben señales de alerta como mareos o náusea, las personas con una alta tolerancia al alcohol pocas veces tendrán conciencia de ello.

De acuerdo con un eminente científico, esto "tiende a animarlos a correr el riesgo de seguir bebiendo cada vez más fuerte, lo cual les abre las puertas al abuso del alcohol". De hecho, los experimentos anteriores "ayudaron a corregir el mito, establecido durante mucho tiempo, de que los hombres 'muy hombres' y las mujeres de voluntad férrea pueden 'controlar su consumo de alcohol'. Por el contrario, los resultados sugieren que las personas que no se embriagan fácilmente al principio, pueden ser precisamente las que tienen mayor riesgo de convertirse en alcohólicas".

O, como George Vaillant, de Harvard, expresa: "De manera contraria a la afirmación de que los alcohólicos son sensibles o 'alérgicos' al alcohol, la verdad puede ser que [...] la persona genéticamente propensa al alcoholismo sea aquel individuo que bebe como si fuera un 'barril sin fondo'; ese que puede beber hasta que sus amigos caigan debajo de la mesa sin que él se vomite, pierda su coordinación o sufra una resaca a la mañana siguiente".

Supe que había tocado fondo

Al buscar diferencias físicas entre la gente joven que pudieran indicar quiénes de ellos eran vulnerables a la adicción alcohólica, los científicos descubrieron un pico en una onda cerebral —a la que apodaron el "Pico P300"; este pico se presenta cuando el cerebro está procesando información. También encontraron que los hijos de familias de alto riesgo genético tienen un pico P300 significativamente más bajo que los jóvenes de bajo riesgo de alcoholismo.

Funciona de la siguiente manera:

Parte del experimento consistía en examinar la respuesta de un grupo de niños ante una serie de sonidos. Ellos debían apretar un botón a la izquierda en respuesta a un tono alto y el de la derecha para un tono bajo. Mientras el cerebro está procesando ese flujo de información para discernir entre alto y bajo, una computadora traza la actividad electrofisiológica del cerebro, usando una serie de electrodos pegados al cráneo. Así, es posible detectar y comparar diferencias entre la actividad de las ondas cerebrales, particularmente la altura máxima de la onda P300, lo cual ocurre cada vez que el cerebro del niño procesa un nuevo elemento de información del sonido.

Gracias a estudios que involucraron a una amplia muestra de niños, ahora sabemos que muchos jóvenes *no bebedores* hijos de alcohólicos muestran de manera natural una menor amplitud P300. Todavía no hay definiciones claras con respecto a las hijas jóvenes, aunque muchas mujeres adultas alcohólicas muestran un profundo déficit.

Aún es muy pronto para afirmar que un pico P300 bajo representa un marcador electrofisiológico en el cerebro para muchachos susceptibles a la adicción al alcohol, o para concluir que representa un predecesor genético de abuso en el alcohol; pero, ciertamente es un signo de que *las diferencias heredadas relacionadas con el alcohol se localizan en el cerebro.*

Conclusión

La crianza de animales, los estudios de adopción, las comparaciones entre gemelos y varias pruebas más en personas jóvenes; indican lo siguiente: una tendencia a la adicción, *para algunas personas,* es una bomba genética de tiempo que sólo aguarda el momento para explotar.

C A P Í T U L O   1 4

Miguel

Mamá nos dejó a mi hermano gemelo y a mí cuando teníamos dos años de edad. Cuando ella y papá se divorciaron, él era un alcohólico consumado, y ella nos dejó con él. Papá trabajaba en la compañía de teléfonos; era la persona más simpática del mundo, hasta que tenía seis cervezas dentro. Entonces, pasaba drásticamente de la depresión a los arrebatos y la cólera. No recuerdo mucho de mi vida con él; pero, cuando era pequeño, muchas veces despertaba sólo para ver que se había ido. Mi hermano y yo siempre cuidamos de nosotros mismos —preparábamos nuestro almuerzo y arreglábamos nuestra ropa...

Cuando yo tenía ocho años, mamá regresó a nuestras vidas; nos llevó a vivir a un rancho. Tenía un nuevo esposo, que nos golpeó durante varios años. Cuando cumplí 14, mamá finalmente se divorció de él. Volvimos a la ciudad.

Como se han de imaginar, yo estaba lleno de ira; peleaba con cualquiera sólo porque me veían de mala manera. Después me indujeron a la marihuana y al alcohol, y ahí acabó todo; el dolor y la ira casi se fueron.

Después de alejarnos de nuestro padrastro, mi hermano y yo prometimos que nunca jamás nadie controlaría nuestras vidas. Como niños de rancho, siempre habíamos trabajado después de la escuela: limpiábamos la tierra, jalábamos postes, alimentábamos a los animales, etcétera. De modo que, después de que nos mudamos, obtuvimos trabajo y nos mantuvimos por nuestra cuenta. Durante la secundaria, en las mañanas repartíamos periódico y por las noches trabajábamos en McDonald's.

Para ese tiempo, mamá supo que no podía controlarnos. Se volvió a casar. Un día tuve un pleito con mi nuevo padrastro y lo amenzacé con un cuchillo. Al día siguiente estábamos en casa de papá. Así fue; he tenido cuatro padrastros, tres madrastras y ninguna dirección en mi vida.

Cuando yo estudiaba la preparatoria, papá andaba tan borracho que, a lo largo de dos años, casi nunca estuvo en casa; pasaba la mayor parte del tiempo en las cárceles y hospitales del Estado. Mi hermano y yo nunca dudamos qué hacer. Simplemente nos levantábamos para ir a la escuela, trabajábamos, regresábamos a la casa y sacábamos la botella.

No había absolutamente ninguna supervisión adulta y no nos ponía límites. Nuestra casa se convirtió en la casa para las fiestas. Todas mis amistades venían porque papá no estaba. Siempre alguien traía marihuana. Si no era yo, alguien más la traía. También, por lo regular, teníamos cerveza. Papá hasta la compraba cuando tenía oportunidad, porque sabía que no podía detenernos y creía que era mejor que él la comprara, en lugar de que otra persona lo hiciera.

Beber era un inmenso escape. "¡Vámonos de fiesta! ¡Pasemos un buen rato!" Ese era mi propósito en la vida. Era una manifestación personal: "¡Esto es la buena vida! Hemos superado los malos tiempos. ¡Ahora es el momento para relajarse y celebrar!"

Aunque me llevaba bien con la gente y a todos les gustaba andar de parranda conmigo, a veces terminaba peleando. No sé si tenía algo que ver conmigo. Hubo episodios estúpidos en los que alguien venía y empezaba una pelea sin ninguna razón aparente. Algo dentro de mí explotaba. Pero esto sucedía siempre que estaba bebido, nunca cuando estaba sobrio.

Bebía principalmente los fines de semana y en las fiestas, pero desde que descubrí que me gustaba estar pasado, fumaba marihuana todos los días. Me hacía una pipa en la mañana antes de la escuela, y también a la hora del almuerzo. Después de la escuela teníamos que tomar cerveza, y ésta hace una buena mezcla con la "marihuana". En realidad no quería fumar mota sin un par de cervezas, y no quería cerveza sin algo de marihuana para acompañarla. No fue extraño que perdiera el primer año, y tuve que tomar clases extra los tres últimos años nada más para alcanzar a graduarme a tiempo.

Sé que no soy tonto porque nunca llevé libros a la casa y sin embargo aprobé. Durante las clases me dormía por haber parrandeado la noche anterior. Después me pasaba toda la noche despierto antes de un examen y apenas aprobaba. Mis maestros estaban indignados porque creían que yo era un desperdicio. No estoy orgulloso de eso ahora; quiero ser escritor y no sé nada de historia ni de ciencia.

<hr />

Mi padre dejó el alcohol e ingresó a Alcohólicos Anónimos cuando yo tenía 21 años. Luego quiso que yo también entrara al programa. Mi novia y yo teníamos problemas, y siempre le contaba a mi padre lo que sucedía. Él me decía: "Bueno, quizá deberían ir a una reunión". Eso era todo. Nunca presionaba.

Sólo para callarlo, una vez le dije: "Está bien, papá, iremos a una reunión". Yo tenía 22 años y había comenzado a beber a los 13. Fuimos a un grupo para jóvenes y me senté justo bajo el estúpido aire acondicionado, así que no oí una sola palabra de nadie. Iba drogado —tenía que fumar algo de mota antes de asistir— y no regresé en mucho tiempo.

Un año después, mi novia me dejó y sentí una gran soledad. Nunca en mi vida había estado sin novia más de una semana. Cuando eres joven, es más fácil conocer chavas. En realidad, a nadie le importa conocerse los unos a los otros, sólo quieren clavarse directamente en una relación. Pero eso ya no me pasaba. No sabía por qué, pero sabía que tenía que ver conmigo. Entonces fue que asistí a una reunión por mi cuenta.

No quería dejar de beber. Lo que realmente quería era estar sobrio para entender lo que estaba haciendo mal y entonces regresar, buscarme una novia y volver a beber de nuevo. Me mantuve sobrio dos meses, y tan pronto como mi novia y yo nos reconciliamos, volví a beber. "Muy bien, la tengo otra vez conmigo", pensé. "¡Es hora de celebrar!"

Mi novia nunca me dijo que mi forma de beber o que el hecho de que fumara marihuana le molestara. Pero a veces yo decía: "Tengo que dejar de beber".

"Tienes razón", me decía ella. "Necesitas hacerlo." Pero no estaba listo.

Nunca pensé que yo fuera sino un bebedor normal, hasta que llegué a los 24 años y me di cuenta de que tomaba todos los días, y que lo había hecho desde que podía recordar. Pero no me consideraba conflictivo. Según yo, un bebedor problemático es una persona que bebe tanto que eso le afecta en su trabajo. Y yo no tenía ese problema. Me habían inculcado la responsabilidad del trabajo desde la niñez, por eso a pesar de la bebida y el consumo de drogas, siempre llegaba temprano. No importaba qué tan tarde me acostara o qué tan fumigado estuviera, siempre llegaba. Tenía que hacerlo; si yo no cubría mis gastos, nadie lo haría.

Reconocer mi exceso con la bebida no me motivaba a hacer algo al respecto. No fue sino haste que quise tener una relación amorosa seria, que me di cuenta de que la droga y el alcohol eran más importantes para mí. Mi novia y yo discutíamos y peleábamos todo el tiempo. Cada vez que ella me dejaba, yo tomaba más; y cada vez me ponía peor. Entonces recapacitaba. Cuando me quedaba solo, pensaba: "Caray, estoy hecho mierda. Estoy mal de la cabeza". Normalmente, mi consumo de bebida estaba bajo control. Casi siempre consumía un paquete de seis cervezas al día y un cigarro. Puro mantenimiento. Pero yo *podía* beber todo eso. Nunca tuve un desmayo, aunque algunas veces me enfermé por tomar demasiado. Sin embargo, podía conducir mi auto sin mayor problema. Podía trabajar y lo hacía admirablemente. Sin importar cuánto alcohol le hubiera metido a mi cuerpo, siempre lograba seguir. Todo lo que necesitaba era un cigarro de marihuana y un paquete de cervezas. Fuera de eso, ¡yo estaba bien!

No fue sino hasta que la relación con mi novia empezó a ir cuesta abajo que pensé que quizá yo tenía algún problema. Para entonces, papá llevaba sobrio dos o tres años. Yo reflexionaba sobre mi forma de beber e iba a las reuniones de AA, pero no me gustaba. Ellos no entendían que yo había vivido una adolescencia de mierda con nueve padres. Había trabajado y me había hecho responsable de mí mismo desde que tenía ocho años; y nunca me divertí. Mi primera madrastra tiró a la basura todos mis juguetes cuando yo tenía seis años. Así que decidí compensarme por cada rato de diversión perdida, bebiendo y fumando.

Sencillamente, lo que más necesitaba era sentirme querido, pero no sabía cómo. Y cuando empecé a escuchar a la gente en AA, comencé a darme cuenta que uno aprende eso. Pero durante muchos años me costó un trabajo enorme mantenerme sobrio.

❦

Unos meses después de que mi novia y yo nos reconciliamos, decidí confesarle que había tenido relaciones con otras mujeres mientras estuvimos separados. Ese secreto me había estado consumiendo, y quería sacarlo de mi pecho. Entonces decidí contárselo y ella me dejó.

Dos días después supe que mi mejor amigo, que era VIH positivo, había desarrollado la enfermedad del sida. Saber que él estaba en el hospital, muriéndose, y que tenía que ir a verlo, me hizo perder el control: lloraba y bebía; golpeaba las paredes. Cuando lo vi, él estaba muy delicado. Mi ser interior estaba fuera de control, y yo sabía que necesitaba ayuda. Esa noche, afuera del hospital, oriné sobre el césped y pensé lanzar una piedra al gran ventanal para que vinieran a arrestarme y así permanecer sobrio. Pero no tuve el valor para hacerlo. En vez de eso, fui a mi casa, llamé a un amigo que había conocido en AA y me mantuve sobrio por el tiempo más largo, casi cuatro meses, hasta el día en que él murió.

Fue entonces cuando sucedió algo increíble. Recibí una oferta de trabajo como asistente de producción en la industria cinematográfica en Utah. Toda mi vida quise estar en el negocio del cine, como escritor o actor. Ahora, aquí estaba yo, establecido en la corriente más importante de la industria. Y esto era fantástico. A la mayoría de las personas les costaba obtener y mantener el trabajo de las películas, pero yo trabajé dos años seguidos, pasando de una producción a la siguiente. Cada vez que una película terminaba, me angustiaba y decía: "Y ahora, ¿iré a trabajar en otra película?" Una semana después, me llamaban para trabajar en otra película. Era un sueño hecho realidad.

En Utah, con cuatro meses sobrio, me sentí bastante bien respecto a mi control de la bebida. Incluso asistí a un par de reuniones. Pero el grupo era muy distinto al de mi pueblo. Aquí todos eran borrachos veteranos y fanáticos del *Libro Azul* de AA, y la mayoría tenía alrededor de 80 años. No había nadie de mi edad; realmente me sentía fuera de lugar. Además trabajaba entre 16 y 18 horas diarias.

Una noche, trabajábamos junto a una montaña; había pizza y cerveza. Nada más que tomar. Absolutamente nada. Y yo estaba muerto de hambre. Por eso comí tres pedazos de pizza caliente... que quemaron la boca... estaba sediento... y entonces dije: "Al carajo... me voy a tomar una cerveza".

Cuando llegué a mi casa, a las dos de la mañana, estaba furioso porque me había tomado cinco cervezas, y quería más. Y apenas llevaba tres semanas en Utah.

Los siguientes dos años, sin importar cuántas horas trabajara, siempre necesitaba tres o cuatro cervezas para conciliar el sueño, y la consabida marihuana para poder arrancar a la mañana siguiente. Cuando uno hace películas, puede trabajar entre 18 y 20 horas al día, irse a casa, dormir tres horas, regresar y seguir así más de una semana. Pero, de cualquier manera, tenía que emborracharme y drogarme, porque era mi tiempo libre. Eso era cuando podía sentarme, relajarme y decir: "¡Mírate, hermano, lo hiciste! ¡Sólo mira dónde estamos! ¡Soy tan audaz!"

Tenía todo a mi favor: el mejor trabajo... dinero, por primer vez en mi vida... mis cuentas al día... viajes. Aún no tenía una gran relación amorosa, pero todo lo demás era maravilloso. Con frecuencia pensaba en eso, hasta que un día me di cuenta: "¿Sabes, amigo?, esto no me hace feliz. No me importa cuánta gente famosa conozcas; esto no es lo que quiero hacer". Estaba ante la gran oportunidad de hacer lo que siempre había querido, y no estaba contento con eso.

No fue hasta que todas estas cosas exteriores marchaban tan bien, que me di cuenta de que *todavía* no era feliz. "¿Sabes qué? Es la bebida. Es la maldita bebida."

Ya había visto a papá sobrio por siete años. También había visto a otros dejar de beber, y muchas personas en el set no bebían. Había trabajado en una producción cerca de un famoso autor, que es mi ídolo, y me dio la impresión de que él no tomaba. Nunca me lo dijo, pero hablábamos de muchas cosas; y creí captar pequeñas insinuaciones que me hacían pensar que él conocía bien el programa. Yo siempre había querido tener lo que él tenía: ser un gran escritor. Aunque obviamente él había bebido mucho al inicio de su carrera, yo sabía que ya no lo hacía. Algo había cambiado su vida. Simplemente, me daba cuenta de que había algo en sus ojos que yo reconocía en los de mi padre. Y yo quería eso.

Para entonces no había salido con nadie, y sabía que era por mi bebida. Era como si en mi cara tuviera un letrero que dijera: "¡Aléjense de este tipo!" Yo sabía que no era mi apariencia o mi forma de pensar, porque tenía una personalidad agradable. Anteriormente, siempre imaginé que era mi condición social. Yo había venido de la nada y había trabajado en restaurantes toda mi vida. Ese era dinero fácil, pero trabajo duro. Creí que si tenía el empleo correcto, tendría la muchacha correcta. Pero ahora tenía un gran empleo ¡y ninguna relación!

Le conté a mi ídolo sobre mi deseo de ser escritor y le di un pequeño cuento que había escrito. Lo leyó y le gustó, pero me dijo que necesitaba trabajar más mi estilo... aunque consideraba que estaba bastante bien. Me preguntó qué hacía yo trabajando como asistente de producción si quería ser escritor. Bueno, no lo sabía, sólo quería trabajar en el negocio. Me dijo que si quería ser escritor, necesitaba tener un trabajo y escribir, nada más.

Desafortunadamente, este proyecto se quedó ahí. Salí de Utah para trabajar en otra película y seguí tomando. Pero emocionalmente empezaba a tocar fondo. Me drogaba o me emborrachaba; volteaba a ver mi computadora y decía: "¿Qué demonios estoy haciendo? Yo quiero escribir, y todo lo que hago es sentarme frente a la televisión o buscar insistentemente a algún amigo para poder almacenar suficiente droga y así evitar quedarme sin ella..."

Mi computadora estaba ahí. No me sentaba frente a ella, y continuaba así. Yo desperdiciaba *tanto* tiempo. Aquello era simplemente una locura.

Finalmente, decidí volver al programa de AA, y resultó un gran éxito. A mis 27 años, llevo sobrio siete meses y aproximadamente cinco días. En este tiempo, he escrito dos guiones originales para película y trescientas cincuenta páginas de una novela; también volví a escribir un guión que comencé cuando bebía. Eso da un total de seiscientas o setecientas páginas en siete meses. He leído muchos libros sobre cómo escribir. Algo dentro de mí quiere reponer el tiempo perdido. Realmente lo deseo.

Mi computadora está guardada en el armario de un amigo, y allí es donde hago todos mis escritos. He dormido en el sillón de ese cuarto durante nueve meses. La situación externa en mi vida no ha cambiando desde que estoy sobrio, pero no me importa porque estoy feliz. Tengo un empleo en el gobierno, donde trabajo de ocho a cinco. Nunca antes había alcanzado siete meses sin beber. Tampoco había escrito un libro jamás.

Una vez tuve un sueño muy real, donde alguien aparecía y me decía: "Tú puedes tener lo que quieras. Pero *sólo* si te mantienes sobrio". Y sé que puedo hacerlo.

❧❧❧

La principal diferencia en mi vida es que ahora ya no bebo. Todavía pienso demasiado, pero no salgo corriendo como antes. Duermo, y eso es algo que antes no podía hacer. Sencilamente, toda mi vida fui incapaz de acostarme y dormir. Mi mente trabajaba muy rápido con imágenes, lugares y gente. Ahora tengo algunos períodos, en promedio una vez a la semana, en los que no puedo detener mis pensamientos. Pero el resto del tiempo puedo dormir bastante bien.

Ya no siento la tentación de comprar un paquete de cervezas o marihuana. Tengo una romántica idea, que me ronda de vez en cuando, de aquella época fenomenal en el rodaje de una película con un viejo amigo al que le decía: "¡Eso sí fue diversión!" Pero no es la compulsión que tenía antes. Ahora eso está muy lejos de mí. Las últimas ocasiones en que bebí fue por costumbre, no porque realmente lo deseara. Sé que eso no es lo que realmente quiero. Lo que quiero es estar enamorado, no sólo de mí mismo, sino de mi estilo como escritor, y estar enamorado de otra persona que aún no llega a mi vida.

Yo buscaba la paz; pero no importaba cuánto tuviera, no la encontraba porque todavía no me aceptaba a mí mismo. Por eso las mujeres no se sentían atraídas hacia mí. Ahora me doy cuenta de eso. Y he empezado a desarrollar la confianza en mí mismo. Cuando veo mis escritos, siento que no soy suficientemente bueno, que no tengo talento para hacerlo. Pero ya no me importa; de todas formas lo voy a hacer. Tal vez no tenga el mejor vocabulario del mundo ni sea un experto en el idioma, pero tengo el deseo. Quiero escribir cuentos.

Si envío mis guiones o mi libro para una película y no me contestan, no sé qué pasará. Lo que sí sé es que lo disfruto al máximo. Espero no volver a beber o a fumar marihuana, porque eso no sería la solución. La respuesta sería encontrar un nuevo camino, otra cosa que me interese. Si no nací para escritor, pero continúo trabajando en el programa, la actividad de escribir será reemplazada por alguna otra.

Probablemente éste sea el único temor en mi vida actualmente. Y por lo que le rezo a Dios, todas las noches: "Por favor, hazme un mejor escritor; y si no estoy llamado para eso, dime qué demonios tengo que hacer".

Una gran ayuda para el cambio fue que mi mejor amigo de la secundaria estuviera sobrio. Tiene dos años de sobriedad y es mi padrino. Eso establece una inmensa diferencia; tener a alguien en quien confiar, que sea como una luz en el camino.

⚜

Cuando mi padre dejó de beber, todo cambió en su vida. Nunca antes había tenido una casa propia; manejaba autos averiados y viejos; no tenía confianza; fue siempre una persona digna de lástima. Ahora está retirado de la compañía de teléfonos y tiene un hogar, dos autos modestos y su propio negocio de computadoras. Ahora papá es increíblemente humilde. Ya no se deprime tanto ni se enoja por cualquier cosa. Es la persona más feliz del mundo y lo será, siempre y cuando no tenga un paquete de cervezas dentro.

Los primeros tres años que papá dejó de beber, pensé que mentía porque siempre fue un gran borracho. "Está bien, papá; tú vas a esas reuniones pero te tomas tus tragos, ahí mismo, en el coche." Simplemente no le creía. Por fortuna AA se convirtió en su forma de vida.

La primera vez que dejé de beber tampoco me creían, pero por una razón distinta. Nadie con quien hubiera trabajado antes sospechó que yo tomaba y fumaba marihuana todos los días. Ni siquiera mi mamá. Y la gente que se emborrachaba conmigo decía: "¿Por qué, fulano? ¡Si yo bebo más que tú!"

Por mucho tiempo, yo mismo pensé que no era alcohólico porque no era como mi papá. Pero el asunto era que no creía tener nada que ver con lo que sucedía fuera de mi vida: yo era capaz de manejar *eso* sin ningún problema. El problema era lo que pasaba dentro de *mí*. Y no hay nada afuera que pueda arreglarlo. En realidad es algo espiritual que nos arregla el interior; luego se acomoda y surte efecto.

No importa lo que tengamos por fuera, sólo se puede ser mejor si arreglamos lo interior. Puedes poner lo que quieras afuera; pero si no hay nada adentro, siempre estarás vacío, y no vale la pena.

Yo tengo la bomba, ¿cuándo explota?

Los niños que son criados en ambientes inestables, son propensos a beber sin control tempranamente. Como hemos visto, aunque la inestabilidad en el hogar de un niño no aumenta la *frecuencia* de su adicción, el ambiente inestable provoca un temprano y severo *comienzo*. Esto puede tener tanto el trágico efecto de llevar a la persona rápidamente a clases reprobadas, empleos perdidos, arrestos, enfermedades y eventualmente a una muerte prematura, como también al beneficioso resultado de una temprana y larga sobriedad.

Debido a los severos síntomas que presentan adolescentes y adultos jóvenes provenientes de hogares rotos, muchos buscan asistencia temprana. Por lo tanto, el pronóstico para ellos, a largo plazo, es mejor que el de los graduados de Harvard, con todo y su posición acomodada.

Los estudiantes universitarios altamente preparados y con una niñez relativamente estable rara vez muestran signos de trastornos de manera temprana en sus vidas. Tienen las atenciones básicas como una buena alimentación, atención médica y un gran apoyo social, lo que retrasa el impacto global de ese veneno en sus cuerpos. Generalmente aparecen en los centros de tratamiento alrededor de los 40 años, o en hospitales y cementerios a los 50.

¿No es tiempo de que usted se gradúe?

En años recientes, los estudiantes universitarios han elevado significativamente la cantidad de alcohol que consumen en una sola ocasión, lo que resulta en un aumento proporcional de los problemas relacionados con el alcohol.* El énfasis para muchos estudiantes ha pasado de beber socialmente a emborracharse. Más de la mitad de los hombres se emborrachan con cinco o más tragos. Hablando de los estudiantes, hasta hace poco, sólo uno de cada diez bebía para emborracharse; actualmente, uno de cada tres lo hace. Se han vuelto muy comunes los juegos y competencias de bebidas; el único propósito es emborracharse. Del mismo modo, han proliferado fiestas y clubes que inducen a la "parranda" con una sorprendente variedad de bebidas mezcladas.

¿Qué les depara el futuro a estos jóvenes?

Lo peor del caso es que muchos de estos estudiantes terminarán adictos al alcohol. La buena noticia es que la mayoría no. ¿Por qué? Porque la experiencia nos dice que los problemas de bebida en la gente joven con frecuencia son pasajeros, una faceta normal y peligrosa de su entorno cultural. De hecho, los que sufren problemas sociales y de comportamiento más notorios por la bebida —accidentes, pleitos y pérdida de amistades— son los *menos* propensos a tener problemas con el alcohol en la edad adulta, quizá porque hacen caso de los primeros signos de advertencia de sus excesos.

---

* Aunque el consumo total declinó en los años 80, hubo un aumento significativo en los problemas relacionados con el alcohol entre los jóvenes, particularmente en mujeres estudiantes, y entre los latinos. Jóvenes entre los 18 y 29 años de edad bebían menos como grupo, pero mostraban un aumento del 50% en el abuso del alcohol.

Los futuros bebedores problema provienen de un grupo más sutil, cuyas actitudes y tendencias al consumo excesivo de alcohol no se perciben por un comportamiento negativo. Ellos pueden arreglárselas con un mayor consumo y sufren solamente consecuencias menores al comienzo de su carrera como bebedores.

Mientras que estos bebedores continúan comportándose como siempre, la mayoría de los adultos jóvenes, como hemos visto, simplemente aflojan el paso y pronto se "titulan" como grandes bebedores hacia el final de sus 20 años o cuando entran a los 30. Si usted es como yo y se pregunta qué quiere decir "aflojar el paso", considere que aquellos universitarios que no se convierten en adictos presentan "disminuciones *mayores* en la cantidad de alcohol consumida *por ocasión*" alrededor de los 30 años. Este natural cambio en el comportamiento es un proceso que puede incluir un nuevo y estable matrimonio con mayores responsabilidades; un empleo con posibilidades de ascenso, sin estar rodeado por una cultura de bebedores; o la activa incorporación a una iglesia.

Las personas que no cambian, generalmente reciben apoyo social para aumentar su consumo: como los compañeros de trabajo, que acostumbran festejar en grupo; el círculo de amigos que regularmente beben juntos; o bien el bebedor consumado con quien tienen que convivir en su casa. Muchos hombres y mujeres que tienen más de 20 o 30 años siguen comportándose como si fueran universitarios. Se reúnen a tomar con el mismo o similar grupo de amigos, y se llaman entre sí cada semana para organizar la próxima parranda de fin de semana. Algunos consumen cantidades de alcohol que no resultan dañinas, mientras se apoyan en el grupo para "normalizar" su excesivo consumo de alcohol, así como sus resacas acostumbradas. Muchos han olvidado la experiencia natural de despertarse cada mañana sintiéndose bien, y la satisfacción de trabajar en sus cinco sentidos.

Por un tiempo, los cambios de grupo social debidos a traslados en el trabajo, cambio de amigos o de amantes pueden tener una gran influencia en el comportamiento. Pero conforme la persona envejece, la probabilidad de reducir espontáneamente su comportamiento de bebedor, naturalmente baja.

Lo más importante es que la adicción al alcohol ordinariamente implica un lento y largo proceso de desarrollo. El típico bebedor problema, por ejemplo, tiene 25 a 35 años de edad, está casado y trabaja. Su modo de beber es flexible y fácilmente responde a diversas condiciones sociales o laborales. En contraste, el alcohólico típico tiene de 35 a 45 años de edad, un historial de matrimonio inestable y con frecuencia deja de beber; no puede beber mucho tiempo sin tener problemas.

La diferencia es que uno ha bebido, de manera regular, diez años más.

El mensaje es: ¿No es tiempo de que usted se gradúe?

Antonio

Papá era un hombre activo y emprendedor que se levantaba a las cuatro de la madrugada, leía el periódico, trabajaba hasta tarde y después tomaba hasta quedarse dormido. Mamá se esmeraba al preparar la cena. No era evidente, pero siempre tenía un vaso de whisky escocés en algún lugar de la cocina. Nunca estaba exactamente frente a ella, pero sabíamos que tenía el vaso cerca, un poco escondido.

Papá era un hombre agresivo al que no le gustaban los niños, por lo que recibimos varios mensajes de que nosotros estábamos mal en algo. Aunque nadie nos envió nunca un mensaje de que el alcohol tuviera algo de malo.

De hecho, la tercera vez que me emborraché, los muchachos me trajeron a la casa y me metieron en el cadillac de papá, que estaba estacionado en el garaje. Me desperté casi a las cuatro, me di cuenta de dónde estaba, y me arrastré hasta la cama. En el desayuno, mamá tenía aspirina y *Alka-Seltzer* para mí, pero no dijo una palabra sobre "no te emborraches". Sólo dijo: "Esto es lo que necesitas, tómatelo".

Fui a una secundaria particular, sólo para hombres, y descubrí que era buen estudiante, trabajador como mi papá, casi por temor. Los fines de semana, salía de vez en cuando con los muchachos y me emborrachaba.

Además de ser un atleta y sobresalir en tenis, era presidente de la sociedad de alumnos de toda la ciudad, y miembro activo de muchos otros grupos. Algunos de mis amigos corredores bebían entre semana, mientras que yo era casi el típico estudiante que sólo tomaba una noche, el fin de semana. Pero apenas empecé a beber, me volví como mis amigos: generalmente tomaba hasta que la bebida se terminaba.

En secundaria, viví lleno de temor a mi padre y actuaba principalmente en respuesta a este miedo. Cuando llegué a la Universidad de Stanford no tenía herramienta alguna para sobrevivir. Allí tuve que escoger mis propias materias y resolver qué hacer y cómo vivir. Eventualmente, me hundí en la depresión porque sentía que simplemente no podría hacerlo.

Mi primer año en la universidad fue terrible. Dormía mucho y empecé a fumar marihuana, droga muy generalizada en el campus. No había fumado en la secundaria, pero en la universidad me entusiasmé. Cabe decir que, gracias a eso, pronto me convertí en un estudiante mediocre. Entonces me dio por escribir —me fascinaba— y fue lo que finalmente me motivó a sacar buenas calificaciones, aunque no lo suficiente para dejar de beber y fumar.

Después de la graduación, di clases de tenis; intenté tomarme un año para escribir una novela. En vez de eso, me fui a vivir con mi novia, a la que también le gustaba beber y fumar droga, y prácticamente eso fue lo que terminé haciendo aquel año.

Después de cuatro meses, comprendí que mi vida iba rápidamente cuesta abajo. De manera que, a fin de tener una meta, solicité el ingreso a la escuela de leyes, esperando darle un rumbo a mi vida; fui aceptado para el siguiente año. Para mi mortificación, descubrí que tenía que estudiar mucho más que antes. Hubo períodos de hasta treinta o sesenta días, en los que no hacía nada más que estudiar, especialmente antes de los exámenes finales: trabajaba todo el día, en tiempo de exámenes, luego salía y me emborrachaba.

En esos momentos me parecía que todo el mundo hacía lo mismo. En realidad no eran todos, pero tenía suficientes amigos como para que así me lo pareciera. Festejábamos tres días seguidos para olvidar los exámenes finales.

Después fui a la Universidad de Nueva York y obtuve una Licenciatura en Derecho Tributario. Como terminé con mi novia y quería irme del pueblo, decidí mudarme a Nueva York. Ahí, la rutina era la misma: estudiar como loco y después de los exámenes, consumir todo lo que podía de droga para desahogarme.

El alcohol se convirtió en lo único que consumía, ya que la marihuana en realidad no me estaba funcionando tan bien y no quería que me arrestaran. En mi mente, el alcohol sí estaba bien. Era una droga aceptable.

En Nueva York me enamoré de una mujer, y nos mudamos a Nuevo México, donde empecé a ejercer mi profesión. Pronto, Emilia fue aceptada para estudiar un posgrado en Carolina del Norte, y partió. Yo me quedé a vivir solo; litigaba; trabajaba de ocho a ocho. Cuando llegaba a la casa, me tomaba seis cervezas mientras veía televisión, y después me iba a la cama: desarrollé el patrón de beber por la noche, solo.

Cuando Emilia regresó de Carolina del Norte, nos cambiamos a San Francisco y nos casamos. Para este tiempo, mi patrón de beber todas las noches ya se había consolidado.

En San Francisco se me ocurrió volverme un conocedor de vinos. Me encontré con un montón de muchachos expertos en vinos del Valle de Napa, y me incliné por los *Bordeaux* y otros vinos franceses. Empecé una bodega de vinos y salía con *gourmets* que también presumían ser conocedores de vino.

Organizábamos grandes comidas los fines de semana; ahí todos hablábamos del vino y de la comida; lo mismo durante toda la noche. De alguna manera, era socialmente aceptable tomar champaña antes de la comida, vino blanco con el primer plato, rojo durante el segundo y oporto con el postre. Luego empecé a fumar puros y beber coñac. Todo era tan aceptable socialmente,... ¡aunque las cantidades finales fueran enormes!

Durante la semana bebía solo, ya fuera viendo televisión o leyendo: mi esposa y los niños dormían en el segundo piso. A veces me iba a la cama como a las diez u once de la noche; otras me sentaba y permanecía ahí bebiendo hasta media noche. Ocasionalmente, me despertaba al día siguiente todavía en el sofá.

Todas las noches planeaba tomar sólo dos copas de vino con la cena. Pero eventualmente tuve que admitir que en realidad tomaría una botella de vino durante la cena. Por años, pensé que en verdad consumía sólo una botella, pero al llevar la cuenta de mi cava noté que el inventario decrecía a gran velocidad. Los números no concordaban; obviamente, estaba bebiendo más de una botella por noche.

Conservé mi cava por algún tiempo, y me dije: "No voy a comprar más vino. Me tomaré todo lo que está ahí abajo". (Probablemente tenía de dos a tres mil botellas). "Me voy a tomar lo que tengo, y cuando lo termine, ahí lo dejo. ¡Eso es, estoy listo!"

De esta manera, pasaría seis meses sin comprar licor. Pero al tiempo que veía aumentar los anaqueles vacíos, decía: "¡Qué barbaridad!", y de nuevo averiguaba dónde tenían las mejores ofertas y empezaba a acumular vinos.

Tiempo después, exclamaba: "No; no puedo estar comprando todo este vino". Echaba un vistazo a la cava y pensaba: "Si me lo tomo todo, seguramente acabaré muerto. Pero no puedo dejar de tomarme todo ese vino porque yo lo compré. Y lo compré para beberlo, no para guardarlo, coleccionarlo o hacer dinero".

Obviamente, estaba un poco obsesionado con la cava y con la epícurea vida que la acompañaba. Pero mi salud estaba empeorando: prácticamente subí 45 kilos en ocho años. En mi casa, me había convertido en *chef* para que Emilia pudiera jugar con los niños mientras yo cocinaba, tomaba mi vino y comía enormes cantidades de exquisitos platillos, dignos de un *gourmet.*

A pesar de haber sido bueno en muchos deportes, llegué a tener tan mala condición física que ni siquiera podía correr. Finalmente, mi hermano, un año mayor que yo, tuvo un ataque al corazón a los 38 años. Era presidente de la sociedad local de alimentos y vinos y, como yo, pesaba 120 kilos. Cuando le dio ese infarto al miocardio me asusté sobremanera.

Llevaba tiempo despertándome con resacas y sintiéndome terrible, pero sabía que no debía tomar por las mañanas porque sólo los alcohólicos hacen eso. Tampoco tomaba a la hora del almuerzo porque después tenía que tomar una siesta o seguir tomando. Así que tenía mi régimen bien definido: no tomar hasta las 5:30 o 6:00 de la tarde.

Pero algo tenía que hacer sobre lo mal que me sentía por las mañanas, de manera que tomaba un antiácido o lo que fuera. Tomaba el café más cargado de la Tierra; incluso encargué una máquina para café expreso de 220 voltios desde Italia, aunque requiriera una nueva instalación eléctrica en mi cocina: yo necesitaba el verdadero sabor.

Una vez me introduje en un jacuzzi y pensé que me había curado la resaca. Así que también hice instalar en mi casa uno de esos y me metía en él a remojarme media hora en las mañanas particularmente difíciles. La verdad es que nada de eso funcionó. Todo fue sólo para probar. Lo único que funciona es no tomar el primer trago. Pero yo todavía no estaba listo.

Después del infarto de mi hermano, decidí averiguar sobre la enfermedad cardiovascular; me sentía tan mal que temía sufrir también un ataque al corazón. La Universidad de Stanford tenía un excelente programa de prevención de enfermedades cardíacas, pero nunca me inscribí: porque no quería que nadie supiera que podía tener un problema. Ya saben, yo quería ser perfecto. Nunca fui capaz de decir que tenía fallas de ningún tipo —provenía de una familia en donde nadie pedía ayuda ni admitía sus debilidades. A escondidas compré los casetes de Stanford y, con su ayuda, poco a poco fui capaz de cambiar mi dieta y empezar a hacer ejercicio.

Parte del programa especificaba un máximo de dos tragos por noche *como promedio* y *nunca* más de cinco cualquier noche. Así que empecé a llevar la cuenta de mis bebidas en un gráfico. Cada mañana, reconstruía la noche anterior: "A ver... me tomé esa botella. Y antes me tomé dos cervezas... creo que me tomé esa otra botella...". De cualquier manera, estaba seguro de que eran más de cinco. Entonces ponía un seis en la gráfica. Al día siguiente me encontraba anotando otro seis, lo cual dejaba sólo dos tragos para el resto de la semana, para cubrir el promedio de catorce. Yo decía: "Al carajo; no voy a llevar el registro esta semana. Intentaré la *próxima* semana".

Intenté probar con otros sistemas. "Bueno, de lunes a jueves no voy a tomar", decidía. "Sólo voy a tomar viernes y sábado." Lo lograba el lunes, con toda la fuerza de voluntad que tenía. Pero el martes pensaba: "Bueno, como ayer me porté tan bien y quiero probar el nuevo *Cabernet*, sólo beberé dos copas con la cena". Pero después de dos copas, se me ocurría la idea: "Bueno, podría, simplemente, terminarme la botella". Una vez que lo hacía, volvía a la rutina: beber sentado en el sofá, frente a la televisión, viendo por la ventana.

Al llegar el miércoles en la noche, decía: "Al demonio, si ya tomé el martes, no hay razón para no tomar también esta noche". Dos semanas después, pensaba: "¡Espera! Ibas a reducir tu consumo..." Entonces probaba alguna rutina nueva.

Una de estas rutinas consistía en tomar un trago cada cuarenta minutos. Deseaba sentarme en la casa por las noches y tener algo para tomar durante unas horas. Entonces, dividí 120 minutos entre los tres tragos que deseaba y resolví beber sólo un trago durante cada lapso de 40 minutos. Esto no me funcionó porque, después del primer trago de cuarenta minutos, el siguiente se acababa en 20, y a éste lo seguía el acostumbrado "¡Al demonio!"

Después de idear varios métodos, comprobé que ninguno funcionaba; entonces verdaderamente me asusté por mi manera de beber alcohol.

Lo que más me asustó fue darme cuenta de que había tropezado con algo que no podía conquistar por mis propios medios. En el pasado, por ejemplo, cuando estudiaba leyes, aunque básicamente odiaba la escuela, podía seguir adelante, basado en mi propia fuerza de voluntad. Incluso tuve buenas calificaciones; aparecía en el cuadro de honor y todo eso.

Antes, siempre pude poner mi mente y mi esfuerzo en cualquier cosa y por lo menos lograr algún avance; eventualmente llegaba adonde quería. Pero empezaba a darme cuenta de que no iba poder hacer mella en mi forma de beber. Si hoy fuera domingo, no podría predecir si el martes estaría bebiendo o no. Eso me resultaba alarmante porque en mi mente siempre había creído que podía dejar de beber en cualquier momento, y que *yo escogía* beber todas las noches.

"A mí, simplemente, me gusta beber", pensaba. "Es divertido, es una buena cosa que hacer, y yo decido beber todas las noches." Nunca se me ocurrió que alguien que estuviera ejerciendo su derecho a elegir pudiera preferir ir al cine alguna noche, completamente sobrio, o pudiera escoger leer un libro sin un solo trago, o cualquiera de las otras cosas que una persona puede hacer. ¿Por qué preferirían tomar noche tras noche? Esta idea nunca me cruzó por la mente. Cuando elaboré un horario por adelantado y lo puse en papel, me di cuenta de que yo no estaba tomando la decisión. Elegía la cantidad que iba a beber, o escogía beber ciertas noches, pero no otras: y los resultados eran exactamente lo opuesto a lo que había escogido. ¡El asunto era alarmante!

❧

Para ese tiempo, ya había dejado de litigar y me ganaba el sustento sólo con transacciones en el mercado de valores. Tenía algo en bienes raíces, algunos intereses en gas y gasolina y algunos bonos. Casi todo mi dinero estaba invertido en acciones; la mayoría en Estados Unidos, pero también tenía algunas acciones internacionales.

Me acababa de convertir en inversionista cuando Emilia recibió una herencia. Trabajaba como asesor de impuestos con algunos empresarios, y de ellos había aprendido un poco sobre inversiones. Cuando empecé a jugar con la herencia de mi esposa, el mercado subió y yo tuve mucha suerte.

En ese momento no me di cuenta de que era suerte. Tuve una buena racha que duró cinco años, e hicimos una tonelada de dinero. Entonces vino la gran caída de la bolsa; rápidamente me hundí y me dió pánico. En ese tiempo estuve consciente de mi reacción al miedo; me decía: "Tengo que beber". Y bebía sin parar hasta que dejaba de sentir miedo o cualquier otro sentimiento.

Tenía mucho miedo de vivir en California por los terremotos, deslaves y la delincuencia. Pero la estrepitosa caída del mercado de valores y mi respuesta ante ésta, también me alarmaba.

Fue una época rara, con un estrés constante las 24 horas, porque yo seguía de cerca el mercado de valores japonés, y éste abría a media noche. Tomaba, dormitaba unas horas intranquilo; me levantaba agitado para ver qué había pasado en el mercado japonés y después trataba de volver a dormir, aterrado, porque íbamos a quebrar.

Me sentí atrapado. El mercado de valores estaba en el retrete e iba aún más hacia abajo. Me paralicé; estaba asustado de asumir mis pérdidas y preocupado por mantener mi posición. Además ahí estaba la cava. La miré durante un rato mientras pensaba: "¿Qué voy a hacer con todo eso? Tengo que tomármelo, para eso lo compré; pero, si me lo tomo, me voy a morir".

Nunca se me ocurrió que podía vender mi bodega de vinos. O regalarla. Ni una sola vez. Cuando eventualmente estuve sobrio, la doné a un albergue para alcohólicos sin hogar, y ellos la vendieron por una suma que les permitió remodelar completamente su edificio y comprar más camas. Al final, mi bodega de vinos resultó ser un regalo útil.

Para entonces, estaba atrapado y empecé a notarlo —lo cual era un gran avance. Estuve en la trampa por largo tiempo, pero nunca había estado consciente de eso. Cuando finalmente intenté pasar los límites, me sorprendí al darme cuenta de que existían unas paredes invisibles que no podía atravesar.

❦

Ese mismo año nació mi segundo hijo. Cuando Emilia dio a luz a nuestro primer hijo, habíamos ido al hospital a medio día, y esa noche, cuando nació el niño, estuve sobrio. Con el segundo, Emilia no tuvo contracciones hasta muy noche, así que yo estaba tomado cuando nos fuimos al hospital. Me sentía muy mal por estar borracho mientras este acontecimiento tenía lugar. Este bebé, que yo anhelaba profundamente traer al mundo estaba naciendo, y yo estaba ahí, entre enfermeras y médicos, sabiendo que simplemente apestaba a alcohol. No podía creer que yo hiciera algo así.

La siguiente semana, cuando hice mi acostumbrada lista: "limpiar el jardín, comprar papas fritas, conseguir una manguera nueva", agregué: "comprar libros sobre alcoholismo". Eso duró meses en la lista, poniendo en evidencia mi intención de investigar el asunto.

Finalmente, después de beber durante un año y medio y de comprender que no podía controlarlo, tuve la oportunidad de verme en un espejo. Visitamos a mi familia durante la Navidad, y al estar consciente de mi adicción a la bebida, noté también la de ellos; me di cuenta de que algunos familiares eran, claramente, adictos al alcohol. Simplemente podía verlo; además sabía que en algunas familias era hereditario.

Al día siguiente, fui a la librería; estaba tan cohibido de comprar un libro sobre alcoholismo como un quinceañero que compra su primer condón. Pensé: "Si me preguntan, diré que no es para mí". ¿Se imaginan? "¡Los condones son para un amigo!" Sí, ya lo creo.

Frente al mostrador, deseaba que el título del libro no fuera tan obvio. En realidad, a nadie le importaba. Ellos podrían vender latas de frijoles. Sin embargo, sentí cómo el sudor empezaba a chorrear debajo de mis brazos.

El libro recomendaba asistir a un centro de tratamiento y después al programa de AA. Pero yo no me iba a someter al tratamiento porque probablemente no era un alcohólico; y de seguro todo el mundo pensaría que lo era, si asistía a un centro de atención. Tampoco iría a AA, pues estaba convencido de que la mayoría eran personas de la calle y otros, simplemente, no tenían nada en la vida: o no era precisamente la clase de personas con las que yo podría relacionarme.

Como no me gustó ese consejo, fui y compré otro libro. Se llamaba: *Vaya a terapia y a AA*. Pero en mi familia nadie va a terapia, porque ninguno de nosotros está enfermo de nada.

Entonces compré un tercer libro, escrito por un fulano de AA, que se llamaba: *Vaya a AA*. De todos los libros que leí sobre el tema, ninguno decía: "Hágalo por sí mismo". Tampoco: "Quédese en la casa y utilice este libro de autoayuda". Ninguno sugería, ni remotamente, que uno pudiera resolver este problema por sí mismo. Todos tenían el mismo mensaje: "Vaya a algún lugar; haga algo y hable con alguien".

De modo que fui, a regañadientes, a una reunión de AA; en Piedmont, por supuesto, la zona más exclusiva de Oakland. De ninguna manera asistiría a una reunión en el centro de Oakland, con los vagabundos. Me vestí muy bien; y, una vez que llegué ahí, ¡descubrí que la mayoría de las personas ni siquiera vivían en Piedmont! Sólo asistían a ese grupo porque les gustaba.

No entendí ni una palabra de lo que se dijo en la reunión. Al final, un tipo se acercó a mí y me comentó que acababa de regresar de Thailandia y todo lo que había disfrutado. Me preguntó cómo estaba. Parecía ser la clase de tipo con el que yo me iría a tomar. Había estado en Thailandia, de modo que no podría ser una persona de la calle. Él pensaba que la vida era divertida. Yo podría relacionarme con él como una persona con la que uno podía pasar un buen rato.

Él consiguió una copia del horario de todos los grupos de AA en toda la ciudad; señaló varios que le parecían buenos, y me la entregó. Asistí una o dos veces por semana durante cuatro meses, lo cual era suficiente para no beber. Pero estaba enloqueciendo: mi nivel de ansiedad era increíble.

Todavía no me daba cuenta de cuán importante era el alcohol en mi vida. En las noches, lo utilizaba como la forma de relacionarme con mi esposa, mis hijos y mis amigos. Sentía el alcohol y ninguna otra cosa. Al día siguiente, por la mañana y la mayor parte del día, estaba con una fuerte resaca. Había pasado mucho tiempo desde que en realidad experimentara mis propios sentimientos. Cuando empecé a sentir, la experiencia se volvió aterradora. Cuando era niño, mis sentimientos estaban bajo control; en mi familia teníamos que actuar de cierta manera y no expresar cómo nos sentíamos. De modo que ésta era la primera vez en mi vida que mis sentimientos no eran reprimidos o sedados.

Y no tenía herramientas para ayudarme a resolverlo.

Lo que no comprendí sobre la bebida era que, hasta cierto punto, con ella había controlado mis temores respecto a la vida. Además, había reprimido mi culpabilidad por algunas cosas que había hecho, como llegar borracho al hospital cuando mi hijo nació, y otras por el estilo.

Lo que finalmente me ayudó mucho fue asistir a un grupo que revisaba específicamente el tema de los Doce Pasos de AA.* Allí escuché a un tipo decir que él estaba en una situación en la que pensaba volver a beber o matarse; o bien, que tendría que efectuar el cuarto paso. Yo había contemplado la idea de matarme o volver a beber, y era la primer vez que escuchaba hablar de otra alternativa. Por lo tanto, guardé esto en mi mente —*tú puedes llevar a cabo estos pasos*—, obtuve un padrino y le dije lo ansioso que estaba.

"Bueno, eso es normal", dijo él. "Al principio, cuando uno deja de tomar, su nivel de ansiedad es muy alto. Todos nos hemos sentido así. ¿Sabes?, lo que pasa es que tú estás a punto de cambiar *toda tu vida.* Y estás en la frontera: tu an-

---

* Vea el apéndice.

tiguo modo de vida ya no te funciona y todavía no has aprendido el nuevo. Es lógico que estés nervioso." Y era cierto.

Juntos, trabajamos los pasos. Y en el quinto paso, cuando le dije todos mis secretos, ¡qué catarsis! Le había dicho cosas a este individuo que nunca le había contado a nadie; y que no le contaría *a nadie más*. Quiero decir, me iba a *morir* con eso. ¡Qué descanso con sólo decírselo a alguien!

Al pasar el octavo paso e iniciar el noveno, fui capaz de reparar algunas faltas ocasionadas por mi carácter contra algunas personas con las que nunca hubiera querido volver a hablar por el resto de mi vida. Las busqué y les dije lo equivocado que había estado, les confesé lo que les había hecho y dejé que pasara lo que tuviera que pasar.

Ninguna de esas personas es mi mejor amigo ahora; pero la culpa, los sueños y las pesadillas terminaron. Fue como limpiar mi lado de la calle. En cuanto lo hice, casi toda mi ansiedad desapareció como por arte de magia.

Llevaba varios y buenos años de sobriedad, cuando mi matrimonio terminó. No había funcionado durante años, desde antes de que dejara la bebida, y no mejoró después. Yo me había quedado allí, pero en realidad eso era parte de mi vieja forma de vida.

Pensé que si trabajaba los pasos concienzudamente, podría estar con ella. Acostumbraba leer ese relato del *Gran libro de AA*, "Médico, alcohólico, adicto", en donde el autor habla sobre su relación con su esposa y cómo llegó a ver sus cualidades. Cuando se concentró en estas cualidades, se agrandaron; y también, cuando lo hizo con los aspectos negativos, éstos crecieron.

"Existe algo aquí que puede cambiar la forma en que yo veo a esta mujer", pensaba. "De alguna manera, lo lograremos." Yo traté de llegar al desenlace de ese relato, donde el médico y su esposa permanecen juntos durante 27 años a partir de que él alcanza la sobriedad. En realidad lo que dice es que uno tiene que aceptar la vida en sus propios términos: aceptarla tal como es. Y "exactamente como era", significaba para nosotros que no éramos compatibles; habíamos estado así mucho tiempo y nuestra situación no iba a mejorar.

Por consiguiente, de esto se ha tratado el último año: de obtener el divorcio y asimilarlo gradualmente.

Antes de tomar la decisión de divorciarme, practiqué el cuarto paso respecto a mi relación con mi esposa, y fue muy provechoso. No importaba cuánto me esforzara; no era capaz de ver lo que hacía dentro de ese matrimonio, *mi* parte en él; entonces me di cuenta de que eso se debía a que en realidad no deseaba continuar. Simplemente, no quería seguir intentándolo más.

Recuerdo que cuando salí de la casa de mi padrino, camino a mi propia casa iba pensando: "La única manera de que dejes de comportarte así es que te divorcies. Te portas así porque estás atrapado en un lugar donde no quieres estar". Sin embargo, cuando llegué a casa, mi pensamiento había cambiado a: "Debemos acudir a un consejero matrimonial. Eso nos ayudará. Podemos arreglarlo; sí, podemos *solucionarlo*".

Fuimos, pero no nos sirvió de nada.

A pesar de haber vivido ciertos acontecimientos como el divorcio, mis cuatro años de sobriedad han sido una experiencia maravillosa. Nunca tuve la clase de amigos que tengo ahora —personas a las que puedo decirles lo que realmente me sucede.

Disfruto siendo útil, especialmente al trabajar con personas que acaban de entrar al programa y se sienten perdidas. Cuando soy capaz de darles una pequeña tarea, como una breve lectura diaria y lograr que hablen de su vida, pueden mejorar.

Irónicamente, AA se ha convertido, en muchos aspectos, en el elemento central de mi vida; allí es donde está mi corazón. El tipo que no quería nada con AA, por miedo a la chusma del bajo mundo, ahora tiene a esta amplia gama de personas como sus mejores amigos. Ahora me relaciono con personas con las que antes jamás habría alternado, porque nos relacionamos en un nivel profundamente humano.

No sabía que tenía prejuicios en contra de las personas que no pertenecen a cierta clase social. He aprendido mucho de estos hombres y mujeres, cuyas vidas son mejores que la mía, porque tienen principios y viven de acuerdo con ciertas verdades. Eso es lo que quiero. Ya pasé por la etapa de hacer dinero: lo tuve a montones, y terminé queriendo suicidarme.

Viví durante varios años en una ciudad donde la mitad de la población es afroamericna, pero todas mis amistades eran blancos. No fue hasta que llegué a AA que empecé a tener amigos afroamericanos. Actualmente, asisto a grupos donde la mayoría lo es y nos sentimos cómodos unos con otros. Nos hemos hecho buenos amigos, aunque nuestras vidas sean totalmente diferentes.

Es gratificante formar parte de la raza humana, de *toda* la raza humana.

Yo le diría a aquel que tiene éxito financiero y que bebe con más frecuencia de lo que quisiera, que *hay una alternativa*. Parece que no, pero sí la hay. Realmente es posible dejar de beber y divertirse mucho.

No digo que sea fácil; hay una barerra que uno necesita atravesar. Uno tiene que reconocer que, simplemente, el alcohol no tiene el efecto que alguna vez tuvo en uno. Durante años pudo ser el combustible para la fiesta, pero eventualmente se convierte en un depresivo.

Uno tiene que aferrarse a la esperanza de que sí es posible una buena vida sin el alcohol. No sé si alguien entenderá esto, pero hay muchas oportunidades de crecer como ser humano, que uno ni siquiera imagina. Uno no puede entender que la vida es más grande cuando uno escucha sus sentimientos; cuando deja que otros entren en su vida de una forma real, tangible y formen parte de ella; y cuando se da la oportunidad de escuchar la verdad sobre lo que le sucede a la gente en su vida.

Al principio me sorprendía en las reuniones. No podía creer que la gente realmente estuviera hablando como hablaba. "¿Por qué esta gente simplemente no se calla?", recuerdo que pensaba. "¿No sabrán que otras personas están escuchando lo que ellos dicen?" Entonces comprendí que, por primera vez, estaba escuchando verdades.

Hoy sé más sobre lo que realmente pasa en la vida de las personas que conocí apenas hace tres meses, que lo que sé de la vida de los amigos con los que crecí. Es increíble.

Esto termina nuestra solitaria existencia, es seguro. En mis últimos días de bebedor, estaba terriblemente solo y no podía confesárselo a nadie. Tenía unos cuantos amigos con los que salía pero nunca hablábamos de nosotros —sólo tomábamos juntos y después cada uno se iba a su casa. Si iba a una fiesta, me involucraba en conversaciones triviales y trataba de no hablar mucho de mí; no permitía que nadie supiera lo que realmente pensaba. No había ningún verdadero contacto. Entonces, cuando me sentaba frente a la televisión a tomar cerveza o vino, ocasionalmente tenía una vaga noción de lo que me pasaba, de lo que sentía —y estaba solo, muy solo.

Actualmente, puede parecer una locura que el teléfono suene con insistencia y sucedan toda clase de cosas; incluso, mis amigos me llaman para ir de campamento, a algún paseo o a esquiar.

Muchos de mis amigos son alcohólicos en recuperación y ninguno de nosotros tenía precisamente buenas relaciones, así que tuvimos que desarrollar una amistad. Por ejemplo, cuando yo estaba deprimido por mi divorcio, un amigo necesitaba ayuda; se puso demasiado insistente y tuve que pedirle que se calmara. "Simplemente no puedo estar contigo esta semana," le dije. "Estoy deprimido, y quiero estar solo."

Antes habría inventado alguna justificación por no poder ayudarle y quizá hasta habría abandonado su amistad, porque no era capaz de manejar una confrontación personal a ese nivel. Para mí era muy difícil decir: "Lo que haces me molesta". Me tomaba todo tan a pecho, que creía que todos mis amigos hacían lo mismo.

También me era difícil reconocer mi parte en una situación en la que tal vez hubiera hecho algo que podría haber molestado justificadamente a alguien.

La habilidad para tomar un evento o situación preocupante y ponerlo sobre la mesa, fuera de nosotros mismos, para que los dos pudiéramos verlo, es un magnífico regalo. Puedo ver mi actuación y mis amigos pueden ver la suya. Podemos discutirlo y participar sin que eso se convierta en algo personal para cualquiera de los dos. Es maravilloso estar con personas deseosas de ver su parte; que son capaces de admitir sus errores y cómo han contribuido a la situación.

Mi vieja tendencia era minimizar (o simplemente negar) que yo había hecho algo, o responder: "¿Por qué carajos está tan sensible?", para denigrar a la otra persona, en lugar de reconocer: "Está bien, así fue. Lo hice y estoy dispuesto a discutirlo". Al final, con la práctica de la honestidad, la amistad se enriquece.

El hombre sin herramientas para vivir está aprendiendo a vivir.

CAPÍTULO 17

Llamada de alerta para las mujeres

Beber es particularmente riesgoso para las mujeres que sufren daños en el corazón, hígado y cerebro, aunque beban menos —y por menos tiempo— que los hombres. El riesgo de cirrosis hepática para una mujer es mayor cuando ella bebe un promedio de dos copas al día. El aumento de cáncer de seno también está relacionado con este nivel de consumo. Con el reciente aumento en el consumo de licor en las jóvenes, un trágico resultado se fragua, lentamente, en una generación de mujeres confiadas.

El organismo de la mujer procesa el alcohol de diferente manera que el del hombre. Tal diferencia no es una buena noticia. Cuando un hombre y una mujer consumen la misma cantidad de licor, pensaríamos que la mujer está más intoxicada que el hombre, por la diferencia de tamaños. Y es cierto. Pero no creeríamos que el nivel de alcohol en su sangre es significativamente más alto incluso después de hacer una comparación en proporción al peso de cada uno. En realidad, **cualquier mujer que toma de dos a cuatro copas, está por lo menos 50% más intoxicada que su compañero varón de mayor tamaño corporal.**

"¿Qué trascendencia tiene esto?", podría preguntarse usted. "Sencillamente, ella disfruta más por el mismo precio."

Desafortunadamente, tendemos a olvidar que el alcohol es una sustancia tóxica capaz de dañar órganos vitales. Nuestro cuerpo no recibe con beneplácito el alcohol; al contrario, lucha para prevenir su entrada en el río de la vida: el torrente sanguíneo. La primera defensa se da en el estómago, seguida por una batalla en el hígado. Cualquier mujer está en clara desventaja, comparada con un hombre, porque su cuerpo no es tan capaz de protegerse a sí mismo. Su estómago tiene únicamente 23% de la capacidad que tiene un hombre para neutralizar el alcohol; como resultado, entran más toxinas directamente al torrente sanguíneo.

Con el uso excesivo y frecuente, el alcohol destruye la habilidad del estómago para detener su paso. Mientras el hombre pierde *la mitad* de su capacidad, la mujer pierde casi *toda*. Esa pérdida de protección del estómago es percibida temporalmente por cualquier mujer que se abstiene de comer cuando bebe para evitar la combinación de las calorías del alcohol con las de la comida. La situación es tan grave, a nivel sanguíneo, que prácticamente no hay diferencia entre ingerir alcohol o si se lo inyecta directamente en el torrente sanguíneo. El cuerpo simplemente no tiene defensas.

¿Qué tan serio es este problema? El primer estudio a fondo sobre alcoholismo en la mujer que jamás se haya realizado fue en St. Louis, Missouri. Los investigadores encontraron los casos de cien mujeres, once años después de haber sido dadas de alta de tratamientos de alcoholismo, y encontraron que 31% había fallecido. Murieron 4.5 veces más rápido de lo normal. La expectativa de vida de la población femenina en general en St. Louis era de 66.5 años; el promedio de edad de estas alcohólicas al morir era de 51 años —*sus márgenes de vida fueron reducidos en 15 años*. Más alarmante era la tasa de mortalidad para mujeres menores de 34 años, casi catorce veces más alta de lo normal.

Estudios realizados en Francia, Australia, Gran Bretaña y Estados Unidos confirman una tasa significativamente más alta de enfermedades serias del hígado en mujeres, a pesar de beber en menor cantidad y por menos tiempo que los hombres.

Algunos estudios de tomografía computarizada revelan que el cerebro de la mujer es también más sensible al alcohol que el del hombre. Los ventrículos de una mujer (los espacios vacíos en el cerebro) se agrandan más rápidamente con el exceso, y también con un menor consumo que el del hombre. Por este acelerado efecto en el cerebro, no es una sorpresa que muchas mujeres, con la mitad del historial de bebida de los hombres, rindan poco en exámenes de memoria, exactitud perceptiva y resolución de problemas. Por fortuna, esas anomalías cerebrales empiezan a recuperarse con la abstinencia; de hecho, parece que el cerebro de la mujer se recupera más rápido y de manera más completa que el cerebro de los hombres.

Un estudio de mujeres en Barcelona, publicado en 1995 en la *Revista de la Asociación Médica Americana* encontró que el corazón de la mujer también es significativamente más sensible a los dañinos efectos del alcohol. Las mujeres de este estudio bebían mucho diariamente, lo cual no es raro en España. La mayoría de ellas trabajaba. Todas tenían antecedentes de empleos estables, pocas trabajaban alcoholizadas alguna vez, y ninguna se dedicaba a emborracharse. Sin embargo, sus corazones bombeaban significativamente menos sangre que lo normal y sufrían los mismos daños del corazón que los hombres, con un consumo significativamente menor al de ellos.

Además de las afecciones al hígado, cerebro y corazón, las mujeres también padecen anemia, obesidad y problemas gastrointestinales, luego de beber mucho y durante un período significativamente más corto.

Las mujeres son más vulnerables, no sólo porque sus cuerpos les proporcionan significativamente menos protección, sino también por la clandestinidad en que a menudo se desarrolla la adicción de la mujer al alcohol.

Este encubrimiento tiene una larga tradición, originada, posiblemente, en la histórica antipatía del mundo hacia el consumo de bebidas alcohólicas por las mujeres. En los tiempos del imperio romano, por ejemplo, el hecho de que una mujer bebiera no sólo era ilegal, sino castigado hasta con la muerte. Sin embargo, la mayoría de las culturas sencillamente se valió de tabúes sociales en lugar de leyes para restringir esta práctica. Todavía hoy muchas mujeres de edad avanzada reflejan los patrones de su generación al reprobar calladamente la bebida en mujeres jóvenes.

Este pasado de sobreprotección tuvo grandes beneficios. La bomba genética llevada por muchas mujeres no había explotado por la forzada abstinencia y una exposición mínima al alcohol. Y las mujeres sin antecedentes familiares de alcoholismo con frecuencia eran incapaces de beber alcohol socialmente por muchos años (factor que podría llevarlas a la dependencia del alcohol). Como resultado, las tasas de adicción observadas en mujeres siempre han sido significativamente más bajas que las de los hombres.

Pero, el peligroso impacto de esta herencia socio-cultural es que las mujeres se volvieron más discretas para beber; sufrieron mayor ansiedad y depresión, así como una autoestima más baja, que la de los hombres. El estigma del consumo excesivo del alcohol hizo que las mujeres fueran más renuentes a buscar ayuda. Inconscientes de su mayor vulnerabilidad física al alcohol, muchas esperaron hasta que era demasiado tarde. Además, los investigadores, convencidos de que la adicción al alcohol era principalmente un trastorno masculino estudiaron casi exclusivamente a los hombres y sus hijos.

Recientemente, muchas mujeres que de otra manera podrían ser bebedoras problema, a escondidas tomaron la ruta más aceptable: usar tranquilizantes y sedantes: durante el día tomaban *valium* en lugar de bebida; o una pastilla para dormir, a la hora de acostarse, en lugar de una bebida antes de dormir.* La práctica se generalizó a tal grado que 11% de los adultos en Estados Unidos, en algún momento, ha

---

* Muchas mujeres alcohólicas presentan una historia de abuso de tranquilizantes. sedantes y anfetaminas.

tomado tranquilizantes por prescripción médica. Incluso los Rolling Stones compusieron una canción sobre el tema, a la que llamaron *La pequeña ayudante de mamá*.

¿Por qué las mujeres optarían por los tranquilizantes? Porque los barbitúricos y las benzodiazepinas como el *valium*, son parte de la familia del alcohol. Su farmacología es similar. Como prueba de su semejanza, el síndrome de abstinencia puede ser aliviado con el consumo de la droga recién dejada, y los síntomas de abstinencia del alcohol pueden ser eliminados con el consumo de un tranquilizante, y viceversa.

Actualmente, muchas mujeres jóvenes van directamente del consultorio de su médico a clubes y tabernas, cuyos dueños han descubierto que darles la bienvenida a ellas atrae al por mayor hombres y ganancias. Y si es cierto que algunas mujeres, como tantos hombres, llevan bombas genéticas que explotan con la constante exposición al alcohol, a la vez que otras se vuelven adictas después de varios años debido a un uso excesivo, debemos esperar un aumento sustancial en las tasas de adicción de las mujeres, conforme los cambios culturales reemplazan a los viejos tabúes. Eso es exactamente lo que vemos.

Conclusión

En los últimos años, una cantidad considerable de mujeres ha hecho a un lado los arcaicos estigmas contra el hecho de que las mujeres beban. Pero es poco probable que, al hacerlo, consideren la mayor vulnerabilidad de su corazón, cerebro e hígado, a los estragos del alcohol.

CAPÍTULO 18

Rosa

Me enamoré de la bebida a los 13 años. Los viernes por la noche nos reuníamos un gran grupo de jóvenes; yo me tomaba dos cervezas y me sentía borracha. Como yo era encantadora —llevaba excelentes calificaciones; era presidenta de clase, jefa de porristas... mi familia pensaba que yo sólo hacía cosas de jóvenes. Pero en realidad me emborrachaba casi todos los fines de semana, porque era muy divertido.

Estudié en una universidad jesuita donde los alumnos eran cuidadosamente seleccionados, de acuerdo con sus características socio-culturales y económicas. Todos pertenecían a la clase media alta irlandesa o italiana. Tengo gratos recuerdos de esa centro estudiantil. Allí seguí destacando como estudiante. También tuve mi primer novio formal; daba clases de ballet y me emborrachaba todos los fines de semana.

Dos años después, decidí cambiarme a otra universidad para titularme en ingeniería química.

La universidad tenía más de 20,000 estudiantes, y apenas puse un pie en el dormitorio, me dieron un folleto titulado *Cómo evitar violaciones en el campus.* Yo dije: "¿Qué?" No tenía la menor idea. Tenía 21 años y creía saberlo todo, pero no tenía la menor idea de lo increíblemente inocente que aún era.

Todas mis materias en la universidad eran de ingeniería; tenía que llevarlas en los últimos dos años. Ya hubiera sido bastante difícil manteniéndome sobria... pero no lo hacía; me emborrachaba incluso entre semana. Era el mejor escape que encontraba.

Extrañaba mi colegio jesuita y no lograba tener al día todas las tareas, lo cual me daba pánico. En lugar de quedarme en casa y trabajar, era más fácil olvidarme del asunto y salir; esto se volvió cíclico. ¿Cómo diantres pasé? Eso está fuera de mi entendimiento. Después de ser estudiante con promedios de diez, a duras penas logré obtener mi título.

No pensé que sería así; simplemente me parecía diversión propia de universitarios —y definitivamente me fascinaba ir a fiestas y emborracharme. Siempre bebí socialmente, nunca por cuenta propia, porque en la universidad siempre podemos encontrar a alguien que vaya con uno a la taberna. Sobre todo tomábamos cerveza o vino —lo que fuera más barato; que pudiéramos pagar y fueran muchos toneles.

En la universidad no salí mucho con chicos. Prácticamente éramos mis amigas y yo. Nos cuidábamos entre nosotras, porque en la universidad, con un montón de jóvenes borrachos, las cosas pueden ponerse muy feas. Tuve como buenos compañeros a tipos que me contaban cosas que nunca debí escuchar —sobre cuán ruines podían ser los hombres cuando se trataba de mujeres— por lo que tuve terror de ser la anécdota de alguien en un grupo de muchachos, así fue que me mantuve alejada de ellos.

***

Después de la universidad, entré a trabajar con un fabricante de semiconductores, como ingeniera de proceso. Al principio, compré una botella de ginebra, porque el agua quina con ginebra se había convertido en mi bebida favorita. Pero cuando me di cuenta de lo rápido que la consumía, pensé: "No es posible que yo esté haciendo esto. Es mi primer trabajo; acabo de terminar la carrera; y si empiezo a tomar entre semana, lo voy a echar a perder. Sólo voy a tomar los fines de semana". Y por mucho tiempo así lo hice. En ese entonces noté que mi tolerancia al alcohol había aumentado sustancialmente. Cuando salía a cenar con algunos amigos, siempre parecía que tomaba más que ellos —pero *yo podía* tomar todavía más; eso no era problema. Daba clases de *aeróbicos* cuatro noches a la semana para mantenerme alejada de la bebida. Desde ese entonces sabía que tenía una tendencia a beber en exceso, pero no le di importancia. Sólo tomaba más que la mayoría de la gente. Casi todos los viernes iba con nuestro grupo de jóvenes ingenieros a la "hora feliz" de un bar que tuviera bufet y un grupo musical. Sin embargo, como consumía tantas calorías bebiendo, sabía que tampoco podía comer mucho. Por lo general salíamos de ahí a la una o dos de la mañana, y nunca llevé la cuenta de cuánto tomaba, pero la idea de tomar sólo cuatro o cinco copas durante ocho horas nunca me interesó; particularmente, cuando pensaba que los bares hacían sus bebidas muy simples.

Tenía la idea de que tomar alcohol era algo que todo el mundo hacía, y muchas personas parecían tomar como yo; y yo, por supuesto, me inclinaba hacia ellas. Así que continué diciéndome a mí misma que estaba bien y que era normal.

Después de dos años, cambié de trabajo; ahí fue cuando mi consumo de alcohol aumentó. Me mudé a un pequeño pueblo en donde la empresa más grande era en la que trabajaba. Todo el que hubiera nacido en ese lugar trabajaba en esta compañía, se casaban con su amor de secundaria y vivían felices de allí en adelante. Y ahí estaba yo, una mujer soltera de 25 años; y en lugar de los jóvenes ingenieros a los que estaba acostumbrada, todos los hombres nuevos andaban alrededor de los cincuenta.

Aunque sólo estuve allí alrededor de un año, sencillamente lo odié. Este montón de viejos habían trabajado en el campo de la ingeniería por muchos años y no me tomaban en serio. Además, estaba el antecedente de mi maravillosa vida social. Pero allá, en medio de la nada, por pura suerte me encontré con una pareja: Jaime y Dora. Él tenía 56 años, ella 23; y a los dos les encantaba beber.

Los llamé por el anuncio de un departamento y Jaime dijo: "Bueno, estamos aquí sentados, tomando una cerveza. Ven, únete a nosotros y lo ves". De manera que fui y tomé una cerveza con ellos; desde el principio nos llevamos de maravilla. Después de que empecé a rentarles el departamento en el primer piso, ellos se convirtieron en mi círculo social. Así fue como empecé a beber entre semana. Llegaba del trabajo, subía y tomaba con ellos.

Esta rutina empezó a afectar mi puntualidad en el trabajo. Mi hora de entrada era las 7:15 de la mañana, y eso es difícil para mí, incluso ahora que dejé de tomar.

También empecé a tomar por mi cuenta de vez en vez, cuando estaba sola en mi departamento. Me decía a mí misma: "Bueno, Jaime y Dora están tomando una cerveza también. No es culpa mía que no conozcas a nadie a quien puedas invitar en este pueblo tan pequeño y muerto".

Empecé a jugar con la idea, y me decía: "Bueno, no voy a tomar durante los próximos días". No lo hacía y me sentía muy bien. Entonces llegaba el viernes y volvía a empezar. Empezaba a tomar hasta causar problemas de nuevo, y entonces tenía que detenerme un poco.

El único problema aquí era que llegaba tarde al trabajo. Que yo supiera, no había mayores complicaciones, pero empezaba a preocuparme. Me di cuenta de que pensaba mucho en cómo controlarlo. Sabía que tomarse media botella de ginebra no era lo que la gente normal hace cuando quiere tomar un par de copas en casa después del trabajo.

Entonces me involucré con un consultor financiero que vivía en California, —un tipo al que conocí cuando él asistió a un programa de adiestramiento en inversiones en Boston. Era un verdadero caballero, atento y fino. Así que cuando mi compañía me envió a California en un viaje de negocios, lo llamé y nos encontramos.

Empezó el torbellino, un romance de costa a costa, una pasión arrebatadora que nos hizo perder la cabeza. Él me llamaba y decía: "¡Querida, tengo que verte! Hay un boleto esperándote en el aeropuerto". Volaba hasta allá sólo por el fin de semana, o él venía a verme.

"Bueno, tiene que estar enamorado de mí", pensé, "porque no haría todo este esfuerzo por alguien que está a 1,700 kilómetros de distancia". Pero lo que no comprendí en ese momento —ni supe hasta después de que me casé con el gran patán— era que él era casado y su esposa estaba embarazada de su segundo bebé. Él tenía un pequeño departamento de soltero al lado, y fingía que ésa era su casa cuando yo iba a visitarlo. Siempre salíamos a pasear fuera de la ciudad y yo creía que era muy romántico; él, por supuesto, no podía correr el riesgo de encontrarse con alguien conocido.

Me enamoré locamente y decidí dejar mi miserable trabajo y mudarme a Los Ángeles para estar con él. Me sentía como *la Cenicienta*, porque una parte de mí pensaba que estar con él me ayudaría con la bebida. Él no tomaba mucho, así que pensé: "Bueno; no voy a tomar como tomaba antes, porque a él no le agradará eso. Y no quiero decepcionarlo". Tampoco viviría sola; de manera que no podría beber en la forma que lo había estado haciendo. No seríamos solamente la botella de ginebra al otro lado de la habitación y yo —habría alguien más en medio, que no estaría muy a gusto de que me estuviera sirviendo un trago a cada rato.

Nos comprometimos, y me sentí en la cima del mundo. Pero, de vez en cuando, un chispazo intuitivo me decía que algo no encajaba. En una ocasión, su hija mayor me dijo: "mamá y papá se van a divorciar".

"Ellos ya están divorciados", pensaba yo; sin embargo, le preguntaba a él:

—Esteban, ¿qué pasa? Ceci dice que su papá y su mamá se van a divorciar y...

—Rosa, ella sólo tiene cuatro años. No entiende.

Después de casarnos, comencé a preguntarme cuándo se había divorciado realmente. Él aún no me explicaba por completo lo del bebé: me había dicho que la razón de que él y su esposa se hubieran separado fue porque ella tuvo una aventura y se embarazó de otro hombre.

Todo lo que él me decía parecía razonable en ese momento, y yo quería creelo. Otras razones —como sus mentiras eran tan creíbles— eran difíciles de imaginar. ¿Significaba que en verdad él estaba casado cuando nos comprometimos? ¿Significaba que esa pequeña niña era hija suya? Si la respuesta era afirmativa, eso significaría que yo estaba enamorada de un hombre que no tenía conciencia ni esrúpulos, y no podía creerlo. Me decía a mí misma: "Bueno, tengo que darle el beneficio de la duda. Es mi esposo, tú sabes, tengo que creerle".

Disfrutamos mucho nuestra luna de miel. Por las tardes íbamos a la playa, tomábamos *margaritas* y comida mexicana; luego regresábamos al hotel y nos metíamos al jacuzzi con un vaso de ginebra y agua quina. Por las noches, generalmente tomábamos antes y durante la cena, pero nunca después; por esa razón yo siempre encontraba la forma de prolongar la cena hasta tres horas. Él tomaba dos tragos suaves, pero en cualquier momento en que yo preparara el mío, era ginebra, ginebra, ginebra y agua quina. Algunas veces, por accidente, tomó un sorbo del mío y exclamó: "¡Caray!"

Cuando salíamos, yo siempre quería seguir tomando. En un restaurante, lo convencía para que ordenara una segunda botella de vino, y eso era algo que él solo nunca habría hecho. Lo hice tomar más de lo que nunca había tomado antes; él bromeaba: "Dios mío; contigo voy a terminar alcohólico".

Cada vez controlaba menos mi consumo de alcohol, conforme las luces rojas comenzaban a aumentar, dándome señales de "No debes confiar en este hombre". Empecé a preocuparme de que pudieran existir otras mujeres. Yo trabajaba como representante de ventas en la industria de semiconductores por lo que constantemente tenía que viajar; solía llamar a casa y nunca lo encontraba. Cuando lo encaraba, él decía: "Tomemos una copa y hablemos del asunto". Ahora, viendo hacia atrás, me doy cuenta de que esa era una forma fácil de manipularme y provocar que no pensara con claridad.

Una vez estuve despierta toda la noche; y por más que llamé a casa no tuve respuesta. Como había teléfonos en toda la casa, incluyendo uno en la mesa de noche, junto a la cama, yo me preguntaba qué pretexto pondría. Cuando finalmente pude localizarlo en el trabajo, me dijo: "estaba tan cansado que me dormí y no escuché el teléfono".

En otra ocasión, me dijo que se había quedado en casa de su hermano. Después, cuando lo vimos la siguiente semana, mi cuñado actuó como si no hubiera visto a mi marido en años.

Él era muy bueno para evadir las cosas; me hacía sentir culpable por no confiar en él y pensar sólo lo peor. Me hacía sentir paranoica e insegura.

Finalmente, me cansé de esta situación y le dije: "Tal vez estoy paranoica; a lo mejor sí estoy loca, pero voy a ir con un consejero matrimonial para averiguarlo". Simplemente, estaba resultando muy doloroso y yo tomaba mucho más porque me asustaba la posibilidad de haber elegido como compañero de toda la vida a un hombre que, si lo que yo sospechaba resultaba cierto, era bastante censurable. También estaba asustada de lo que un divorcio podría causarme económicamente, porque le di todo mi dinero para que lo manejara, ya que él era consultor financiero. ¡Otra brillante jugada! Él ni siquiera podía manejar su propio dinero.

Cuando hablé sobre ver a un terapeuta, él se asustó porque pensó que cualquier persona razonable me diría: "Usted no esta loca, señora. Él la está manipulando".

La situación llegó al límite cuando regresé de un viaje en que visité a mis padres. Él se rehusó a acompañarme y con ello perdió un boleto no reembolsable, porque sabía que mi familia me aconsejaría sin miramientos y me daría su apoyo. Cuando regresé, aparentemente él había decidido que su vida secreta terminaría nuestro matrimonio y que tomaría la iniciativa. Me encontré con que cambió las cerraduras —¡Me dejó afuera de mi propia casa!

Me hospedé en un hotel modesto, compré una botella de vino barato; luego me senté a ver televisión, pensando que mi matrimonio había terminado.

❦

Durante varios días, fui huésped en la casa de dos amigos muy queridos: Brenda y su esposo; fue muy embarazoso porque yo necesitaba tomar. Él no tomaba y Brenda ocasionalmente tomaba una copa de vino. Entonces, después del trabajo inventaba ir al cine, de compras o a cenar para poder beber. Me sentía mal, avergonzada con esta situación porque mis amigos eran muy amables, y yo no podía dejar de beber.

Mi esposo casi me convenció de regresar cuando vi que acudía con un terapeuta. Tenía enfrente a un hombre que podía mentir sobre si había jugo de naranja en el refrigerador, pero me pareció tan sincero que pensé que podíamos arreglar nuestro matrimonio.

Me invitó a cenar y hablar; compró champaña y ginebra, tal vez pensando: "¡Si puedo hacer que empiece a tomar, y la llevo a casa y a la cama, el asunto estará arreglado!" Pero, aunque ese viejo truco no le funcionó, sí logró convencerme de que él podría cambiar.

Después utilizó a las niñas, que en ese tiempo ya tenían cuatro y ocho años, para convencerme de ir a la casa. "Las niñas están aquí", decía, "y quieren verte". Como las niñas no sabían lo que pasaba, decidí, ir por ellas. Él me pidió que las llevara a casa de la madre de ellas, porque no pensó que tendría el valor necesario para hablar con ella, y ése fue su gran error.

Cuando la vi, le dije: "Necesito saber cuándo se separaron tú y Esteban realmente".

Sus cejas se arquearon. "Después de que ustedes dos empezaron a salir", me respondió. Me sentí como si una mula me hubiera pateado en el estómago.

"Oh, no." Empecé a temblar sin querer. "Él... m-me d-dijo que era di... divorciado", tartamudeé. "No sabía... no tenía... idea de que era casado."

Fue increíblemente cortés y amable. "Supuse que algo así había sucedido", me dijo. "Al principio, yo pensé que eras del tipo de mujer a la que no le importa deshacer una familia, pero cuando te vi con mis hijas, supe que tenía que ser él... que te había mentido, como me mintió a mí". Las dos empezamos a llorar y ella me dijo: "Él empezó a ir a Boston por su trabajo cuando yo tenía cinco meses de embarazo y pasaba muchos fines de semana fuera de la ciudad. Pero, ¿qué podía hacer yo con una niña de cuatro años y otro bebé en camino? Él se enojó conmigo sólo por dudar de él".

Lo peor de todo era que él negara ser el padre de esa linda niña. Regresé a casa, destapé una botella de champaña y le dejé una copa con una nota que decía: "Salud por el divorcio, querido".

Y nunca más volví.

Ése fue el comienzo del final; de nuevo empecé a vivir sola. El divorcio fue terrible; bebía como un pez, mientras me sumergía en un mundo de dolor. Fui ascendida a un alto puesto ejecutivo que requería estar en la oficina todos los días. Estaba acostumbrada a trabajos de vendedora en donde podía establecer mis propios horarios, beber como quisiera, ver algunos clientes y hacer como que trabajaba. Mientras las ventas subieran, nadie lo notaba. Pero ahora, precisamente cuando me sentía desgarrada emocionalmente, necesitaba actuar en forma responsable; pero, simplemente, no podía. A veces llegaba al trabajo a las nueve o diez de la mañana, después salía y tomaba una larga comida a medio día. Por suerte, mi jefe tenía su oficina en Nueva Jersey, por lo que pude sostener mi situación. Entonces, él empezó a exigirme que fuera más puntual en el trabajo.

Además de la tensión emocional del divorcio, la presión financiera se volvió insoportable. Renté un apartamento, alquilé muebles, y aún debía cubrir la hipoteca de la casa donde vivía mi ex marido. Puesto que él se negaba a dar un quinto, estábamos en riesgo de perder la casa por falta de pago, si yo no lo hacía. No podía financiar las dos cosas; entonces mis padres me prestaron dinero, que todavía les estoy pagando.

Como se ha de imaginar, desde entonces sólo he salido con un par de chicos. Un tiempo fue tal mi resentimiento que mi hermana decía que conmigo tendrían "la cita del infierno". No tenía sentimientos. Sólo estaba entumida, y quería quedarme así.

En la oficina éramos sólo seis, y sabían que yo tomaba. Todos me veían y pensaban "Pobre Rosa. Con todo lo que ha pasado, es comprensible". Yo sabía que mi modo de beber se estaba volviendo destructivo. Empecé a despertar por la mañana y a vomitar hasta los sesos; después me veía en el espejo y pensaba "¿en qué me estoy convirtiendo?, ¡¿en qué?!" Un día, desperté a las diez de la mañana, cuando supuestamente debía dirigir una reunión a las nueve y pensé: "Simplemente, no puedo más". Sabía que si llamaba a mis padres en Nueva Hampshire y les decía "Tengo problemas con el alcohol", después no podría escapar. Si ellos sabían que estaba en aprietos, tendría que buscar una solución. Así que fue lo que hice —llamé a mi mamá y a mi papá por teléfono y los dos lloraron. Papá tomó un avión y vino a verme; ese fue el principio del esfuerzo por salvar mi vida.

Entré a un buen centro de tratamiento, y realmente no tuve ningún problema con este primer paso. Mi comportamiento había sido tal que creer que era una alcohólica no era difícil; mi vida era verdaderamente inmanejable. Cuando terminó el tratamiento, mis padres me animaron a ir a AA. Fue un período muy difícil para mí: trataba de imaginar a AA como parte de mi vida, pero aún jugaba a ser "extremadamente original y única". Estaba orgullosa porque, durante el tratamiento, la gente me confundía como un miembro del personal. Por lo tanto, aunque hablaba correctamente, pensaba: "no soy igual a esta gente —no lo soy. Soy más lista, ¿saben?"

Después del tratamiento, no tuve un padrino durante varios meses; necesitaba encontrar a la persona adecuada. Tampoco me entusiasmaba la idea de tener que recurrir a alguien que me explicara todo el asunto; para mí todo tenía tanto sentido que no veía el motivo de necesitar tanta orientación.

Además, mi primera reunión en AA me asustó muchísimo. Fue a la hora del almuerzo, y asistí a un grupo al otro lado de la ciudad para no encontrarme a nadie conocido. Así es que fui a dar a un grupo de motociclistas, y yo vestida con un traje de lino rosado. ¡Como si se tratara de resaltar y estar fuera de lugar...! Todo el mundo en la reunión, incluyendo a las mujeres, tenían tatuajes. Simplemente, era algo excéntrico y grotesco.

El joven que coordinaba la reunión se veía tan temible como el diablo. Daba miedo. Era enorme; traía puesta su chaqueta de motociclista y tenía una melena de pelo entrecano, con una larga barba. Me miró con asombro; estaba parada allí con mi pelo rubio y mi pequeño traje rosado. Entonces dijo: "Si eres nueva aquí y vienes por primera vez, te aseguro que AA ha jodido tu bebida para siempre". Me asustó hasta la muerte.

Por supuesto, me decía a mí misma: "No me parezco a esta gente... no me parezco a esta gente".

En otro grupo de AA, todo lo que hablaron fue de "Dios, Dios..." "¿Qué diablos tiene que ver esto con el alcohol y con tratar de dejar de beber?", pensé. No me parecía que lo que ellos decían tuviera que ver con no beber. Claro que no me presenté como nueva; por lo tanto, nadie tenía por qué dedicarse a hablar de los temas que surgen cuando uno empieza a dejar la bebida.

También me consideraba bastante atea; pensaba que Dios fue inventado por el hombre como una forma de lidiar con las tragedias de la vida. Así que cuando la gente hablaba de Dios, mi reacción era preguntar: "¿De qué carajos se trata?" Y salía de ahí, pensando: "Esto no es para mí".

El tratamiento cobró sentido cuando abordaron los aspectos científicos del alcoholismo. Pero cuando me dijeron que tenía que ir a AA, y que era una solución espiritual, les dije que con eso iba a tener un verdadero problema.

No me convencí con esa parte del *Libro Grande* que dice: "El conocimiento no es suficiente". Pensaba que si yo sabía bastante sobre el licor, sabía cuán peligroso era y cómo me había puesto antes, entonces, por supuesto, no volvería a beber más.

Pensaba que siempre y cuando no bebiera, todo estaría bien. No había nada más que hacer al respecto.

Y adivine qué pasó... Recaí.

Poco tiempo después de que salí del tratamiento, recibí una oferta de trabajo para trasladarme a Santa Clara. Apareció en el momento justo, porque mi jefe estaba a punto de echarme a patadas. Me trataba como a una criminal. Entonces, una compañía internacional me ofreció: "Queremos que usted venga a trabajar para nosotros en Santa Clara." Fue un gran alivio salir de allí. Además, mi nuevo jefe ha sido increíblemente bueno conmigo.

Cuando me incorporé a mi nuevo trabajo, no asistía a muchas reuniones de AA. En Los Ángeles fui poco, a pesar de que tenía mis dudas sobre su eficacia. Cuando llegué a Santa Clara, ahí ni siquiera conducían las reuniones del mismo modo y me sentí incómoda, así que dejé de ir.

Seis semanas más tarde, me enviaron a un curso de capacitación, durante un mes, en la oficina matriz de la corporación, en Nueva York. La última noche que estuve en ese lugar, me dediqué a coquetear con un tipo alto y apuesto, y mi jefe dijo que todo el mundo pensaba que yo era la mejor y la más brillante.

Estábamos todos vestidos para este banquete, y el señor *Galán* me decía lo fabulosa que me veía, mientras yo pensaba: "¡Caramba, soy buena! ¡Caramba, soy buena!" Entonces la mesera vino a tomar la orden de bebidas. Mi corazón palpitaba fuertemente mientras ella le daba la vuelta a la mesa y una voz me decía: "Lo vas a estropear todo. Lo vas a estropear". Pero otra voz decía: "Lo tienes vencido, jovencita. El trabajo va excelente, y ahí está este maravilloso tipo con el que vas a dormir esta noche". Entonces, el argumento final fue: "Tú tienes el control, el problema fue por el divorcio".

Así que cuando la mesera llegó hasta mí, me escuché diciendo: "Ginebra y agua quina".

Cuando volví al programa, leí el capítulo tercero en *El gran libro de AA*, y me enojó leer ahí que yo era un caso típico de reincidencia. Yo era todo lo que en él se establecía: trataba de ser en extremo original; ser diferente a otros que se habían convertido en adictos; no asistía a reuniones; no hablaba con un padrino. Caí en esa trampa: hacía exactamente lo que el libro decía que haría, y todo mi conocimiento sobre cuán malo podía ser no hacía la más pequeña diferencia.

La noche del banquete bebí moderadamente y pensé: "Bueno, nada malo pasó. De hecho, sucedieron algunas cosas buenas". Por lo tanto bebí en el avión de regreso a casa, y en dos semanas ya estaba bebiendo otra vez como de costumbre, sentada en el sofá con el control remoto de mi televisor en la mano.

Finalmente, llamé a un centro de tratamiento y fui a un programa nocturno durante unos pocos días para volver a encarrilarme. Me mantuve sobria por un par de meses pero mi buena amiga, la mente, se puso a trabajar de nuevo, diciéndome: "No estuvo tan mal". Después tuve una conversación con un amigo que me dijo: "Bueno, yo pienso que probablemente soy un alcohólico; pero veo que beber —o beber demasiado— es como quien hace trampa en una dieta". Y en verdad me gustó esa analogía. "Sí, sólo voy a escaparme de la dieta de alcohol por un par de semanas." Entonces agregó: "después volveré a las reuniones y controlaré mi modo de beber con AA".

Cuando quise hacer lo mismo que mi amigo, no me funcionó. Trabajaba en ventas desde mi casa, nuevamente, y se suponía que debía estar en la calle. Aunque todos mis clientes estaban en la misma ciudad, no los visitaba personalmente. En vez de hacer eso, bebía y negociaba con ellos por teléfono. Cuando tenía una cita en la oficina, me arreglaba, iba al trabajo y hacía lo que tenía que hacer. Pero bebía en cuanto tenía oportunidad. Por la noche, algunas veces bebía tanto que amanecía a la mitad del departamento. A la mañana siguiente veía evidencias de haber tomado un baño en la tina, pero no lograba recordarlo. "Voy a terminar muerta", pensé.

Esta situación continuó hasta el punto en el que casi no era capaz de controlarla. Hubo veces en que por semanas enteras no salía de ahí, excepto para comprar licor. ¡Qué ocurrencia! Y, la verdad, mi departamento se veía horrible. Era un reflejo de mi persona —estaba hecho un desastre.

Mi madrina trataba con insistencia de comunicarse conmigo, pero yo no le contestaba. A mi jefe lo mantenía en suspenso; le devolvía algunas de sus llamadas, pero al final me reprendía porque yo ni siquiera revisaba mis recados. Por supuesto, tampoco salía a recoger la correspondencia —simplemente me parecía demasiada molestia. Tenía dinero en el banco, pero no hacía los cheques para pagar mis cuentas. Era demasiado trabajo.

✦

Cuando fui a casa de mi familia a pasar con ellos la Navidad, supieron que seguía bebiendo y se asustaron. Cuando subí al avión, mi papá lloraba porque creyó que probablemente nunca me volvería a ver.

Una noche hablé con mi hermana y le dije que lo mejor para todos sería que yo no estuviera cerca. Uno de mis amigos había tratado de convencerme de que comprara un arma para mi protección. Como buen provinciano, su solución a todo es tener un arma en la casa. Yo pensaba: "Si yo tengo un arma aquí, una noche me emborracharé y me volaré los sesos". Pero en realidad sí deseaba estar muerta; además, quería una muerte pacífica, ya fuera por beber mucho o simplemente irme a dormir y ya no despertar al día siguiente. No podía dejar de beber y, habiendo oído lo suficiente sobre la recuperación, pensaba que yo era una de esas alcohólicas que nunca lo lograría. Iba a morir joven y siendo una borracha.

Recuerdo un día que manejaba hacia mi casa después de una entrevista, y tuve síntomas de abstinencia. Era como si el alcohol se me estuviera saliendo por los poros y yo pensaba: "No te detengas en la licorería; no te detengas en la licorería; no... Sólo ve a casa, ve a casa; sólo ve a casa". Pero tuve que hacerlo y empecé a llorar. Mientras recorría el camino a casa y me servía ginebra en el vaso, lloraba porque sabía que tenía que hacerlo aunque no quería.

Traté de regresar a algunas reuniones de AA, pero sólo iba a casa y me emborrachaba de nuevo. Fui a grupos grandes, donde es fácil perderse en la multitud; y no hablé, así que nadie me conocía y nadie podía ayudarme. Finalmente, en enero, decidí que necesitaba alejarme del trabajo y de todo lo demás —sentí que debía estar encerrada por una corta temporada.

Llamé a casa y dije: "¡Necesito intentar el tratamiento de nuevo!"

Papá vino. El simple hecho de ir por él al aeropuerto me costó mucho trabajo; puse todo mi esfuerzo sólo para poder llegar hasta ahí. Sentía que no iba a funcionar. No podía moverme. No podía comer. No podía hacer nada, excepto beber.

Cuando mi papá entró al departamento, sólo me subí al sillón; él recorrió con la mirada el lugar, que alguna vez fue precioso, con sus techos altos de bejuco, y empezó a llorar. Tomó el teléfono y lo oí decir: "Es una emergencia".

Papá me ayudó a internarme en el Centro de Recuperación "El buen samaritano", en San José. Ahora había llegado al punto en el que mi actitud era: "Sólo díganme qué tengo que hacer y lo haré". Me sentía verdaderamente deseosa. Era como tenía que estar.

Estuve en ese magnífico lugar 24 días y después en un programa de siete semanas de prevención de recaída, donde había reuniones cuatro noches a la semana. Entonces empecé a ir a AA en serio, porque estaba asustada de volver adonde había estado.

AA había cambiado. Aún había gente que se veía muy distinta a mí, sólo que ahora ellos hablaban de cosas que tenían sentido y me hicieron comprender que en muchos aspectos éramos parecidos. Hubo reuniones en donde hice amistad con personas que hacían la misma clase de trabajo. Y mujeres con las que quería convivir, ir de compras o cenar. Nunca antes había visto a ninguna de esas personas; en parte, porque no estaban en las reuniones a las que yo asistí; pero sobre todo porque *no quise* verlas. Mis juicios habían puesto una venda sobre mis ojos. Cuando estuve dispuesta, fui capaz de ver que yo tenía algo en común con toda esa gente. No tenía que ser amiga de todos, pero me volví muy buena amiga de algunos.

Para mi sorpresa, después del tratamiento recibí una revisión de mi trabajo anterior, y mi jefe me dio una excelente calificación. Por asombroso que parezca, los números de ventas estaban allí —las gráficas me mostraban estar 150% por arriba de mi objetivo. Parte de eso era suerte, pero también, de alguna manera, me las ingenié para mantener funcionando lo que fuera necesario, con el mínimo esfuerzo.

Durante el tratamiento, mi jefe se comportó magníficamente. Me mandó flores y una nota que decía: "Nos hace falta. ¡Estamos deseosos de que regrese!" La diferencia fue como de la noche al día cuando salí del tratamiento la segunda vez. Los patrones pueden hacer dos cosas que no funcionan: tratarlo a uno como a un criminal o mimarlo tanto que lo agobian y no le permiten hacer su trabajo. Mi jefe simplemente me entregó los asuntos pendientes y me dijo: "Me alegro de que haya vuelto".

Siempre estaré agradecida con ese hombre. Al principio, le dije que necesitaba tomar un mes de descanso fuera del trabajo, bajo cuidado médico ya que estaba enferma por haber bebido tanto. No quería la palabra "alcoholismo" en mi expediente; y se lo hice saber sin decirlo en voz alta, para que él no tuviera que escribirlo.

"Si me trae una nota del médico, donde conste que está bajo su cuidado", dijo él, "puede tomarse ese tiempo con su salario íntegro. Si no, puede ausentarse un mes, sin preguntas. En lo que a mí concierne, es como si se hubiera roto una pierna." Y fue exactamente como se comportó.

Es un hombre maravilloso. Ya sabe, yo tenía dos piernas rotas y dos brazos rotos.

<hr />

Recientemente, la empresa abrió una subsidiaria en otra ciudad y decidí tomarla, aunque me dio miedo. Ahí estaba yo mudándome a un nuevo lugar, otra vez con un nuevo grupo de AA y todo lo demás. Estaba petrificada por el temor de reincidir nuevamente, porque creo firmemente que si me vuelvo a emborrachar, terminaré muerta.

Pero este traslado fue completamente diferente para mí, puesto que ahora me había hecho a la idea de que una puede tomar sólo lo que le conviene y dejar lo demás. En otras palabras, estaba más abierta a oír lo que funcionaba. A pesar de mí misma, y sin que interfirieran todos mis análisis, de alguna manera encontré a Dios en este programa. Todavía me impresiona que eso haya sucedido, porque yo estaba totalmente convencida de que Él no existía.

Durante algún tiempo sí usé a este grupo como mi Poder Superior porque podía reconocer que todas estas personas, manteniéndose sobrias, eran mucho más fuertes que cualquier otra cosa que yo pudiera lograr por mí misma. Pero al comprometerme con este programa, tener una madrina y tratar de seguir los pasos, de alguna manera encontré a Dios por lo que tengo una fe, hoy en día, que jamás creí que pudiera llegar a tener. Mi vida es absolutamente diferente. No tengo de qué quejarme. Mis problemas hoy, como decimos, son problemas de alto nivel.

Cuando me trasladé, mi familia pensó que esta decisión resultaría en algo terrible. No conocía a nadie; no tenía un apoyo para mantenerme sobria, y me iba a emborrachar. Pero algo estuvo bien desde el principio y ha continuado así. Me he sentido bien porque pedí ayuda tan pronto como llegué, y me conecté bastante rápido. El hecho de que estuviera asustada hizo que extendiera mis brazos y lo intentara como nunca antes lo había hecho. Como resultado, he sido premiada con personas que me quieren de verdad y en las que puedo confiar absolutamente.

Hice todo lo posible por quedarme después de las reuniones, para de esa manera poder unirme a alguien que fuera a almorzar o a tomar café. No siempre me encontraba con un grupo en el que me sintiera cómoda; a veces sólo quería salir de allí, pero eso me llevó a conocer a algunas buenas personas. Me hizo ser conocida, de modo que cuando estaba fuera de la ciudad durante un par de semanas, al regresar me decían: "¡Dios, qué bueno es verte!, me has hecho falta". Y eso se sentía espléndido.

Cuando había alguna actividad tal como planear un baile o fiesta, me aseguraba de ser parte de ella. Me siento tan integrada hoy en día que puedo llegar a cualquier local de AA en el mundo y sentirme perfectamente a gusto. Simplemente siento a AA como mi hogar.

Cada vez que asisto a una reunión de mi grupo, al entrar en esa habitación siento como si llegara a un santuario. No importa lo que esté pasando en mi vida, con sólo sentarme empiezo a sentirme mejor. Sé que a la gente que está

allí en realidad le importo, y éste es un sentimiento maravilloso. Tengo una familia muy cercana y cariñosa que haría
cualquier cosa por mí; pero no siempre me entiende. Ninguno de ellos es alcohólico. Así que mi grupo base es un
lugar especial para mí —la gente me quiere y me entiende.
Al principio, cuando trataba de mantenerme sobria, recuerdo a una madrina que me decía: "Si mantienes la sobriedad como tu primera prioridad y trabajas los pasos del
programa, todas las demás cosas vendrán por sí mismas". Y
así ha sido.

Hoy soy verdaderamente feliz. Siempre pensé que nunca lo
sería. Pensé que era una de esas personas con un destino
desafortunado; que en mí había algo, algo que me manten-
dría infeliz y así sería, simplemente, mi vida.

¡Veo tanta esperanza en todo! Antes pensaba que no había nadie más despreciable y que yo era una excusa bastante patética para una mujer. Ahora mi sentido de respeto y
estima hacia mí misma permanece vibrante. Se integra al
hecho de saber que soy una hija bendecida por Dios y que
nadie puede quitarme eso. La única cosa que me lo puede
quitar hoy en día es beber otro trago.

También hoy sé que cuando me alejo de las reuniones
durante una semana seguida, empiezo a volverme loca. Por
eso creo en la analogía entre el alcoholismo y la diabetes.
Si usted es un diabético y no toma la insulina, empieza a
sentirse enfermo. Del mismo modo, si yo me alejo de las
reuniones, mis prioridades cambian y la mentira, el dispa-
rate y el parloteo empiezan a ocupar un lugar más grande
en mi cerebro, se trate del trabajo, la familia o las relaciones. Empiezo a exagerar y a hacer más grandes e importantes aspectos insignificantes y tontos, lo cual me pone in-
quieta y tensa. Y después de un tiempo, comienzo a pensar

en el alcohol de nuevo. No en el sentido de que quiera emborracharme otra vez, pero sí lo idealizo; a veces tengo fantasías como: "Ay, ¿no sería bonito tener una copa de vino con la comida?" Eso usualmente no sucede cuando asisto a las reuniones de manera regular.

Para alguien cuyos únicos pensamientos giraban sobre el alcohol, es un milagro mantenerse, la mayoría de los días, sin pensar en eso. ¡Y esto realmente me impresiona! Siempre estoy en situaciones donde el alcohol es parte de la vida. Pero cuando asisto a las reuniones, me es muy fácil decir: "Agua mineral". Es automático. Mi respuesta a la tensión ya no es decir: "Dios, necesito un trago". Ahora mi respuesta es: "Por Dios, necesito una reunión."

Esto es lo que funciona para mí. Mi hermana, que no es alcohólica, estuvo conmigo este fin de semana y la llevé a una reunión. Tratar de explicarle cómo funciona es imposible. Ella estaba como: "No entiendo. ¿Por qué dices que si no vas a las reuniones empiezas a pensar distinto?"

"No sé, pero así lo hago."

Cuando estoy en las reuniones hablo de lo que me sucede y no necesariamente hablo de beber. Simplemente hablo y participo de mi propia sobriedad; y así me siento muy bien. Y cuando no voy a las reuniones, pareciera que el alcoholismo es como un pequeño demonio dentro de mí, solamente esperando una oportunidad para apoderarse de mi cerebro. ¡Qué barbaridad! Sólo hace cosas sorprendentes. Mi cerebro es un lugar rarísimo; y cuando no asisto a las reuniones, el lado alcohólico de mi cerebro empieza a manipularme. Es una situación verdaderamente peligrosa para mí.

Siento una profunda gratitud cuando pienso en AA, porque es lo que me mantiene viva y me da seguridad. Nunca pensé que la espiritualidad sería una parte tan significativa en mi vida; de hecho, siempre me quedo con deseo de más. También estoy tratando de involucrarme en la iglesia. Tomo una clase de meditación porque creo que Dios está dentro de mí y de todos los demás; y estoy tratando de aprender cómo aplicarlo. He tenido momentos, desde que dejé de beber, en los que me he sentido realmente conectada con Dios. Cuando los tengo, pienso: "¿qué puedo hacer para que esto me suceda más seguido?"

He sido bendecida con una madrina por la que siento un enorme cariño y respeto. Sin decir una palabra, de alguna manera, ella me guía hacia lo que debo hacer por mí misma.

Me he vuelto más diestra a la hora de establecer límites con las personas y de saber qué me conviene y qué no; qué estoy dispuesta a tolerar y qué no. Hay muchas situaciones que no estoy dispuesta a tolerar. Y soy mucho más hábil para dejarlo bien claro.

Mis amigos también son diferentes ahora, y son maravillosos. Mis amigas más cercanas son Carolina, de sesenta y tres años, y Lucía, que acaba de cumplir treinta y a veces es bastante infantil. También tengo un gran grupo de amigos con los que puedo socializar y hablar cuando lo necesite. Socialmente, estoy más ocupada que nunca.

Construí una linda casa, lo cual significa mucho para mí; simboliza haber ordenado mi vida de nuevo. Entre las dificultades financieras generadas por el matrimonio y aquellas causadas por mi propia forma de beber y mi comportamiento irresponsable, mi crédito era sencillamente aterrador. Así que cuando me mudé a mi casa, me sentí en paz: comprendí que las cosas empiezan a estar a mi favor.

Aunque han pasado sólo dos años, casi siempre me parece que mi historia de beber en exceso ocurrió hace mucho tiempo. En otras ocasiones, con sólo hablar de ello, puedo sentir cuán miserable era entonces. No podría haber mayor dicotomía —ver en dónde estaba entonces y en dónde estoy ahora. Yo misma soy dos personas completamente diferentes.

Hay dos mundos totalmente separados que existen uno junto al otro, y algunas personas que están donde yo solía estar, no tienen siquiera una idea de que el otro mundo está ahí, con sólo buscarlo, en todo momento. Cuando lo encontré, pensé que yo era la clase de alcohólica que lo intentó y no resultó. Oigo a la gente decir eso ahora, y pienso: "¡Oh, Dios!, ¿qué no funcionó? ¿Quién falló?"

CAPÍTULO 19

Norma

Pasé mi niñez dentro de una burbuja en constante movimiento. Todos los niños parecían estarse divirtiendo, ya fuera en una fiesta de cumpleaños o en un campo de juegos; pero yo tenía algún problema.

Tiene sentido. Mi hermano y yo todavía usábamos pañales cuando mi abuelo murió, y papá tuvo que manejar los negocios familiares. Entonces mi hermana se fue y mi mamá tampoco tuvo tiempo para nosotros.

El alcoholismo de papá se hizo evidente conforme yo crecí. Cuando él volvía a casa siempre me emocionaba verlo; pero nunca sabía de qué humor iba a llegar: si terriblemente enojado o exageradamente relajado.

Durante los años de mi juventud, mamá siempre estaba deprimida, y papá nos decía: "No hagan olas. Ayúdenle a su mamá". Tuve que dejar de ser una niña y empezar a cuidar a mi hermana. Conforme entré en la adolescencia y mi cuerpo empezó a cambiar, no podía recurrir a mamá porque no podía siquiera pronunciar la palabra "enferma"; mucho menos hablar de menstruación. Yo estaba preocupada, sin saber lo que me estaba pasando, pero mi madre estaba demasiado abrumada para ayudarme. Entre este padre borracho y una madre deprimida y poco comunicativa, mi niñez fue espantosa.

***

Tomábamos de la cerveza de papá desde que me acuerdo. Pero la primera vez que bebí por mi cuenta fue en segundo de secundaria, en la casa de un vecino. Me sentí rara en la escuela al siguiente día, pues era una institución religiosa en donde yo obtenía sólo dieces en la clase de religión. Yo podía decir quién engendró a quién y sabía todas las historias de memoria, pero no tenía ningún sentido de espiritualidad, oración, meditación o un Dios personal. Nada. Sin embargo, cuando bebí ese primer trago, *supe que lo había encontrado.*

Yo jugaba en el equipo de baloncesto universitario en segundo año y como una *marimacha,* participaba en todo, ya fuera en futbol, béisbol o esquí acuático. Hasta manejé mi propio monociclo de dos metros de alto, impulsado por una cadena larga.

Durante toda la secundaria, me la pasé de fiesta y tuve amplios y variados resultados. Algunas veces era el centro de la fiesta: corría por todos lados; quería a todo el mundo; bailaba y la pasaba bien. Otras veces era grosera y maldecía e insultaba a mi pequeña hermana. Una vez terminé sentada en un coche con mis amigas, llorando. No podía hablar. Yo sólo lagrimeaba, y no tenía idea de por qué.

Las lágrimas me sorprendieron. Mamá siempre estaba deprimida y llorando y actuaba como una tonta; de ninguna manera quería ser débil como ella. Yo era fuerte e independiente, y llorar era estúpido. Pero, algunas veces, sólo podía saber lo que pasaba dentro de mí si me emborrachaba tanto que rompía mi concha exterior. Pero nunca sabía lo que encontraría debajo, si iba a estar feliz, triste o tan enojada que podría tratar de golpear a alguien.

La razón principal por la que bebía era que estando sobria me sentía menos cómoda. No era algo consciente, sólo quería aliviar mis sentimientos. Cuando me emborrachaba, el alcohol me daba una serenidad etérea.

Después de un episodio de llanto, a la mañana siguiente un amigo me preguntó: "¿Recuerdas lo que dijiste anoche?" Sentí un vuelco en la boca del estómago y pensé: "Oh, Dios... ¿qué dije?"

"Sollozabas y decías que te sentías completamente sola y vacía por dentro." Y era verdad: la soledad era fea y no sabía qué hacer con ella.

Durante el último año de secundaria me sentí tan nerviosa por tener que dejar mi casa para ir a la universidad que comencé a tener un desorden alimenticio. Estaba asustada cuando no lo debía estar y no sabía cómo manejarlo, así que bebía mucho y casi no comía. Aún sufro las consecuencias de esto.

❦

La universidad me encantó desde el momento en que entré al campus. Eramos mil estudiantes, en un área preciosa. Me encontré a un grupo fantástico de amigos y me uní a una magnífica asociación femenina estudiantil.

Todos nos emborrachábamos, por supuesto; cualquier ocasión era una excusa para beber.

No obstante, por primera vez, alguien me confrontó por mi manera de beber. La mañana siguiente a una fiesta, una integrante de la asociación femenina estudiantil me dijo: "Norma, te quiero hasta la muerte y no deseo perder tu amistad; pero anoche bebiste demasiado y la verdad es que lo haces muy seguido". Cuando salíamos a beber juntas, me decía: "Tómate un vaso de agua antes de ordenar otro".

Ocasionalmente, pensaba que había un problema muy grave con mi bebida; sin embargo, no estaba lista para hacer nada al respecto. Le echaba la culpa a mi frustración por no ser capaz de escoger una especialidad ni de encontrar alguna persona adecuada para salir. "Si sólo pudiera enderezar mi vida", solía pensar, "no bebería de esta manera". Leía libros de autoayuda, tratanto de encontrar respuestas, y decidí que sólo necesitaba *pensar positivamente.* *"Sólo sé positiva. No seas negativa."*

⟞⟝⟞⟝⟞

El verano que siguió a mi primer año de universidad tuvimos un incidente en las vacaciones de la familia, cuando papá, completamente borracho, se enojó y regañó a mi hermano delante de todos, incluyendo a su mejor amigo. Humillado, mi hermano se metió a su coche y se fue. El resto de nosotros, incluyendo a su amigo, regresamos a la casa, al día siguiente, actuando como si nada hubiera pasado.

Yo sabía que mi hermano posiblemente había ido a casa de su novia, al sur del país. Tan pronto como llegamos a la casa, discretamente lo llamé. Cuando hablaba con él, entró papá, tomó el teléfono y le dijo: "Lo siento, estaba equivocado". Me alegré de estar sentada; de lo contrario, probablemente habría caído. Admitir un error no figuraba en el léxico de nuestra familia.

Después, papá me llevó a la puerta y me dio una perorata sobre las carreras de contabilidad. Yo era una niña obediente. Él nunca me decía qué hacer; sólo exteriorizaba lo que pensaba y esperaba que yo fuera la chica buena que siempre había sido y que hiciera su voluntad.

En el otoño empecé a tomar clases de contabilidad y simplemente las detestaba. Me sentía obligada a continuar y no podía ver la salida. Empecé a jugar pequeños juegos de control y a ver cuán poco podía comer y por cuánto tiempo podía ayunar. Cuando sucedían cosas grandes fuera de mi control, me rebelaba controlando mi cuerpo.

⟞⟝⟞⟝⟞

En esa época jugué con el primer equipo de baloncesto de la universidad, empezando desde el juego inaugural, en mi primer año, hasta el último juego, en el último año. Sin embargo, para el penúltimo año bebía el doble y comía la mitad de lo que debía. Debido a esta combinación, un amigo tuvo que ayudarme a salir de un restaurante en la capital, una noche, lo cual nunca me había sucedido antes. Siempre aguantaba el alcohol; podía caminar y manejar de manera normal.

Esa Navidad fui a casa muy delgada, pero continué emborrachándome. En una reunión, tomaba mi acostumbrado vino blanco y comía un poco de queso, cuando se terminó el vino. Así que, ¡qué diablos!, tomé vino tinto, aunque lo detestaba.

A la mañana siguiente desperté en una habitación que me daba vueltas, corrí al baño, con la presión subiéndome por la garganta y vomité encima de todo el lavabo. Entonces me incliné sobre mis rodillas, metí la cabeza en el inodoro y vomité otra vez.

"¡Ay, Dios mío! ¿Qué pasa, cariño?", preguntó mi mamá, mientras me ponía las manos sobre los hombros.

"¡Cccccoooooochinadas!", respondí, sin poder contener las lágrimas que salían de mis ojos, por el ácido que sentía en las fosas nasales y los pedazos de comida verde esparcidos por toda la taza, que era blanca.

"Déjáme traerte un poco de agua", dijo mamá, y salió corriendo. Cuando regresó, sentí un paño fresco, húmedo, que presionaba mi cuello. En medio de la náusea y las arcadas tomé un poco de agua.

"¿Te sientes mejor, cariño?"

"No sé. Comí un poco de queso anoche."

La idea de la comida me provocó otra racha de vómito doloroso; no salió más que un líquido claro. Me sentía como si tratara de voltear mi estómago de adentro para afuera, pasando por mis dientes.

Papá vino a ayudar. Probamos con agua simple, agua mineral, un antiácido...

Una hora y media después, mis papás, preocupados, me llevaron a Urgencias. Iba exhausta, pero haciendo grandes esfuerzos y con constantes arcadas. En el asiento de atrás, me tapaba la boca con un paño y nada salía de ella. En el hospital me dieron alimentación intravenosa para tratar de restablecer la química de mi cuerpo. La hoja de diagnóstico decía "deshidratación".

Dos horas más tarde, el médico vino para la revisión final. "¿Como se siente, jovencita?"

"Mejor. Debo haber comido algo que me cayó mal."

Él vaciló, inclinó su cabeza hacia adelante, me miró fijamente por encima de sus anteojos y en tono serio me advirtió: "Vas a tener que alejarte del alcohol".

La siguiente semana, regresé a la práctica del baloncesto. Eso fue cómico: ¡yo entrando al gimnasio! La entrenadora me miró como si hubiera perdido la cordura. Pensé que desde el momento en que podía caminar, estaba perfectamente bien.

❦

Durante los tres primeros años en la universidad, bebí menos durante la temporada de baloncesto, y absolutamente nada la noche anterior al juego. Pero durante el último grado, bebía casi todas las noches. No teníamos reglas escritas de entrenamiento, como "No beber durante la temporada"; (aunque eso se convirtió en reglamento después de que me fui).

Un sábado jugamos con el equipo de la Universidad de Indiana, en su ciudad. Nuestro equipo actuó tan mediocremente, que la entrenadora ni siquiera se molestó en venir a regañarnos al camerino después del juego. Estábamos decaídas; entonces sugerí que hiciéramos una fiesta de regreso a casa. Llamé a alguien para que se encargara de pasar a la licorería, porque nosotras llegaríamos a las tres de la

178 ❖ BERT PLUYMEN

mañana del domingo. De regreso en el dormitorio, nos emborrachamos y hablamos de lo desgraciada que era la entrenadora.

El lunes tomé un par de tragos durante el almuerzo, con un amigo, lo que nos condujo a una tarde entera de bar en bar. Cuando empezó el entrenamiento, a las 5:30, entré hecha totalmente añicos. Generalmente, yo era muy apasionada y anotaba los más altos puntos en nuestras prácticas de calentamiento. Pero ahora no importaba. Cuando fallaba, caía a los pies de la entrenadora, riéndome histéricamente.

"Sólo tengo una cosa que decir", vociferaba la entrenadora, después de la práctica, mientras que nos ponía en línea para correr. Si vienes a entrenar, mejor ven lista para jugar... y si no estás lista, *ni te molestes* en venir."

En ese momento me sentía sobria y supe que se estaba dirigiendo a mí. Después del entrenamiento fui hacia ella y le dije: "Tenemos que hablar".

"Ven a mi oficina." Señaló la puerta, entró como un rayo y se sentó detrás de su escritorio, disgustada.

"Entrenadora, yo no quería que esto sucediera. Tomé vino con el almuerzo y una cosa me llevó a otra. *Realmente* lo siento."

Estuvo sentada por un largo rato con la vista fija en el espacio, pensativa. Finalmente, volteó a verme y dijo: "Norma, eres una buena jugadora; pero con frecuencia me pregunto por qué tienes que llegar a esos extremos, en lo que sea que hagas. ¿Alguna vez has pensado acudir a un consejero?"

Empecé a asistir a terapia con un psicólogo que la entrenadora conocía. Hablamos de toda mi infancia, pero nunca me insinuó algo sobre de mi forma de beber, por lo que yo deduje que estaba bien que bebiera.

Sospechaba que tenía algún defecto que me llevaba a ocultar mis sentimientos y si sólo pudiera averiguar cuál era el problema y corregirlo, no bebería como lo hacía. Tuve la esperanza de que la terapia me ayudara a encontrar la solución, pero nunca lo hizo.

❦

Estando por graduarme, pensé: "Cuando salga de la universidad y regrese a casa, me estabilizaré".

Sin embargo, estando ahí continué con la vieja rutina de la universidad, tomando igual que antes. La excusa era mi miedo al futuro, ya que no tenía idea de lo que quería hacer. "Cuando consiga un empleo enderezaré el rumbo", era mi razonamiento.

Cuando finalmente tuve un empleo en el banco, en noviembre, seguí bebiendo y entonces se lo atribuí al enorme bar de papá. Así que decidí: "Dejaré de beber cuando me vaya de la casa. Simplemente, en mi casa no tendré alcohol."

Por lo tanto, conseguí un condominio que resultó estar a dos kilómetros de una gran bodega de licores; me encontraría en el auto, conduciendo hacia allá —sin querer—, consciente de lo que iba a suceder, pero pensando que esta vez sería distinto.

Se volvió una batalla constante el tratar de controlar mi consumo de alcohol. Muchas veces, solía pensar: "*Tengo un problema con la bebida*", sólo para cambiarlo, al día siguiente, por: "¡Qué pensamiento más tonto!" Un fin de semana, yo pensaba: "*Sí, tengo un problema con la bebida*". Pero el miércoles ya era: "¡Eso fue tan estúpido!"

Entre tanto, mamá empezó a asistir a Al-Anon, debido a la forma de beber de papá y a su propia depresión, y comenzó a sentirse más alegre y divinamente bien. Un día, mamá mencionó que una chica de mi secundaria había hablado en su grupo sobre alcoholismo, de su propia recuperación y sus experiencias con su papá, que era un alcohólico. Sandra era la muchacha más linda en nuestra escuela: jefe de porristas, reina del festival, su papá era médico... Ella lo tenía todo. Era físicamente perfecta.

Mamá comentó: "Si ves a Sandra, tal vez quieras hablar con ella". ¡Caramba, hablando de hacerme saltar! "¡Dios mío...! mamá lo sabe", pensé. Pero mamá no tenía ni la menor idea. Ella quiso decir que yo debía hablar con Sandra sobre tener un papá alcohólico.

Durante las seis semanas que siguieron después de haberme mudado a mi propio departamento, vino al pueblo la carrera de caballos más famosa. Es un gran acontecimiento; la mitad de los espectadores que apuestan, jamás han visto siquiera a un caballo. Mis amigos de la universidad vinieron a una reunión; entre ellos, un muchacho que era como mi hermano porque siempre me cuidó cuando estudiamos juntos.

Después de la carrera, ambos nos emborrachamos y fuimos a cenar a la casa de una amiga. Mi amigo tenía un cigarro de marihuana escondido, detrás de su oreja, el cual íbamos a fumar cuando ciertas personas se fueran. Pero nunca se fueron, y eso nos molestó. Entonces nos fuimos a mi departamento; nos sentamos en la terraza y fumamos sólo tres veces cada uno, porque la hierba estaba muy fuerte. Luego nos dirigimos al río y nos sentamos en la orilla, quedamos hechizados por el lienzo negro de las aguas, salpicado con ráfagas de las luces tintineantes de la ciudad.

Después de unos minutos, que me parecieron una eternidad por la droga, mi amigo se inclinó hacia mí y me besó. "¿Qué haces?", le dije, y retrocedí. Pero él puso su brazo a mi alrededor y trató de continuar.

"¡No puedo soportar esto!", dije, poniéndome de pie apuradamente. "¡Vámonos!"

Él pasó la noche en mi casa, como estaba planeado, lo que originalmente no iba a ser gran cosa. Pero a media noche se metió en mi cama.

"¡No me toques!"

"Ay, por favor, Norma."

"Somos amigos, Arturo; y quiero que sigamos siéndolo por mucho tiempo."

"Pero es que estás tan bonita... "

"¡No, no hagas eso!"

En mi intoxicado estupor, intenté esquivarlo toda la noche porque, simplemente, no me sentía atraída por él. A la mañana siguiente, desperté exhausta y pensé: "¿Qué diablos anda mal? ¿Cómo me metí en esto? Mi mundo es un enredo. Tengo que hacer algo". Me sentía horrible... confundida... con resaca... y por los suelos.

❦

Llamé a mamá desde el trabajo y obtuve el número telefónico de Sandra, pensando: "Tal vez haya una solución aquí". Pero cuando regresé del banco a mi casa esa noche, empecé a limpiar el departamento. "Si me mantengo ocupada", pensé, "esta idea se irá, como generalmente sucede." Lavé los platos, limpié la casa, sacudí las esquinas y los marcos de las ventanas; limpié las tinas, cepillé los inodoros y barrí los pisos. Pero *la idea no se iba.*

Entonces llamé a Sandra y le dije: "Necesito hablar contigo".

La siguiente noche, esta linda joven se sentó en mi sala y me contó la historia de sus sentimientos y su problema con la bebida. ¡Puso mis sentimientos más profundos en palabras; era un milagro! Quiero decir que eran todas las cosas apremiantes que yo había sentido, en mis entrañas, durante años.

Sandra me llevó a mi primera reunión de AA. Y he seguido asistiendo desde ese entonces más o menos. Tenía que probarlo a mi manera, primero asistiendo sólo a unas cuantas reuniones; no buscaba a la gente, y me rehusaba a tener una madrina. Una vez que llegué a sentirme suficientemente miserable, me introduje en el tratamiento.

Quería que alguien me ayudara sin que yo tuviera que
hacer nada. Anhelaba que el tratamiento fuera como una
lavadora de ropa: que me metieran en una máquina, me
dieran vueltas, me acomodaran muy bien, me doblaran y
me mandaran al mundo para vivir feliz de ahí en adelante.

Pero no fue así.

Los años pasaban, y poco a poco me dejé ir a la deriva;
nuevamente caí en la depresión. Solía ir de vez en cuando a
una reunión, sólo para decir que asistía. Cuando cumplí
cinco años de sobriedad, compré un coche nuevo para celebrar y ese sentimiento agradable sólo duró una semana.

Eventualmente, llegué a sentirme tan miserable que fui
a buscar consejo, lo cual me ayudó mucho. También comencé a asistir a tres o cuatro reuniones de AA por semana
—llegaba temprano, hablaba ante todo el grupo y después
tomaba café. Al final tuve una madrina; trabajé los pasos y
me hice madrina de otras mujeres.

Uno de mis descubrimientos más bellos en éste, mi séptimo año de sobriedad, es un lazo espiritual. El invierno
pasado estaba deprimida y luchando, en pugna constante
conmigo misma; asistía a reuniones todos los días —¡y trataba con tanto empeño! A diario tomaba nota de mi anhelo de tener una conexión espiritual, como la que todas estas personas parecían tener y de lo vacía que me sentía por
no tenerlo.

A lo largo de este año he hecho algunas cosas distintas,
incluso ir a un tratamiento de codependencia y ha sido
una verdadera bendición, especialmente por enseñarme a
ser sincera conmigo misma. Ahora siento que tengo una
buena base para una conexión espiritual con un Dios de
mi entendimiento. Me produce gracia y asombro que tan
sólo en un año de poner un pie frente al otro y escuchar
sugerencias, simplemente haya sucedido.

No todo es perfecto, y quiero mejorarlo; pero ha sido el gran regalo de este año. Deseo ser un instrumento del amor y la paz de Dios. ¡Allí es donde Él está!

Siempre he tenido talento como atleta, pero desperdicié mucho como resultado de una mala actitud debida, indirectamente, al alcohol. En la universidad hice 32 puntos en un juego, lanzando 80% de los tiros desde el campo. Entonces me propuse: "En el próximo juego voy a hacer 40 puntos y lanzaré 100% desde el campo." Pero cuando perdí mis primeros tres tiros, dije: "A la mierda con esto, no voy a tirar". Claro, la entrenadora me sacó y no pude participar en el resto del juego. Entonces la consideré una perra inaguantable.

Todo era "Yo, yo, yo". Si tenía un mal juego y ganábamos, yo ponía mala cara. Si tenía un buen juego y perdíamos, yo estaba de un humor muy bueno. Estaba catalogada como una de las mejores encestadoras en porcentajes logrados, a nivel nacional, en mi primer año... hasta que lo supe. Entonces me presioné a mí misma para salir en el periódico todas las semanas y eché a perder mi juego.

He jugado en algunas ligas desde que estoy sobria. Ya no estoy tan absorta en mí. En realidad, ahora me río de mí misma.

Al entrenar equipos de muchachas jóvenes, se me han presentado algunas experiencias extrañas. Un año entrené a una muchacha cuya actitud me recordaba mucho la mía. Nada era suficientemente bueno, nunca. Después de que hacía cinco tiros seguidos, se sentía en la cima del mundo. Pero cuando perdía los siguientes cinco tiros, se ponía visiblemente molesta y deprimida y quería dejar el baloncesto. Yo movía la cabeza y pensaba: "¡Oh, Dios; por favor, por favor; ayúdala! Estoy segura de que está drogándose".

Cuando hacia atrás, recuerdo que mis desórdenes alimenticios y mi problema con la bebida iban de la mano. A veces, por las noches, bebía en lugar de comer. Al día siguiente no tenía hambre porque sentía náusea de tanto beber. Ayunar y beber a la vez me hacían sentir arriba: existe una euforia intoxicante en ser capaz de mantenerse tan delgada. Y ambas situaciones creaban una pared entre mi persona y las demás. Ayunar era un esfuerzo del subconsciente para mantenerme alejada pero, aunque empieza como un facilitador social, en realidad produce aislamiento porque funciona como un escape momentáneo de la realidad y de una verdadera relación. Además, tener la suficiente fuerza de voluntad como para comer poco o nada me hacía sentir poderosa y controlada. Era el mismo sentimiento de ser "a-prueba-de-balas" que obtenía del alcohol.

La cura para ambos es admitir que somos impotentes y que necesitamos ayuda.

Una de las formas en que limitaba mi comida era corriendo. Yo era una *corredora,* no una trotadora. Arremetía *contra* mí misma corriendo 15 kilómetros, no sólo porque quería, sino porque *tenía* que hacerlo. La euforia de las endorfinas me ayudaba a escapar de mí misma y adormecer el dolor.

Beber, ayunar y correr: todas trabajaban para adormecer y escapar al sordo y crónico dolor en mis entrañas. Pensaba que era capaz de soportarlo sola y nunca quise admitir mi debilidad. Pero lo que realmente estaba haciendo era posponer una vida llena de paz y libertad.

CAPÍTULO 20

Sara

Un día, decidí que quería que la vida fuera radicalmente diferente. Quería que *todo* cambiara; por eso me fui al Oeste para abrir un nuevo negocio. Obtuve permiso de mi esposo, dejé mi trabajo y cambié de ciudad —todo al mismo tiempo. Crecí en Baton Rouge, Louisiana, y nunca antes había vivido en otro lugar. Entonces, a los 47 años, con hijos mayores y un buen esposo, me trasladé a un antiguo pueblo minero junto a una montaña en Nevada.

Fue allí donde descubrí que no tenía un problema con la vida; tenía un problema con la bebida, y enfrentarlo fue muy doloroso.

⌁≈≈≈⌁

No bebí antes de los veintisiete años. Era una exitosa diseñadora de interiores y mi marido corredor de bolsa. En una ocasión fuimos a México con varias parejas y todos bebieron tequila con limón y sal. Bebieron y gozaron mucho; en tanto que yo andaba sin beber y me sentía inhibida.

Al regresar a casa tuvimos una fiesta y decidí tomar tequila con ellos. Por supuesto, me emborraché. Ahora veo hacia atrás y me doy cuenta de que todo lo que tenía que hacer era tomar una copa. Una vez que empecé a beber alcohol, quería más. La única diferencia entre ellos y yo era que yo *quería* embriagarme. Ocasionalmente, hablaban de hechos que ocurrieron en algunas fiestas, de los cuales no me podía acordar. Pensaba que yo había estado en otra parte cuando sucedieron. Ahora reconozco que debo haber estado fuera de lugar muchas veces.

Después de la primera noche, me di cuenta de que no era un buen tiempo para que me enfiestara. Tenía hijos y no quería pasarme la vida bebiendo, por lo que bebía muy de vez en cuando. Pero cada vez que lo hacía, continuaba hasta emborracharme. Sufría resacas terribles.

Cuando los niños eran pequeños, mi consumo de alcohol en el año se limitaba a las comidas y fiestas ocasionales que teníamos en las distintas casas de nuestros amigos y donde todos bebíamos, comíamos y bailábamos. Asistíamos a varias fiestas durante los días feriados. Sin embargo, muchas de mis resacas ocurrieron alrededor de la Navidad.

Después de que mis hijos crecieron, cuando me acercaba a los cuarenta años, empecé a beber de manera "controlada". Pensé que practicar el control era todo lo que necesitaba. De modo que me permitía dos copas. Pero, eventualmente sucedió que los dos primeros tragos me hacían sentir achispada, y entonces no me importaba lo que bebiera después de eso. Por alguna razón, el alcohol afectaba seriamente mi cuerpo. Era doloroso y poco agradable, pero lo bebía de todas formas.

Me di cuenta de que por varios años había bebido, pero no en la misma forma que otros lo hacían, ni me afectaba de la misma manera que a ellos. Sin embargo, nunca se me ocurrió que yo pudiera ser alcohólica, porque nunca bebí durante el día, ni todas las noches; además, pasaba largos períodos sin beber nada. Pero cuando bebía, no me gustaba la forma en que lo hacía o cómo me sentía después. Sin embargo continuaba buscando la manera de beber normalmente.

"Dios, ayúdame a controlar mi bebida", solía rezar; y por un tiempo no tenía problema con el alcohol.

❧

Cuando decidí trasladarme sola a Nevada, mi esposo (con quien llevaba casada treinta años) me apoyó; cosa que un hombre, en un matrimonio normal, nunca haría. Pero, analizando la situación, ya no había nada normal en la forma como hacíamos las cosas.

Al llegar a Nevada, estaba lejos de todas las personas que conocía y, para mi sorpresa, empecé a beber regularmente. Cerraba mi negocio al final del día y me iba a beber el primer trago. Lo que más me preocupaba era que no tenía ninguna razón para beber. Era mi propio jefe y vivía sola; por primera vez en mi vida hacía lo que quería y, sin embargo, no podía dejar este hábito. A los pocos meses, bebía casi todas las noches y ya no hubo forma de ocultarlo, esconderlo o negarlo; *tenía* que beber prácticamente todas las noches.

Por la mañana me veía en el espejo y detestaba lo que veía. Me partía el corazón y me sentía muy avergonzada, ya que había visto gente ebria y eso me repugnaba. "Cuando vaya a mi casa en el otoño", pensé, "estaré bien, rodeada por mi viejo sistema de apoyo y la gente que quiero; entonces mi control de la bebida mejorará."

Pero un mes después de regresar a Louisiana, mi forma de beber había empeorado.

Una noche, caí de rodillas y le rogué a Dios que me ayudara a dejar de beber. Por primera vez, no pedí: "Por favor, ayúdame a controlarlo", sino que imploré: "¡Por favor, ayúdame, Padre! Quiero que esto salga de mi vida".

A la mañana siguiente, lo único que pude pensar fue en llamar a Sonia, una mujer con la que no había hablado en dos años. En nuestra última conversación, ella había estado tan odiosa que decidí no volver a llamarla. "Dios, no quiero llamarla", pensé. "Es la peor borracha que conozco". Pero me sentía obligada a hablar con ella.

Cuando me comuniqué con Sonia, fue tan amable que me sorprendió. Me dijo que nos viéramos cerca de las nueve, esa misma noche. "¿Por qué tan tarde?", pregunté. "Tengo algo que hacer; te veré después."

Nos encontramos en un restaurante y ella se veía muy bien: sus ojos brillaban y proyectaba una gran felicidad. Tomé una copa de vino, mientras que Sonia ordenó un emparedado y leche. Después de comer, dijo: "Vamos a tu casa a seguir platicando. Es muy agradable volver a verte después de tanto tiempo".

En mi casa, abrí el bar y Sonia tomó un refresco. Hablamos hasta las dos de la mañana y yo estaba hipnotizada por su alegría y emoción. En algún momento, me levanté de nuevo para servirme otra copa y pregunté: "¿Te gustaría un buen trago?"

"No, gracias", dijo ella. "Ya me libré de los químicos." Fue todo lo que dijo.

Después de que se fue, pensé: "Dios mío; si Sonia sabe cómo no beber, existe esperanza para mí. Si ella puede hacer eso y conoce la clave; yo también quiero conocerla".

❦

El siguiente fin de semana tuve mi típico infierno privado, por lo que llamé a Sonia el lunes temprano, y dije entre dientes: "Necesito hablar contigo sobre un problema".

"¿De qué se trata?"

"Quiero dejar de beber y a mí me parece que tú sabes cómo hacerlo."

"Muy bien, Sara. ¿Por qué no nos reunimos y hablamos del asunto hoy por la noche? Te recojo a las 7:30, si te parece bien. Mientras tanto, trata de no beber, *sólo hoy*. Haz lo que tengas que hacer, pero no tomes más de lo absolutamente necesario."

Cuando subí al auto de Sonia esa noche, había un hombre en el asiento de atrás; noté que tenía una gran barba y un arete. Estaba molesta. ¿Por qué había traído a este hombre, cuando yo quería hablar con ella sobre mi problema secreto? Después de 15 minutos de viajar en silencio, nos detuvimos frente a una pequeña casa.

"¿Qué hacemos aquí?", pregunté.

Sonia sonrió y me tomó de la mano. "Te vamos a llevar adentro para que conozca unas personas que te van a querer como nunca antes has sido querida", dijo.

"¿Qué es esto, una reunión de AA?"

"Sí, es el mejor lugar que conozco para nosotras."

⌘

La pobre mujer que coordinaba la reunión se detuvo a la mitad de la reunión y le dijo a un hombre: "Gran Arturo, simplemente no puedo. ¿Podrías seguir tú con la reunión?" Yo no entendía qué estaba pasando. No tenía idea de que estaba interrumpiendo todo con mis continuas preguntas: yo era el centro del universo.

Arturo debe haber sido muy gentil conmigo, puesto que de una u otra forma, recibí el mensaje de que necesitaba escuchar. Si él hubiera sido agresivo u objetivo, hubiera dicho: "¡Siéntate ahí; cállate y escucha!", con lo que probablemente yo me habría salido, pues era muy arrogante. Yo sabía más que toda esa gente. *¡Qué se habían creído!*

Antes de finalizar la reunión, había tanto amor en la sala, que cambió completamente la forma en que me sentía: como me ocurre en la mayoría de las reuniones. Casi nunca salgo de ahí sin eventualmente reconocer que voy conectada y llena de amor. (Es más, durante años, llamé a Dios "Amor" porque no podía decir "Dios". Después de un tiempo comprendí que tampoco sabía lo que era amor, pero por lo menos ahora podía pronunciar la palabra.)

⚜

Esa noche, cuando encontré una salida, me sentí muy aliviada y agradecida. Aunque la sobriedad no ha sido precisamente fácil.

Al principio me sentía renuente a lo espiritual. Y, sorprendentemente, también a efectuar cambios esenciales en mi vida. Claro, la vida ha cambiado. Primero, nunca soñé que algún día me iba a divorciar. Me casé a los 17 años, y llevaba así 32 años cuando Juan y yo decidimos terminar. Nunca imaginé que eso pasaría o que estaría bien.

Me tomó casi un año de sobriedad reconocer que mi vida y mi matrimonio eran un problema. Lo había ignorado totalmente: sólo bebía, y no quería reconocer cualquier nada de lo que hacía. Creí que si ganaba suficiente dinero como diseñadora de interiores y todo se veía bien, la vida tendría que estar bien. Naturalmente, después de que dejé de beber me di cuenta de que el mío no era un comportamiento en absoluto aceptable.

Juan no dejó de beber. Aún no lo hace. Ahora, cuando lo veo, se me parte el corazón. Se volvió a casar, uno o dos años después de nuestro divorcio, con otra señora alcahueta. Ella es unos 20 años menor que él; es enfermera, y cada vez que él se enferma lo lleva al hospital, donde le hacen diversos estudios, pero no mejora. Los hijos, por supuesto, le dicen: "¿Por Dios papá, por qué no vas a AA?"

⚜

Durante mucho tiempo, vacacionamos en una cabaña, a la orilla de un río de Louisiana. Al año de haber dejado la bebida, pasé allí el verano y fui a mi primera reunión de

AA, en un pueblo de las afueras. Asistían once hombres; se reunían una vez por semana, y no había mujeres. Las esposas se llamaban, a sí mismas, esposas Al-Anón y no estuvieron presentes en la primera reunión a la que asistí; pero, créanme, estaban en la segunda. Ellas habían oído de sus maridos que *una mujer* había asistido a AA.

¡Yo era la gran novedad!

Los hombres estaban complacidos de que yo asistiera, ya que nunca había venido alguna mujer. Y no era porque no lo necesitaran, simplemente las mujeres nunca venían. Pronto descubrí por qué. Una mujer que era "nueva" en el pueblo —¡había vivido allí por *siete años!*— me invitó al desayuno mensual de todas las mujeres de la iglesia de esa parroquia. El evento era el primer lunes del mes; ahí conocí a muchas mujeres, que eran muy activas en la comunidad, y a las esposas de varios pastores. Estaba muy contenta de hacer amigas.

Al día siguiente vi a la mujer que me había invitado al almuerzo en uno de los tres restaurantes locales, y actuó como si nunca me hubiera visto antes. "¡Qué extraño!", pensé. Luego llevé mi auto a lavar, y una de las esposas de los pastores estaba ahí, con su pequeña hija. Entré al lavado de autos, salí del automóvil, y empecé a conversar con ella. De inmediato, ella tomó a la niña, la puso en el auto y se fue: ¡con el coche lleno de jabón!

Busqué a uno de los señores, un hombre viejo que vendía hielo en la localidad y había estado sobrio por 27 años. "Usted va a tener problemas aquí —me advirtió alguna vez— y necesitará alguien con quien hablar. Quiero que sepa que puede hablar conmigo."

Entonces, fui a verlo y le dije: "¿Qué pasa aquí?"

"Sara, usted está en un pueblo pequeño, y cuando asiste a la iglesia el domingo, todos saben a cuál iglesia asistió. Y si el lunes por la noche va a una reunión de AA, también lo sabrán."

"¿Y... ?"

"A esas mujeres las tiene usted aterrorizadas", dijo él. "Normalmente, no se alejan de una mujer que esté ebria en el club campestre el sábado por la noche. Pero cuando usted es la única mujer en el pueblo que tiene el valor de ir a reuniones de AA, no quieren hablarle y no quieren conocerla porque no quieren contemplar ni aceptar la idea de que está bien ser una bebedora reformada."

Dos años después, cuando visité ese lugar, una mesera en el restaurante me dijo: "Señora, sólo quiero decirle que, gracias a que usted fue a las reuniones de AA, yo también tuve el valor de asisitir". Eso fue suficiente para mí en ese preciso instante. No importaba nada más.

Después de estar sobria por unos cuantos años, tratando de encontrar un propósito en la vida busqué algo con lo que yo pudiera sentirme satisfecha. "Por favor, Dios mío; ayúdame a encontrarle un propósito a mi vida", solía rezar. Cuando llegué a AA, mi principal propósito parecía ser el complacer a otros para que pensaran que yo estaba bien, lo cual me haría sentirme bien durante el proceso. Trabajar para hacer dinero tampoco me resultaba ya divertido. *¿Para qué estoy aquí? ¿Qué soy?* No vine aquí para hacerme rica y comprar ropa. Todas esas cosas son bonitas, pero tampoco son mi propósito.

Leí un pequeño libro que sugería escribir quince aspectos que nos desagradaran de nuestra propia personalidad. Luego, seleccionar varios de ellos en los cuales uno quisiera concentrarse —sobre los que uno experimenta los sentimientos más fuertes. Al poner todo junto, encontré mi propósito en la vida.

Mucha gente joven viene a la comunidad de AA sin saber que tiene facultades, y yo quiero ayudarle a encontrarlas. Claro, entre más ayudo, más encuentro las mías propias. Entendamos por "facultades" el hecho de permitirle al Espíritu que se exprese dentro de uno mismo. Muchos de nosotros lo hemos aplastado.

Un cambio significativo en mi vida ocurrió cuando cumplí ocho años de sobriedad. Me trasladé a Sedona, Arizona, y no tenía una madrina. Las únicas dos mujeres del grupo no tenían lo que yo necesitaba, así que me sentí un poco perdida. Puede parecer tonto, pero no podía encontrar una mujer con quien trabajar. Sin embargo, había un hombre que ha estado sobrio por dieciocho años. Era soltero; tenía más o menos mi edad, y no me sentía atraída hacia él; pero me gustaba su programa. Me gustaba cómo era él. Me gustaba lo que hablaba. Lo veía tomar decisiones en su propia vida, y veía que le funcionaban. Una noche, en que estaba verdaderamente enloquecida, me dirigí a él y le dije: "¿Ricardo, quieres ser mi padrino?"

"¡Bueno; Dios sabe que necesitas uno!", dijo con una sonrisa, mientras movía amistosamente su cabeza.

Después fuimos a tomar un café y él me dijo: "Sara, estoy seguro de que has escrito muchos inventarios, pero esta vez quiero que escribas uno sobre Dios... quiero conocer tu relación con Dios".

En ese instante, yo seguía pensando que en el momento en que encontrara una respuesta ante la vida y la pudiera vivir, entonces iba a estar bien.

Escribí tres párrafos y comprendí que mi relación con Dios era exactamente la misma que con mi mamá: "No voy a hacer más cosas malas y trataré de ser una buena chica. Prometo obtener una estrella dorada por aprender mi lección perfectamente. Y si lo hago todo bien, tú tendrás un lugar para mí y me querrás".

Ese ejercicio me quitó todos los viejos conceptos y me hizo sentir que un verdadero "Dios" no actúa así: *¡Él me amaba y lo demás no importaba!* No tenía que probar nada, ni ser buena, ni otra cosa más que Sara. Eso era todo lo que Dios quería de mí!

El hecho de ganar mi libertad y aprender el verdadero significado del perdón —que yo estaba perdonada—, no era suficiente para complacer a mamá, pero yo estaba bien con Dios.

Nunca pude complacer a mamá. Siento decirlo, pero ha sido más fácil desde que ella se fue. Nuestras relaciones mejoraron cuando mi relación conmigo misma y con mi Dios mejoraron; sin embargo, ella me regañó hasta su última semana de vida. "Te odio", refunfuñaba. "Siempre te he odiado, y no veo que eso vaya a cambiar."

"Mamá, no tienes que vivir con tanto veneno", le dije. "Yo sé cómo te sientes, pero no tienes que maltratarte más a ti misma".

Sé que es raro decir algo así de una madre, pero ella era una mujer enojada e infeliz. A pesar de que no bebía, su comportamiento era destructivo; especialmente sufría de los ataques de furia espontáneos de una alcohólica crónica.

⌖

Cuando comprendí que el amor de Dios hacia mí era ilimitado e incondicional, también pude creer en las facultades del espíritu. Creo que cuando Dios me dio la vida, Él infundió su aliento dentro de mí y me concedió poder y libertad. Yo no lo percibí cuando estaba creciendo, y decidí que emborrachándome me liberaba lo suficiente como para sentirme poderosa.

Durante mucho tiempo pensé que Dios estaba separado de mí; mientras creí que así era, me sentí vacía y no amada. Ahora trato de enseñarle a una mujer que su espíritu está dentro de ella; que la alimenta y le da poder.

Estoy agradecida de conocer el amor como hoy lo conozco, como una poderosa presencia dentro de mí. Cuando lo olvido (como hoy que fue un lunes ajetreado, en el que el mundo no ha sido muy bueno), tengo que acordarme de respirar profundamente, pensar que el espíritu siempre está presente en mí y eso es suficiente.

Después, me siento en paz.

Con el paso del tiempo, tuve que analizar objetivamente mis expectativas, porque no eran realistas; buscar al hombre apropiado y las circunstancias ideales para ser feliz. Por supuesto, eso no funcionó. Tuve que deshacerme de esas viejas ideas.

Como exitosa e independiente mujer de negocios y compañera de copas, siempre he sido uno de los muchachos. Todavía lo soy. Sin embargo, hoy tengo muy buenas amigas a las que quiero mucho. Somos totalmente abiertas una con la otra y hablamos de todo. Ellas forman una maravillosa parte de mi vida.

He descubierto que este aspecto repercute en otras áreas. Por ejemplo, esta semana fui a un consultorio médico donde la recepcionista, la enfermera y el médico eran mujeres. Me encontré rodeada por un grupo de mujeres bien preparadas, cariñosas y acogedoras —todas estrechamente unidas, ayudándose entre sí. Al salir, pensé: "Caray, siento como si hubiera asistido a una reunión de AA".

Hoy, esta parte de mi persona me produce paz y bienestar porque me permite relacionarme con mujeres sin sentirme separada, rechazada o avergonzada de mí misma, de ninguna manera. Ya no tengo que compararme más. Antes, no me relacionaba con otras mujeres porque en algunas ocasiones llegué a sentirme traicionada por ellas; y en otras, me sentía menospreciada. Además, definitivamente, no sentía que yo fuera suficientemente eficaz. Algunos de esos sentimientos realmente nacieron de la crítica, pero la mayoría sólo eran originados por mi mente. Ahora me siento totalmente apoyada por las mujeres, en todas las áreas de mi vida; ya sea en la iglesia, socialmente o en el mundo de los negocios. Sé que es por la forma en que veo la vida ahora. "Lo que usted ve no es lo que está mirando", leí en algún lugar", "sino *cómo* lo mira." Hoy la gente comenta sobre mi gentileza. Hasta en una gran tienda departamental, una vendedora dijo: "Usted tiene en sus ojos la mirada más compasiva que he visto". He tenido varias experiencias extrañas como el que una mujer llegó a mí y me dijo: "Siento molestarla, señora, pero quiero decirle que usted es la persona más bondadosa que he conocido". Debe ser la manera en que las miro, porque en mi corazón siento un profundo amor y respeto por las personas. Nunca antes experimenté esta clase de amor hasta que lo encontré en AA. Ese es el Poder Superior; el que siempre busqué; el Dios con el que soñé toda mi vida; el hombre que siempre añoré en mi mundo: ahora lo tengo, con todo el mundo.

Prácticamente todas las mujeres jóvenes que llego a conocer, ya sea como madrina o como amiga, se sienten como yo me sentí alguna vez: por ser mujeres, ellas se sienten "menos que". Pueden disimularlo mostrándose muy sensuales o agresivas en los negocios, pero por dentro sienten un hueco y piensan: "No es suficiente. Simplemente, no das el ancho".

Inclusive, el mundo está hecho para los hombres. Ya sea en la religión, en los negocios o en la sociedad, las mujeres han sido sobreprotegidas o relegadas, como las más frágiles. Estos conceptos pueden ser positivos, aplicados para nuestra protección o para controlarnos; el problema es que creemos que no somos suficientemente capaces de lograr lo que sea.

Lo que he observado en mí y en mujeres jóvenes que entran al programa —mujeres de negocios, capaces e independientes— es que nosotras siempre nos hemos sentido "menos", hasta que encontramos un poder superior que nos dio ciertas capacidades.

¿Cómo empezamos? Comenzamos por reconocer que el mundo entero no gira alrededor de nosotras, aunque nos parezca difícil, porque nuestras vidas han transcurrido alrededor de saber "qué estoy haciendo", "cómo me siento" y "qué quiero". Y esa no es la forma en que el mundo trabaja: ciertamente, tampoco es como Dios opera. Nosotras no estaremos preparadas hasta que dejemos de ser el centro del mundo. Si nos quedamos ahí, nunca estaremos satisfechas, porque ser egocentrista y desprotegida ¡son dos caras de la misma moneda!

Además, necesitamos aplicar el perdón en nuestras vidas. Una vez que una mujer ve que puede perdonar y ser perdonada, el temor no la dominará nunca más. Practicar el perdón, la tolerancia y aprender a tener una mente abierta, disipará sus temores.

Al mismo tiempo, una mujer joven necesita establecer límites sanos. Sólo hasta que aprendí a decir *no,* seguí necesitando la aprobación de los demás. Al principio, yo no sabía decir "no". Así crecí. Nunca puse límites: ni supe lo que eran. La Biblia nos aconseja decir "sí" cuando realmente queremos decir "sí", y "no" cuando hay que decir "no". Parece simple, pero es verdad. No fue sino hasta que aprendí a decir "no", que tuve poder.

Cuando por fin estuve sobria, pensé que todo sería lindo: no tendría ningún problema y todo el tiempo sabría qué hacer. Pero no fue así.

Tuve que aprender que el último paso dice: "practicar, practicar, practicar". Y si quiero practicar, necesito establecer límites; entonces tengo que aprender a decir "sí" cuando debo decir "sí" y "no" cuando debo decir "no". De lo contrario, estaría complaciendo a los demás y maltratándome a mí. Cuando lo hacemos, no nos parece que estamos mintiendo al decir: "sí" cuando debemos decir "no"; sin embargo, así es. De pronto, me he entregado a los demás. Así que realmente necesito practicar más: decir la verdad. Debo hacerlo.

Una vez, mi abuela me vio subir a un avión que iba al otro lado del mundo y dijo: "¡Cariño, yo nací 50 años antes de mi tiempo!" Cuando cumplió 90 años, dijo: "Nunca he subido a un avión y nunca nadé en el océano. Y voy a hacer cosas antes de morir". Alquiló una avioneta, llevó a sus amigas (la más joven tenía 87 años) a la costa y nadó en el Atlántico. Aún conservo con especial cariño las fotografías de ellas en la playa, con sus vestidos abombándose con la brisa del océano. Ese es el espíritu que quiero tener siempre en mí, y sé que puedo lograrlo.

No se ponga tenso en la oscuridad mientras escucha música suave

Por cada alcohólico que puede señalar un padre con el mismo desorden, existen muchos otros que no tienen esa herencia. ¿Cómo lo hicieron? La respuesta tiene que estar en causas ambientales.

Volvamos a los estudios con animales.

Cuando los dejamos solos, los animales generalmente prefieren bebidas naturales. En otras palabras, las cepas de ratones que prefieren alcohol tienen que ser especialmente criadas. Los gatos también. No habiendo sido seducidos nunca por el atractivo de las chicas *Budweiser* o el capitán del equipo de futbol, los gatos generalmente no tienen razón para vencer su aborrecimiento natural al sabor del alcohol, a menos que sean sometidos a una repetida tensión. De esta forma, preferirán beber una "leche en las rocas", en lugar de pura leche.

Algunos experimentos con ratas comunes que prefieren beber agua, demuestran que cuando son puestas bajo severa tensión, inducidas por descargas eléctricas al azar, desarrollan una preferencia por el alcohol. Siguen llenando su barriga en el bar —y hasta aumentan su capacidad— inclusive, mucho tiempo después de que paran las descargas experimentales.

Más interesante aún es el hecho de que las ratas desarrollan una fuerte preferencia por el alcohol cuando viven en la oscuridad total. Y sólo parcialmente cambian estos hábitos nocturnos cuando se les obliga a vivir con luz. De hecho, ponerlas de nuevo en condiciones normales de luz da como resultado una disminución de los niveles de bebida, adquiridos durante la oscuridad total. Asimismo, los estudios sobre el comportamiento de los clientes de clubes nocturnos, han mostrado que cuanto más lenta es la música, mayor es su consumo de alcohol.

Mamá tenía razón: nunca te cases con un artista, una mesera o un cantinero; todos duermen de día y trabajan por las noches, en un bar donde tocan baladas o boleros.

No es de sorprender que algunas mujeres que se relacionan con fuertes bebedores, a menudo también se vuelven adictas. Para la mayoría de nosotros, ambos factores, la tensión en el trabajo y el panorama de un bar, son condiciones temporales cuya influencia es pasajera.

Pero lo que más nos afecta es la cultura en que vivimos...

"Vamos... tómese otro"

Para muchos hombres y mujeres, beber socialmente en abundancia por espacio de varios años, —el equivalente de 3 a 5 cervezas diarias— es parte del proceso adictivo normal. Sin embargo, la mayoría de las personas no empiezan allí. Gradualmente llegan a esa condición. Y si lo hacen, están altamente influidas por algo: la cultura en que viven.

Los irlandeses toman un tarro tras otro con su grupo de amigos en la taberna, porque esto es parte integral de su cultura. Como resultado, desarrollan una adicción siete veces más frecuente que los hombres de ascendencia mediterránea.

Por su parte, los judíos no beben mucho porque no es parte de lo que significa ser judío. En cambio, los franceses, están entre los líderes mundiales en adición, ya que el fuerte consumo de vino es sinónimo de ser francés. Los asiáticos, cuyas sociedades por generaciones han parecido naturalmente desprovistas de la adicción al alcohol, encuentran que sus problemas aumentan por el creciente contacto con las normas culturales de Occidente.

Por qué los bares no son vigilados

Trascendentales cambios ocurren con la bebida.

El Islam alguna vez fue una cultura habituada a un fuerte consumo de bebidas alcohólicas. Pero la abstinencia se esparció rápidamente entre los recién convertidos a la religión, cuando una fortaleza fue derrumbada por sus enemigos, debido a que un vigilante nocturno se encontraba ebrio.

En Turquía, el comportamiento hacia la bebida tomó la dirección contraria. Durante mucho tiempo, el Parlamento debatió si la cerveza era una bebida alcohólica y por lo tanto tendría que estar sujeta a las poderosas restricciones culturales y legales para éstas. Finalmente, aprobaron leyes que permitían la venta de cerveza en cafés tradicionales y restaurantes *kebab*, los cuales pronto fueron convertidos en tabernas. Los comerciales de televisión saturaron el espacio televisivo promocionando la cerveza; pronto, ésta reemplazó al café y a los dulces en el tradicional ofrecimiento a los invitados en las casas turcas.

Durante siglos, algunas tribus nativas norteamericanas contuvieron el uso de sustancias que alteraban la mente, debido a sus tradiciones sagradas. Sin embargo, una nueva sustancia —el alcohol— fue introducida en sus medios al mismo tiempo que su cultura era borrada radicalmente. En consecuencia, pocas tribus fueron capaces de construir las sanciones sociales y religiosas necesarias que limitaran el uso del alcohol. Las tribus que fueron capaces de hacerlo se volvieron prácticamente abstemias, pero la mayoría no pudieron reaccionar rápidamente y fueron diezmadas por su desenfrenado modo de beber.

También se ha observado un efecto similar entre aborígenes australianos y esquimales.

Si sólo pudiera recordarlo al día siguiente

Aunque el patrón de bebida "normal" en la sociedad, influye notablemente en nuestra conducta, el factor clave es el comportamiento de amigos y colegas; es decir, la cultura que rodea nuestro trabajo y vida social.

Escritores, abogados, músicos, corredores de negocios, vendedores, y ejecutivos de compañías, por ejemplo, han vivido históricamente el romántico estilo de vida que ordena: "trabaja duro/juega duro". El mito sostiene que los mejores guiones, líricas, estrategias de juicios e ideas de mercadeo, por lo general, fueron ideadas en un bar. ¿De qué manera podría alguien destacar si no es un legendario bebedor como los grandes fantasmas de antaño? Después de todo, según sus biógrafos, cuatro de los primeros siete americanos que ganaron el Premio Nobel de Literatura eran alcohólicos, y otro —John Steinbeck— también bebía fuertemente.

En muchas profesiones, la libertad de no ser supervisado pareciera ser un importante factor que contribuye al fuerte consumo del alcohol. Cuando no hay un jefe que se dé cuenta y que reaccione ante un bebedor excesivo, la persona se siente libre para dar rienda suelta a su antojo.

Nos gusta beber

La gente no sólo está influida por la cultura establecida en su profesión; a menudo crea su propia cultura.

Con frecuencia, los bebedores fuertes tienden a relacionarse con otro, ya sea por negocios o en su vida personal; inconscientemente, buscan la comodidad con un falso sentido de normalidad. En efecto, ellos construyen su propia sub-cultura personal y laboral.

Algunas mujeres, por ejemplo, tienden a beber igual que sus compañeros, sus mejores amigos o compañeros de trabajo: pájaros del mismo plumaje se juntan. Aquí, la selección voluntaria juega un papel muy importante: "Creo que aterrizaré en el estanque de cerveza, gracias". Por otro lado, una mujer que tiene un problema con la bebida y es amiga cercana de varios no bebedores, entraría a la lista de especies en peligro de extinción.

En Inglaterra y Gales, algunos trabajadores de la construcción formaron una vez un grupo de bebedores que superó en consumo incluso a los empleados de una cervecería, al rebasar con 18% el promedio de 50 tragos a la semana. No sorprende tanto, entonces, el hecho de que los ejecutivos de compañías de construcción, según los exámenes de orina, minimizaron su consumo de alcohol, más que los trabajadores manuales.

Cuando se trata de alcohol, *la elegancia mata*

Entre más fuerte beba una persona, más lo hace en los bares. ¿Por qué? Probablemente porque ésa es la cultura que queda cuando alguien, gradualmente y sin darse cuenta, se aleja de los amigos normales sobrios. Hasta en eso, la subcultura del grupo tiene su impacto: encontraron en estudios, que entre los bebedores de bar en Canadá, Estados Unidos y los Países Bajos, por ejemplo, cada uno consumía más en grupo que cuando bebían solos. "Anda... tómate otro."

El viaje hacia una tierra de cerveza y dinero

El poderoso impacto de la cultura es mucho más notorio cuando la gente emigra. En México es muy mal visto que las mujeres beban. Cuando ellas viajan a Estados Unidos, rápidamente asimilan la forma de vida americana y son *nueve veces* más propensas a convertirse en bebedoras fuertes que las mujeres que se aferran a su antigua cultura.

Estoy enamorada, deme aguardiente

Con la actual economía global y los medios de comunicación, no es necesario mudarse a ningún otro lugar para verse afectado por su cultura. Esto se observa mejor en Asia, donde por siglos el alcohol no fue un problema.

Durante años, los científicos pensaron que muchos asiáticos eran naturalmente inmunes a desarrollar una adicción al alcohol. Esta es la razón: normalmente, el hígado produce en suficiente cantidad dos tipos de enzimas para descomponer el alcohol; la primera lo convierte en acetaldehído (un veneno) y la segunda neutraliza esta toxina. Pero los asiáticos de origen mongol —entre una tercera parte y la mitad de todos los japoneses, coreanos y chinos— tienen, casualmente, una deficiencia genética de la segunda enzima. Como resultado, incluso si beben moderadamente queda algo de acetaldehído venenoso en sus sistemas, lo que produce enrojecimiento facial, aumento de la frecuencia cardíaca, una sensación de calor en el estómago y palpitaciones del corazón: ninguna de estas reacciones los induce a beber más.

Los investigadores asumieron entonces que esta protección genética era una *barrera* contra la adicción. Pero muchos norteamericanos nativos son también de origen mongol, porque sus antecesores emigraron originalmente de Asia; es por eso que tienen deficiencias similares de enzimas. Este factor, y el aumento de la tasa de adicción en Asia, demuestran claramente que esta anomalía genética no es una barrera, sino un obstáculo que puede ser vencido fácilmente.

En retrospectiva, lo que parecía ser un mecanismo *genético* de protección era en realidad una barrera *cultural*, construida por principios antiguos que limitaban la bebida a circunstancias especiales. No obstante, este escudo se desmorona gradualmente, con la creciente aceptación de las normas modernas de Occidente.

Las costumbres en la bebida de los hombres japoneses, por ejemplo, han evolucionado tan rápido que pueden haber sobrepasado ya a su contraparte en Occidente. Los estudios que comparan los hábitos de bebida y problemas de los hombres japoneses, caucásicos de Estados Unidos y japoneses-americanos concluyen que en Japón los hombres beben con más frecuencia: 62% de ellos beben, por lo menos, tres veces a la semana. De acuerdo con un estudio nacional, 37% de los hombres japoneses beben todos los días. Muchos de los festejos ocurren alrededor de actividades sociales y de negocios que se han convertido en parte de la estructura cultural. De este modo, no es una sorpresa que los hombres japoneses admitan beber mayores cantidades de licor que los americanos, ni que tengan más problemas relacionados con el alcohol. Uno de cada cuatro reporta haber perdido el conocimiento alguna vez; sentir los efectos del alcohol en el trabajo; ser amonestados para disminuir su consumo de bebidas alcohólicas y hasta sentir la necesidad de bajar el ritmo.

No hay duda de que la austera ética de trabajo en Japón crea una tensión significativa, que puede ser temporalmente aliviada con el alcohol, ahora que las restricciones culturales han disminuido.

Un notable cambio ha arrasado también a Corea, donde 500 años de confucianismo y autodisciplina dieron origen a una sociedad de hombres conocida como "los irlandeses de Asia". Los hombres socializan en grupos, beben fuertemente y procuran siempre estar al mismo nivel que sus colegas y amigos. Se turnan para comprar rondas de tragos; incluso, algunas veces insisten en que sus compañeros beban hasta su máxima capacidad. La embriaguez no sólo es tolerada, sino fomentada; y los que llegan tarde a la reunión consumen con orgullo tres rápidos tragos para "al-

canzar" a los demás. Como resultado, un alarmante 42%
de los hombres coreanos muestra síntomas de abuso del
alcohol o de dependencia en algún momento de su vida.

Por el momento, todavía poca gente bebe y se emborra-
cha en la cultura china, pero cada día son más; sobre todo
en el mundo de los negocios, el cual se haya impulsado
por la afluencia y la exposición a las normas occidentales.

Gabriel

Yo sabía que tenía un problema, pero cuando escuchaba hablar de gente que ha estado en la cárcel, que vive en un centro de rehabilitación o de tratamiento y tantas otras cosas, mi primera reacción era decir: "Jesús, yo tengo una casa en las islas Fiji y otra en Australia, un yate de velas, tres coches y dos fábricas funcionando, y todo sigue ahí. No todo *marcha bien*, pero sigue ahí. Yo no he estado siquiera a punto de ir a la cárcel".

Así que no me sentía dentro de esa clase. Sin embargo, no hubiera necesitado mucho más tiempo. Tarde o temprano eso *habría* sucedido.

La familia y una buena amiga de mi esposa ya me habían insinuado que debería recibir ayuda. Entonces solía pensar que eran ¡*ellos!* los que necesitaban ayuda. Había llegado a un punto en que el negocio no iba bien y se complicaba aún más. Yo la culpaba a ella por su participación en el negocio, y a las políticas del gobierno: y a todos los que se me ocurría. Todos eran culpables, menos *yo*. Porque cuando las cosas empezaron a salir mal, me tomaba un par de copas y arreglaba el mundo. Escribía mi estrategia, pero no ocurría algo nuevo. Los cambios no se presentaban.

Manejaba el negocio tanto fuera de la matriz en Australia, como de las sucursales —posiblemente, en realidad practicaba el escapismo, en el sentido de estar siempre viajando a algún lugar. Y viajar, por lo regular, es una forma fácil de esconderse. En los aviones uno puede obtener tanto licor como desee, si quiere. Y no es nada raro bajarse de un avión medio ebrio. En las habitaciones de los hoteles, los refrigeradores siempre están llenos de licor, ¿o no? Además de que hay gente diferente todo el tiempo. Alguien que se dedique a los negocios y que viaje un poco, puede disimularlo mucho mejor que alguien que permanece en un solo lugar.

Cuando uno toma mucho, subir a un avión es una gran diversión. En general, volar me daba miedo, a menos que estuviera medio ebrio. Ahora no me preocupo en absoluto. La *Oración de la serenidad** es la que encamina y lleva al avión en el aire.

Cuando viajaba y bebía insistía en hacer las cosas a mi manera. Yo decía: "Tenemos que hacer esto"; entonces, íbamos y lo hacíamos. En el proceso, levantamos un negocio en cinco estados de Australia; y cruzando el océano, en Nueva Zelanda y Fiji. Era complicado —implicaba realizar trabajo de manufactura y ventas, tanto mayoristas como al por menor.

Así que mi imagen de mí mismo se había elevado a alturas divinas en lo que a mis conocimientos se refiere y nadie me podía decir nada. *Todavía* no estoy muy dispuesto a escuchar las críticas, ¡pero estoy mejorando!

No estoy seguro de cuándo se me cayó un tornillo. Tiendo a pensar que algo de lo que ocurría tenía que ver con el hecho de que no admitía las cosas que sucedían, las cuales no podía resolver y tenían que cambiar. Porque el mundo, casi en cualquier rama de la industria, no sólo se ha vuelto más pequeño, sino que también cambia a gran velocidad.

Eventualmente, yo tenía la sensación de: "Tengo que dejar de beber". Pero después pensaba: "Dejaré el alcohol cuando resuelva todos mis problemas". Obviamente, los problemas crecieron al aumentar mi consumo alcohólico. Así que no se alejaban.

---

* "Señor, concédeme *serenidad* para aceptar las cosas que no puedo cambiar; *valor* para cambiar aquellas que sí puedo, y *sabiduría* para reconocer la diferencia."

Llegué a un punto en mi vida en el que tenía unas tremendas ganas de decir: "Paren el mundo que me quiero bajar". Había tenido suficiente de él, y no necesariamente por las razones correctas.

No me parecía que yo tuviera problemas por beber, pues no empezaba en las mañanas. Pero en algún momento comencé a tomar a las diez de la mañana y eso sí es demasiado temprano. Al final, se convirtió en un episodio de cada hora. Cada hora tenía que salir a caminar y tomar un trago doble de vodka. Y lo necesitaba para olvidarme de todo. Pero de ahí a tener un problema... no sé qué me hacía pensar que no lo tenía. Y quería creer que la *familia* y el *negocio* eran el problema, y yo era el que tenía que resolverlo todo. Necesitaba la copa porque creía que estaba haciendo bastante al mantenerlo todo funcionando. No sólo lo necesitaba —*¡lo merecía!*

Una mañana, después de un día feriado que no iba a ser fiesta, supe que no debía hacerlo más. ¡Fue simplemente caótico! Salí de una taberna en Red Sands con un par de tipos de mala muerte —no sabía siquiera quiénes eran— y los traje a mi casa. Me golpearon y además me robaron. Al día siguiente desperté y supe que realmente había tocado fondo. No tenía dinero, ni siquiera las llaves. ¡Nada! El proceso de concientización se acercaba.

Por las mañanas, al despertar, pensaba: "Dios mío, otro maldito día". Sabía que no sería mejor que el anterior.

Para cuando llegó Navidad, finalmente había tenido suficiente. La Navidad en nuestra familia había sido un desastre durante los últimos diez años. En la fábrica siempre teníamos fiesta, que invariablemente era para pasarla en grande; borracheras, orgías y muchas cosas más. Incluso, algunas veces al día siguiente no sabía qué diablos había pasado.

En la última fiesta amanecí en la fábrica con una caja de cervezas y sin ningún amigo. No era como en los viejos tiempos, cuando teníamos nuestro grupo de amigos, y por lo menos dos o tres personas bebían conmigo hasta el amanecer. La situación había llegado a ese punto en que uno termina tomando solo.

Había llegado el tiempo en que la insistencia de la familia ya no me importaba, porque había dejado de ser una familia. Era sólo *yo*. Entonces decidí que había sido suficiente. La familia podría haber insistido durante los siguientes veinte años y no habría existido diferencia alguna. Yo tenía que enfrentar el problema.

<hr/>

Acudí a un grupo de AA al que asistían razonablemente buenas personas. Si existe algo semejante a una reunión selecta ésta lo era. Allí había un par de médicos, y algunos de ellos todavía están bien: o ellos mismos regresaron a esa posición. Pero si hablamos de otros grupos a los que ahora asisto, si hubiera pensado en ir a estos primero, jamás habría vuelto porque no me habría identificado con ellos.

Como las demás personas, no me imaginaba a mí mismo haciendo algo sin tomar una copa. No me podía ver asistiendo a una función, una comida o cualquier otra actividad sin la bebida. Creo que pensaba, como todo alcohólico: "¿Qué diablos hace uno si no toma?" No lo sabía. Ahora hago muchas cosas y realmente no pienso en la bebida.

A los seis meses de vivir en sobriedad, elaboré un plan de negocios para resucitar, agilizar y enderezarlo todo. Con esto, estaba seguro de que todo funcionaría bien de nuevo. Me sentí bastante bien, pero no pasó nada. Los números no mejoraron.

A finales del segundo año, la situación era dramáticamente peor. Bueno, digo dramáticamente peor, aunque es posible que no haya sido así; quizá sólo estaba siendo más honesto con los números y con los cálculos. Un pensamiento espantoso nació en mí: "A no ser que las cosas cambien drásticamente, tendré que retirarme".

Había pasado la mitad de ese segundo año cuando quise retirarme totalmente de los negocios; y habría estado feliz sin hacer nada, quedándome en cama. Pero entonces, al entrar en el tercer año, me di cuenta: "Todavía tienes que trabajar mucho; tienes que hacer algo. Y no hay razón para que no tengas éxito. Puedes ser mucho mejor de lo que nunca antes has sido, si sólo vuelves a orientarte y a poner las cosas en orden de nuevo; pero esta vez hazlo bien".

Y a principios del cuarto año tuvimos fuertes cambios que aliviaron muchas de las presiones. Todavía no he puesto mucha diversión en ello —he vendido algunos bienes importantes— pero lo vamos a lograr.

Muchas personas solemos sentirnos el gran hombre de negocios por el hecho de vivir en la mejor casa de las islas Fiji y tener una de las mejores en el puerto de Sydney, en un terreno que a todos les parece fabuloso. Pero además uno tiene grandes gastos —y no es el dueño del banco— y cada mañana preocupa pagarle a todo el mundo.

Todo aquello terminó. Hemos llegado a un modo de vida razonable, mucho más modesto. La máxima aspiración es deber poco dinero y no ser tan ambiciosos. De esa forma, podemos tener un poco de paz, en lugar de ir a trabajar preocupados y pensando: "Si no ganamos diez mil dólares hoy, mañana tendremos graves problemas". Ese tipo de presión puede llevar a cualquiera de regreso a la bebida.

❧

Algunos cambios sí sobrevienen con la sobriedad. Cuando uno deja de perseguir las mismas cosas, simplemente anhela un poco más de tiempo y libertad. Siempre he tenido un yate, y los últimos cinco años, mientras fui bebedor, no lo navegué muy a menudo. Iba allí y actuaba como si estuviera trabajando, pero llevaba una caja de licor conmigo. Ahora, donde quiera que me encuentre —en Australia o Fiji—, raramente dejo de ir a navegar cada semana. Me divierto mucho con la navegación y haciendo amigos. Estoy considerando integrarme —si no este año, el próximo— al Campeonato Mundial para Profesionales, en el grupo de edades entre los cuarenta y cinco y los cincuenta y cuatro años. En el siguiente nivel están los de cincuenta y cuatro y sesenta años, que son los Grandes Profesionales. Empecé bien. No habría hecho esto cuando tomaba. Es el último tipo de actividad que habría elegido. No iba muy bien en otras, pero eran actividades en las que se podía comprar a los navegantes y al equipo. Si uno tiene la gente adecuada y el mejor equipo, sabe que va a ganar.

Para entrar a la categoría individual, en donde a todos los participantes les tocan botes exactamente iguales, uno tiene que ser bueno. No hay nada que pueda hacerse para ser el mejor —a no ser que uno lo sea. Ahora estoy llegando en tercero, cuarto o quinto lugar, pero estoy tratando con empeño. La diferencia, supongo, es que el ego no es el mismo. Voy y lo disfruto. Si no lo estoy disfrutando, lo hago a un lado y digo: "Borremos esto de la lista". Ahora hago las cosas más por placer que por exhibición.

Lo fantástico de las islas Fiji es que al menos cada año llega un yate crucero de AA, durante el verano y el invierno, y yo, como buen marinero, los he acompañado a recorrer los grupos de las islas. En Nueva Zelanda encontré un grupo por casualidad, y comenté que solía navegar de vez en cuando. Al día siguiente, recibí una llamada al hotel. ¿Qué hacemos? Navegar en un yate. Sólo algunos hombres. Eso no sucede en el viejo sistema —no en mi viejo sistema.

No le he gritado a los habitantes de Fiji durante casi dos años. En las islas, uno puede decirle a alguien cómo hacer algo y mientras observa, durante los cinco minutos siguientes, así lo hace la persona; pero si uno se va por media hora, al regresar encuentra que está haciendo las cosas con el viejo sistema. Con esto, uno podría estar molesto todo el tiempo. Alguien más tiraría los martillos alrededor del edificio, se pondría a maldecir y a decirle malas palabras al empleado, y con todo ello, no llegar a ningún lado. Estoy regresando al proceso de pensamiento que he aprendido en el programa —pensar antes de actuar, y después actuar razonablemente.

Probablemente, en los últimos cuatro o cinco años que pasé bebiendo, el pensamiento que ocupa mi mente al ir por el siguiente trago era cómo salir del problema que tenía enfrente. No me preocupaba por lo demás; no pensaba en las otras personas y cómo reaccionarían o si me ocasionaría un problema la siguiente semana; yo sólo hacía cualquier cosa para librarme del problema ese mismo día.

Actualmente, puedo ver un poco más adelante y decir: "Ésta es una buena solución a corto plazo; pero, ¿qué pasará dentro de seis meses? Jesús, esto se va a convertir en un problema a largo plazo. Así que mejor no lo hagas".

Antes, quizá habría leído cinco libros en diez años, y sólo lo hacía en las raras ocasiones en que íbamos a algún lado en un día feriado. Ahora, leo casi un libro por semana. No busco obras muy complicadas, pero sí novelas conocidas.

Probablemente, durante 20 años hubo tragos y dinero; después, posición. Eso fue todo. Entonces, las ruedas de la carreta se cayeron; pero por mucho tiempo, eso no me importó, porque de todas maneras no creía que tuviera mucho tiempo por delante. Ahora pienso que si dejo de fumar, probablemente tendré 30 o 40 años más todavía por delante.

Realmente no pienso que tenga que planear los años venideros. Tres compañeros del grupo de AA al que asistí anoche, no trabajan. Viven en albergues y reciben sus 160 dólares (o algo así) a la semana, del gobierno. Dentro de un año decidirán si buscan un empleo. Viven un día a la vez, una hora a la vez. En realidad no tiene nada de malo; de hecho, a veces es atractivo. Pero si uno todavía tiene un negocio, entonces ya tiene cosas que hacer por lo menos para llegar hasta fin de año. Es difícil vivir sólo día a día.

Por otra parte, escuché a alguien comentar que la oración dice: "Dadnos nuestro pan de cada día". Y después agregó: "En realidad, quiero mi pan de cada mes, de cada año y de cada diez años, pero parece que Dios sólo me da pan a diario"; entonces, tal vez no debamos preocuparnos por los próximos treinta años.

～❦～

Respecto a la bebida, ya no pienso en ella muy seguido. No he tenido que llamar a un amigo casi en seis meses. Antes solía pensar: "Jesús, las cosas están terribles, mejor voy y me tomo una copa". No me he sentido así en mucho tiempo.

Todavía voy a las reuniones de AA, porque si no convivo con ellos creo que no podría durar —particularmente en las islas. Allí beben muchos de los expatriados. Lo diré de esta forma: alrededor del club de marineros todos beben, incluso los hombres de negocios. Una gran cantidad. No hay con quién *hablar*.

En Fiji, las personas en recuperación se divierten más. Todos somos buenos amigos. También disfruto ir a las reuniones cuando estoy en Australia, y trato de asistir por lo menos tres veces a la semana. No conozco a mucha gente que haya dejado de asistir: esto es significativo. Si se volviera aburrido, tal vez lo dejaría. ¡Diablos, no, no lo creo!

Esto ha significado cierta presión en la casa, porque de vez en cuando me dicen: "Por Dios, ahora te vemos menos que antes".

En las primeras etapas, cuando me hacían ese comentario, yo respondía: "Mira, en vez de eso voy a ir por una botella de vino". Pero ya no me tomo la molestia de decirlo. Todavía existe el ocasional: "¿Cuánto tiempo más vas a ir?", y yo digo: "Pues el doctor Jones tiene más de 25 años y todavía asiste..."

Muchas veces es difícil hacer entender a la gente que la camaradería, la amistad y el compañerismo enriquecen tanto la vida.

⌥

Sydney es un lugar donde fácilmente uno puede ser un empresario alcohólico, debido a que es una ciudad muy grande y es fácil perderse en ella. Cuando trabajaba ahí podía ir a una taberna diferente todos los días; en cambio, en las islas Fiji uno no puede pasar inadvertido porque no hay más que tres o cuatro lugares. No pasa mucho tiempo antes de que uno descubra a un empresario dentro de su auto estacionado, bebiendo.

Hablar con ellos es más difícil que hablar con alguien que realmente ha tocado fondo. Cuando digo fondo, me refiero a que algunos de estos hombres han llegado lo más bajo que uno se pueda imaginar. Pero ellos tal vez no han llegado suficientemente lejos como para pedir ayuda.

Los hombres y las mujeres exitosos son bastante difíciles de convencer, a menos que se hayan estrellado contra la pared y estén en quiebra. Todo lo que le puedo decir es que uno se estrellará contra la pared si sigue en lo mismo por suficiente tiempo. La gente exitosa es una casta difícil. Principalmente porque lo saben todo, ¿no es cierto?, o por lo menos creen saberlo.

En los negocios internacionales, es fácil practicar la *fuga geográfica*. Un tipo sale de Fiji después de dos años y se va a Tailandia, en donde se quedará, probablemente, otros dos.

Pero insinuar que posiblemente tiene un problema es como... bueno, impensable.

Y las personas, algunas veces son, inconscientemente, partidarias de los alcohólicos practicantes. Un tipo tuvo problemas durante mucho tiempo; ahora no los tiene. Los tuvo cuando su esposa decidió dejarlo y desapareció cuando encontró a una amiga. Ahora, ella se fue. Yo había hecho buena amistad con él y, para ser honesto, pensé que él estaba peor que yo; pero uno logra ocultar sus problemas, particularmente con el apoyo de otros.

Pero el asunto es que aunque uno se esconda de otros, no puede escapar de uno mismo.

Aun cuando uno afronte el costo personal infligido por la bebida, lo más difícil es aceptar que su vida de negocios es inmanejable. Por ejemplo, nosotros manufacturábamos en Singapur. Sinceramente, me di cuenta de que Singapur era más un asunto de ego que de hacer dólares. Yo saqué de control al negocio, y era necesario volverlo manejable. Tenía que hacerlo mucho más grande y emplear mejores personas o reducirlo hasta donde fuéramos suficientemente competentes como para manejarlo —lo admito ahora, pero antes no podía hacerlo.

Siempre resulta muy doloroso admitir estas situaciones, y también admitir que aunque nosotros hacíamos algunas cosas muy bien en Fiji, fallábamos en otras. Era necesario admitir que debíamos cambiar de dirección y fabricar algunos de nuestros productos; después de que pasé tanto tiempo defendiendo el lugar, casi les lavé el cerebro a todos para que creyeran que era el único camino que se podía seguir.

Aún estoy convencido de que necesitamos cambiar de dirección. Estaríamos mejor sin el volumen, concentrándonos en cierto sector y haciendo eso muy bien. No tiene sentido producir cuatro veces más y hacerlo a costa de la calidad; uno no puede mantenerse vivo por mucho tiempo, a menos que su mercancía sea realmente buena.

Somos dueños de la compañía. Si no fuera así, probablemente la habría dejado hace dos años. Estoy empezando a sentirme mejor. Tiene todas las posibilidades de funcionar muy bien de nuevo, pero ya no trato de hacerlo todo yo, siempre. Posiblemente hago menos que otras personas, pero lo hago mejor. Antes no era precisamente un genio para delegar funciones, pero estoy mejorando.

No soy perfecto en manejar el negocio, pero ahora lo veo con ojos diferentes. Por ejemplo, pagar las cuentas a tiempo. Antes hacía cualquier cosa para no pagarlas si había manera de evitarlo. Supongo que todo tiene que ver con el hecho de ser mucho más honesto.

También empiezo a ponerme al día con los impuestos, lo cual es bueno. Estoy limpiando algunas áreas escondidas que antes me preocupaban sobremanera. Lo logré al aceptar y enfrentar algunas cosas que me molestaban. Ya no me preocupo por pensar: "¿Irán a descubrir esto y a dejarme caer un ladrillo encima algún día?" Ahora, todo está en orden. El gobierno puede venir, echar un vistazo y yo, simplemente, no me asusto más; en cambio antes, la sola mención de ellos en el teléfono solía hacerme salir corriendo.

❧

Aún hay mucho que mejorar, principalmente en el terreno de la familia, en donde ahora me consideran más egoísta. No sé si están en lo correcto, o si sólo defiendo más mis derechos. Antes me equivocaba tan seguido que cedía hasta cuando tenía razón. Ahora puedo ser tal vez demasiado correctivo.

Antes mi hijo trabajaba conmigo en el negocio; también mi esposa y mi hija. Pero si algo fallaba, yo tenía el mal hábito de gritarle a cualquiera de la familia y ser flexible con los empleados. Mi hijo sabe que puede regresar cuando quiera —ahora somos amigos de nuevo. Esto tomó dos años y medio.

Probablemente, lo mejor de todo esto es que ya no me siento culpable por nada que haya hecho en el último año. Puedo ahora despertar tranquilo sabiendo que no he perjudicado a mi familia. Tal vez he estado enojado, pero no he hecho nada desesperado o deshonesto y nadie me va a llamar mañana para decirme: "La última vez que lo vi estaba con fulano de tal en tal bar y tal lugar". Ya no me preocupo más por eso. Y ese tipo de temor y culpa duelen bastante. Nunca pensé que todo esto me lastimaba hasta que dejé de hacerlo. Ahora, conscientemente, sé que mi esposa puede llamarme si estoy en Fiji, y puedo contarle todo, decirle con detalle qué pasó, porque no tengo que nada ocultar, mientras que antes todo era una serie de verdades a medias. Aún así, tengo mucho por hacer en lo que a mi hogar se refiere, para que todo esté tan bien como debe ser. Posiblemente, eso se arreglará con hacer lo que debí haber hecho 30 años antes y que nunca hice.

En cuanto a expresar mis sentimientos, nunca he sido muy bueno y todavía no lo soy. Cuando iba a algún grupo de AA en donde todo el mundo se abrazaba, me congelaba. Ahora parece que estoy perdiendo eso, pero sólo es algo que pasa dentro de mí.

Antes, si tenía que hablar con todo el personal o dar un pequeño discurso en alguna actividad, debía tomar previamente tres tragos dobles. Y aún así me sentía nervioso. Por alguna razón, ahora sucede lo contrario. De verdad, me siento bastante cómodo frente a un grupo y conociendo nuevas personas. Eso no sólo es consecuencia de no beber, sino que lo he aprendido asistiendo a las reuniones de AA. Ellos me ayudan a desarrollar la confianza en mí mismo y me hacen sentir más tranquilo. Es decir, si no sé algo, no lo sé y ya. Mientras que antes, creía saberlo todo.

He trabajado en esta industria por 20 años, y probablemente he aprendido más en los últimos nueve meses que lo que nunca antes aprendí, simplemente porque mi mente está abierta.

Cuando viajaba, conocía a alguien en un bar y nunca le volvía a hablar. Ahora, hago excelentes amigos adonde quiera que vaya. Puedo llamar a diez hombres porque realmente regreso con muchos nombres y números de otros países, mientras que antes no deseaba ni recordar con quién había estado.

Es un mundo diferente e inmensamente mejor. Ahora estoy consciente cuando hablo con alguien que tiene un problema... ¿Cómo explicarlo? Sencillamente, tengo un proceso de pensamiento más completo para todo, supongo.

CAPÍTULO 24

Laura

Mi esposo era militar y nos habían enviado a Alemania. Allí di a luz a un bebé, a la edad de 22 años y tuve dificultades para amamantarlo; entonces varias mujeres alemanas me aconsejaron: "Si quieres amamantar, toma un poco de cerveza. Eso ayuda a que la leche fluya".

"¡Debe ser una broma!", les dije.

En ese entonces, algunas alemanas en verdad ponían cerveza en los biberones de sus bebés, y a las nuevas mamás que no podían relajarse lo suficiente para amamantar les aconsejaban tomar cerveza. Yo me negué porque no quería ser como mi mamá. Entonces terminamos alimentando a Harry con biberón, porque lo otro no funcionaba.

Cuando mi bebé tenía un año de vida, yo me sentía muy sola en ese país y empecé a padecer insomnio. Una noche, fuimos a una fiesta en que se encontraba mi médico y él bromeó: "Sé cómo puedes dormir: ¡te recomiendo que te emborraches todas las noches!"

Cuando lo vi en el consultorio, él me dijo: "En serio, creo que debes tomar dos de esas grandes y fuertes cervezas alemanas cada noche".

"Bueno", dije, y descubrí que era un buen remedio. Ése fue el principio del fin.

Los alemanes, al igual que los miembros de la comunidad norteamericana, bebían grandes cantidades de cerveza y eso era socialmente aceptable. Antes de que empezara a beber, la gente me preguntaba si era mormona, pues aparte de que no bebía, tampoco fumaba ni tomaba café.

Pero pronto me convertí en una de esas felices mujeres fiesteras. Me encantaba bailar y no me importaba con quién. Si mi esposo no quería bailar, yo buscaba a alguien con quién hacerlo; incluso entre los alemanes, con los que no me podía comunicar; y no me importaba. Mi esposo y nuestras amistades decían: "¿Dónde está Laura? Se fue". Y tenían que ir a buscarme.

Durante un tiempo vivimos en Munich, y el *Oktoberfest* era fantástico. Miles de personas en una enorme carpa, bebiendo y bebiendo. Nos encantaba. De toda Alemania venían amigos a quedarse con nosotros y los llevábamos ahí porque sabíamos cómo eran las cosas. Pero siempre tenían que asegurarse de dónde estaba yo. De lo contrario, no tenían la menor idea de si yo todavía estaba con ellos. No era frecuente que me alejara de ellos y me perdiera, pero sí ocurrió suficientes veces como para asustarme.

La primera vez que verdaderamente me emborraché fue en el invierno, en una promoción de libros de cocina, después de tener a mi segundo hijo varón. Todas éramos mujeres jóvenes, alrededor de los veinte años, probando toda clase de bebidas.

De regreso a nuestra vieja casa alemana, dejé caer al bebé en la nieve. Después me contaron lo que había pasado, porque yo no recordaba absolutamente nada. Me aterroricé hasta la muerte.

Después de este accidente, casi nunca bebía en público. En la casa, nunca me gustó la cerveza que el médico me había recetado, pero me gustaba tomar ron con refresco de cola. Esperaba hasta que los niños y mi esposo estuvieran dormidos, llenaba con agua caliente la tina de baño, que era del tamaño de un estanque pequeño, me preparaba esos grandes y excelentes tragos, me remojaba, y después leía y bebía...

Con el tiempo, nos transfirieron a Hawaii, en donde yo vendía equipo para tomar dictado a abogados, médicos e instituciones. Vendía de puerta en puerta y podía hacer lo que quería. Vivíamos en un lado de la isla; yo trabajaba y bebía en el otro. Empezaba a beber después del trabajo, con amigos, en un parque; después manejaba hacia la casa, pasaba por la montaña y al día siguiente me levantaba pensando: "¿Cómo llegué?" Nadie lo sabía y nunca recibí siquiera una multa.

Durante todo este tiempo, entrenaba para el maratón hawaiano, por lo que corría todos los días; algunas veces recorría 18 kilómetros y a veces hasta 40, hasta que completé mi prepración. Entre tanto, corríamos unos 10 kilómetros casi todos los fines de semana; después todos nos quedábamos por allí y tomábamos cerveza. Mi esposo y mis hijos también corrían, y eso fue lo que por mucho tiempo salvó mi matrimonio.

Todas las mañanas entrenaba para el maratón y luego me emborrachaba por las noches. Es asombroso lo que una puede hacer. Un día me encontré con uno de mis compañeros de carrera y entonces, a la mitad del recorrido, subiendo por Diamond Head, tuve que detenerme varias veces a vomitar.

También pertenecía a un club de corredores en Hawaii. Corríamos por toda la isla y luego nos juntábamos y bebíamos hasta quedar tan ebrios que actuábamos como tontos. La gente se bajaba los pantalones y calzones, enseñando el trasero, en público, y hacía otras cosas locas. Fue divertido por un rato, pero finalmente dejé de ir porque no podía confiar en mí misma. Iba a las fiestas, era cortés, regresaba a casa y seguía bebiendo. Aunque, también, con algunos meses de intervalo, necesitaba salir y festejar verdaderamente con la gente; sin embargo, siempre ocurría algo humillante.

Me encontraba en la hermosa Waikiki, infeliz en mi matrimonio y con todos estos espléndidos turistas alrededor. A veces me emborrachaba, me iba con alguien y despertaba en la habitación de un hotel. Lo más embarazoso fue que en una ocasión fui con los niños a la casa de una amiga, me escapé con su vecino de veinte años y regresé con marcas rojas en el cuello, de los besos y mordiscos que me dio.

Finalmente me decidí y hablé con mi esposo: "Algo anda mal. Esto no está funcionando y necesito ayuda". Su reacción fue salir a emborracharse; no regresó a la casa en dos días.

En realidad, todo lo que deseaba era salir de ese matrimonio, pero no sabía cómo. Él se negó y, por alguna razón, en lugar de irme, seguí expresando mis impulsos reprimidos en una conducta sin inhibiciones.

Ahora estoy convencida de que, con los medios adecuados y buenos consejos, ese matrimonio se habría salvado.

Después de que nos divorciamos, me la pasé deprimida y brincaba de una crisis a otra. Al fin, pedí consejo a un predicador y él me preguntó: "¿Crees que lo mucho que bebes tiene algo que ver con esta depresión y caos que hay en tu vida?"

Eso fue como si un rayo hubiera explotado en mi cabeza: "¡Alguien más lo sabe!" Fue un gran alivio. Él me sugirió llamar a algunos de mis amigos de la iglesia y citarme con ellos para una reunión de AA. Aparentemente, varias de las personas que frecuentaba asistían a algún grupo de AA y sabían de mí, pero yo no tenía la menor idea.

Asustada y temblorosa acudí a una reunión al medio día, en el salón de una asociación cristiana de hombres jóvenes, en el centro de la ciudad de Honolulú. Estaba impresionada porque allí llegaba mucha gente famosa. Muchos turistas asisten a ese grupo y siempre, al principio, preguntan quiénes son visitantes. El amigo que me llevó, me dijo: "Tú sólo siéntate. No tienes que decir nada". No *habría* podido hablar. Sólo lloré, fui a mi casa y me emborraché.

Aún no estaba lista.

Durante meses, cuando las reuniones terminaban y todos decían la oración final, yo lloraba —porque sabía que estaba en casa, pero todavía libraba una batalla dentro de mí: no podía dejar de beber por completo.

Mi grupo base era sólo de hombres. Era pequeño e íntimo, y ellos bromeaban conmigo: "¡Bueno, no eres alcohólica porque: a) eres mujer, b) no fumas, y c) no tomas café!" Pero ellos eran realmente personas que brindaban apoyo y todos estuvieron de acuerdo en ser mis padrinos sustitutos hasta que yo pudiera tener una madrina. Insistieron en que conociera los grupos de toda la isla.

Asistí a los grupos tres meses antes de lograr la sobriedad; esos meses fueron los días más dolorosos de mi vida. Había admitido ante el mundo entero que realmente existía un problema y que había encontrado la solución, pero por alguna razón no podía hacerlo.

En esa época, la gente me decía: "Sólo ríndete".

"¿Cómo?", preguntaba.

Me dijeron que yo todavía trataba de ser quien controlaba el asunto. Más de una persona me dijo lo mismo con diferentes palabras, pero cuando no oía lo que quería oír llamaba a otra persona. Finalmente, me di cuenta de que "rendirse" significaba renunciar tanto a mi vieja idea de que podía beber, como a la creencia de que mi rutina funcionaba, porque no era cierto.

"Rendirse", "soltar" o "aventar la toalla", significa estar deseosa de escuchar; de mantenerse quieta y escuchar lo que es verdad.

Hasta hoy, no sé cómo decirle a alguien que se rinda, pero sé cómo hacerlo yo. Tengo que estar sola y detener mi interminable monólogo interno: estar callada y escuchar; manejar y escuchar o limpiar la casa y escuchar. Durante mis primeros meses de sobriedad hubo tal bullicio en mi cabeza que, para mantener mi recuperación, repetía la *Oración de la serenidad** —una y otra vez.

"Rendirse" significa ceder ante la evidencia de las cosas, aceptarlas como son. Tenía un amigo al que solía llamar, llorando y refunfuñando por mi vida. Él me decía: "¿Cuál es la clave?"

Yo suspiraba y completaba la frase: "Aceptación". En otras palabras, aceptar la vida en sus propios términos, estar bien con ella como es, sin tratar de pelear y luchar todo el tiempo.

❦

Como vendedora, yo representaba diferentes cosas para cada persona. No había una persona que conociera todas las facetas de Laura —incluyendo a Laura. Tuve que buscar ayuda profesional sólo para verlas a todas y estar dispuesta a decir la verdad, toda la verdad a una persona: y buscar a una madrina que realmente pudiera llegar a conocerme y entenderme.

Han pasado 12 años, y francamente no creo que vuelva a beber. Voy a mis reuniones; llamo a mi madrina, trabajo los doce pasos, hago mi oración y medito. Funciona bien. Lo averigüé de la manera más difícil: ésa es la manera en que funciona para mí.

Como parte de mi programa, tengo una rutina diaria. Por las mañanas, al despertar, escucho una cinta de meditación. Luego, leo unos pensamientos para el día, seguidos por una afirmación positiva de un libro sobre prosperidad,

---

* Vea la nota de la página 209.

porque quiero más abundancia en mi vida. Por último, leo un pequeño libro titulado *Dios llama*. Con el paso de los años, gradualmente he enriquecido mi rutina. Al hablar con personas que tienen más de diez años de sobriedad, he concluido que cada vez se necesita más para mantenerse inspirado.

La primera vez que estuve sobria, sólo leer un pensamiento para el día o una página de *El gran libro de AA* era un logro mayor. Con el tiempo, me he disciplinado porque he comprendido que tiendo a ser una persona indisciplinada y que sólo la autodisciplina me dará la libertad que necesito. Si no lo hago, mi vida se volverá caótica.

Hoy soy madre soltera de una hija que va a la primaria y a quien alisto cada mañana. Hago la meditación y la lectura antes de que ella despierte, porque una vez que eso sucede ella necesita toda mi atención. En la noche, mi tiempo es para mi hija. Lo que más disfruto es acostarme con ella y leerle. ¡Qué mujer tan diferente de la que bebía todas las noches!

Hoy en día, sólo soy madrina de dos mujeres, porque no me gusta apadrinar a mucha gente. Para mí, apadrinar es guiar a alguien en los doce pasos de la recuperación. No soy su niñera ni su mamá. Y no quiero manejar la vida de otras personas.

He estado casada en sobriedad, divorciada en sobriedad; tuve que salir de la ciudad porque era vigilada y acechada en sobriedad. También me recuperé de cáncer en sobriedad. He tenido numerosos cambios de vida y crisis. Pero siempre he sido capaz de retornar al centro y de nuevo al programa para obtener mi fortaleza espiritual. Creo que es la gracia de Dios la que me ha mantenido sobria.

Beber ya no es un problema para mí. La sobriedad emocional es lo que busco cada día. Generalmente, no siempre me doy cuenta de cuándo estoy fuera de mi centro, pero lo sé inmediatamente cuando me acerco a alcohólicos en recuperación. Ellos pueden notar cuando una no está muy bien consigo misma, inclusive cuando ni una misma se ha dado cuenta. No sé si esto lo explica suficientemente bien. Cuando entro en esa habitación, la gente es real y allí existen muchos espejos humanos para reflejarse. Puedo verme con más claridad y hacer los ajustes necesarios para vivir cada día tranquila y contenta.

Todo está en su cabeza

Nosotros hemos visto que algunos individuos heredan una tendencia hacia la adicción al alcohol, pero que la mayoría de la gente desarrolla el desorden por sí misma durante años de fuerte bebida social, lo cual se ha hecho posible al vivir en un tolerante —y tal vez hasta alentador— ambiente cultural.

Si usted tiene algún antecedente de desorden en su familia, puede preguntarse: "¿Exactamente qué he heredado y dónde se localiza?"

O si usted no tiene tal ancestro, y simplemente ha alterado la química de su propio cuerpo por beber en exceso durante mucho tiempo, usted puede preguntarse: "¿En dónde precisamente ha ocurrido ese cambio?"

El lugar donde hay que buscar es su cerebro: la fuente de sentimientos de placer y el origen de las demandas del cuerpo, pidiendo más.

Desde hace varias décadas, es sabido que estimular varias y diferentes partes de nuestro cerebro con un electrodo, nos causa sed, hambre o sensaciones de excitación sexual, dependiendo de dónde sea aplicado el pulso eléctrico.

Un electrodo trabaja porque la comunicación dentro del cerebro, generalmente, ocurre cuando los transmisores inician pulsos eléctricos, en los extremos o terminaciones de los nervios. Un extremo o una terminación de un nervio liberará un neurotransmisor ("neuro" significa "nervio"), en el microscópico espacio entre los nervios, y el otro neuroreceptor lo capta y recibe; a este proceso se le conoce como "sinapsis".

Han encontrado que el alcohol afecta los neurotransmisores que operan en las áreas del placer en el cerebro, y las anomalías adictivas posiblemente se localizan ahí. ¿Pero exactamente en dónde?

Alrededor de 1970, el científico James Olds empezó a dibujar el cerebro animal con un electrodo y encontró un gran manojo de nervios del placer, que en los humanos se extiende aproximadamente desde la parte de atrás de la oreja hasta la frente.*

Este grupo de nervios, denominado "sendero de la recompensa", funciona con un neurotransmisor o comunicador conocido como *dopamina*. Con el paso de los años, otros senderos de placer han sido descubiertos; cada uno con un neurotransmisor diferente. Uno funciona con *serotonina*, otro con *gama-amino-butirato* (GABA), y un tercero con o*pioides*.

Durante siglos, mediante experimentos de prueba y error, los humanos han descubierto sustancias derivadas de plantas y frutas que imitan o incrementan la acción de los neurotransmisores en estos senderos de la recompensa. Por eso es que la gente usa alguna sustancia en particular, a fin de estimular los extremos o terminaciones de los nervios del placer. Si esta sustancia se encontrara en las sillas de madera, millones de personas andarían por ahí mordiendo sillas.

Dopamina –el transmisor del placer

La dopamina estimula los receptores de los nervios en el manojo que forma el principal sendero del placer: es decir,

---

* Se le llama el manojo medial del cerebro anterior o prosencéfalo.

en el cerebro,* y crea sensaciones de euforia, expansión, poder y energía. Sabemos exactamente dónde se localiza este manojo de nervios. No es una sorpresa para ningún bebedor saber que el alcohol estimula fuertemente el efecto de la dopamina en el sendero del placer y otros centros de recompensa en el cerebro. La mala noticia es que a veces el alcohol puede, simplemente, crear sentimientos en apariencia normales al aliviar o mitigar temporalmente un leve sentimiento de ansiedad y depresión fundamental causado por un consumo previo de bebidas alcohólicas.

Serotonina –el transmisor de la felicidad

La serotonina tiene efectos maravillosos en nosotros. Disminuye la depresión, alivia la ansiedad, eleva el humor y aumenta los sentimientos de autoestima.

Las autopsias de animales que *prefieren el alcohol* muestran que los senderos de la recompensa de sus cerebros tienen niveles anormalmente bajos de serotonina.**

Beber alcohol eleva los niveles de serotonina en varias áreas del cerebro.

¿Será por eso que los animales que prefieren el alcohol beben para elevar su nivel de serotonina y sentirse mejor? Si es así, el *incremento* en la actividad de la serotonina, de alguna u otra forma, debería causar una *reducción* en su consumo de alcohol.

Para probar esta teoría, los científicos intentaron estimular artificialmente los receptores de serotonina del cerebro de dos maneras. Primero, le dieron a las ratas que prefe-

---

* Éste es el circuito mesolímbico que se extiende desde el área ventral tegmentaria hasta el núcleo accumbens dentro de la corteza frontal.

** La transmisión nerviosa en los receptores de serotonina también es reducida.

rían el alcohol una droga que emula a la serotonina, es decir, estimula sus receptores; encontraron, como esperaban, que los animales voluntariamente disminuían significativamente su consumo de alcohol.* Después, le dieron a otro grupo una sustancia química que intensifica y prolonga el efecto de la serotonina natural, presente en el cerebro, y lo hace neutralizando a su emisor-receptor o transportador —una sustancia presente en la sinapsis, que "absorbe" la serotonina y se la lleva después de cierto tiempo. En otras palabras, el cerebro recibe un "inhibidor de captación", que ataca al sistema de transporte de la serotonina en la sinapsis dándole más tiempo para estimular a los receptores. Al intensificar la actividad de la serotonina natural, presente en el cerebro, el consumo de alcohol disminuyó también notablemente.

Parece ser que los animales que prefieren el alcohol y tienen bajos niveles de serotonina, en efecto escogen tomar más alcohol porque sus cerebros carecen de la estimulación adecuada del transmisor de la felicidad.

Estudios de comportamiento realizados con animales indican que los *humanos* que prefieren el alcohol, como los animales de laboratorio, quizá beban para elevar sus niveles de serotonina al nivel normal.**

Pero, ¿cómo se originó la deficiencia de serotonina?

Es posible que ciertas personas nazcan con una deficiencia natural en uno o más neurotransmisores o sus receptores, lo cual los lleva a tratar de compensarla con el alcohol

---

* La sustancia que intensifican las acciones naturales se llaman "agonistas".

** Algunas drogas bloquean de manera selectiva el emisor-receptor automático de identificación de serotonina, inhibiendo de esta manera la remoción o captación de serotonina de la sinapsis e intensificando su efecto. Éstos se conocen como "inhibidores selectivos de captación de serotonina (ISCSs)" e incluyen al Prozac y sus derivados. Aunque estos ISCSs han sido efectivos en el tratamiento de las depresiones, su impacto para reducir el consumo de alcohol es aparentemente insignificante.

u otra droga. Un estudio con ratas que *prefieren el alcohol* reveló que éstas habían nacido con una densidad receptora disminuida, así como una transmisión reducida de serotonina de los nervios.

Pero, una deficiencia de neurotransmisores también puede ser *resultado* del consumo de alcohol, y no *su causa*. Cuando estimulamos artificialmente un sistema de transmisión bebiendo, nuestro cerebro reconoce el exceso y trata de mantener el equilibrio reduciendo la producción de neurotransmisores y sus receptores. Nosotros sentimos los efectos de esta disminución cuando estamos sobrios —al hacernos falta los sentimientos normales de placer y felicidad— lo que puede llevarnos a compensarlos, bebiendo de nuevo. A su vez, esto hace que nuestro cerebro reduzca aún más el número de transmisores y receptores. El potencial para un ciclo se crea cuando no es interrumpido por un período de abstinencia y puede, eventualmente, llevar a necesitar el alcohol sólo para sentirse normal.

No hay duda de que un bebedor común, con un volumen más bajo que el promedio de transmisores en busca de un pequeño número de receptores, no puede esperar hasta las cinco en punto para tratar de sentirse mejor.

La mala noticia es que los niveles de serotonina pueden mantenerse bajos hasta por 60 días después del comienzo de la abstinencia.

La buena noticia es que una vez que nos mantenemos sin beber, nuestro cerebro busca el equilibrio aumentando naturalmente la producción de neurotransmisores y receptores hasta que nos sentimos bien de nuevo.

GABA –el transmisor de la depresión

La mayoría de los neurotransmisores estimulan las terminaciones nerviosas. GABA, sin embargo, actúa como un sedante ocupando los receptores y previniendo su estimulación. Es el neurotransmisor más usual, que reprime la receptividad de las terminaciones de los nervios en todo el cerebro.

El GABA reduce la ansiedad. El alcohol, un sedante, incrementa temporalmente su efecto.

Desafortunadamente, nuestro cerebro probablemente responde a este desánimo artificial reduciendo la cantidad de sedante *natural.* Como resultado, nos sentimos más tensos o ansiosos de lo normal una vez que el alcohol deja nuestro cuerpo. A veces la gente bebe para aliviar estos sentimientos. Pero entonces su cuerpo reacciona con una mayor reducción del sedante natural, lo que da como resultado más estrés y sienta las bases de un hábito destructivo.

Algunos científicos postulan que nos volvemos adictos al alcohol tratando de reducir el estrés. Como evidencia, anotan que la medicación para combatir la ansiedad reduce notablemente el consumo de alcohol en ratas y monos. Sin embargo, los estudios con personas que todavía no son adictas muestran claramente que la ansiedad, por lo general, no precede al acto de beber; más bien es *resultado* de la bebida.* Es entonces cuando puede volverse cíclico y, si continúa, convertirse en adicción.

Otros científicos han propuesto que la depresión conduce a beber. La verdad es que los individuos deprimidos raramente desarrollan la adicción, pero las personas depen-

---

* Sin embargo, la ansiedad pre-existente, para algunos, aparentemente conduce al consumo excesivo de alcohol. Por ejemplo, las personas con el desorden del pánico tienen cuatro veces más posibilidades de ser adictas. Pruebas con animales también han demostrado que los monos criados por sus semejantes, en lugar de por sus madres, están predispuestos a un comportamiento relacionado con el miedo y un consumo excesivo de alcohol. Separar a los monos criados por sus madres provoca mayor estrés en los jóvenes y eleva el consumo casi al mismo nivel. Los estudiantes de medicina cuya reacción al estrés fue ansiedad subsecuente fueron mucho más propensos al consumo excesivo de alcohol.

dientes del alcohol con frecuencia se deprimen, lo cual hace posible una situación en la que una persona bebe, después se siente un poco deprimida durante varios días; y eventualmente vuelve a tomar para alegrarse; de este modo, sin saberlo, cae en un hábito que conduce a la adicción. Como podemos observar, la evidencia es abrumadora en cuanto a que la abstinencia alivia simultáneamente la depresión y la ansiedad, e incluso otros síntomas desagradables de la ansiedad como las ocasionales palpitaciones del corazón e insuficiencia respiratoria.

Los opioides –el transmisor del alivio al dolor

Durante mucho tiempo los científicos han sospechado de una posible relación entre el alcohol y los opiáceos. En la era victoriana, por ejemplo, los opiáceos eran recetados como sustituto efectivo para la adicción al alcohol. Muchos médicos norteamericanos y británicos, residentes en Inglaterra, India, y China estaban convencidos de que la ingestión o el hábito de fumar opio, en sus pacientes, era preferible que los destrozos causados por el consumo de alcohol.

Al terminar el siglo, el catálogo de *Sears Roebuck* contenía dos páginas de tratamiento con drogas para la adicción a la morfina y para el alcoholismo —soluciones de alcohol para tratar la adicción a la morfina y tintura de opio para el alcoholismo. La lógica parece rara, pero por lo visto esperaban que una persona adicta a una de estas sustancia no se volviera dependiente de la otra.

En 1970, Virginia Davis y Michael Walsh notaron la coincidencia de que el alcohol produce una adicción física más generalizada que cualquier otra sustancia en el mundo, mientras que los alcaloides narcóticos de la morfina tienen mayor capacidad para producir dependencia física. Por lo tanto, sugirieron que el abuso del alcohol puede ser una verdadera adicción que involucra la producción de alcaloides naturales, como la morfina en el cerebro; y que la única diferencia entre la adicción al alcohol y la adicción a los opiáceos podría ser "el lapso de tiempo y dosificación requerida para el desarrollo de la dependencia".

Más tarde, los opiáceos naturales —como las endorfinas— fueron, efectivamente, descubiertas en el cerebro. Suprimen el dolor, alivian el estrés y probablemente inducen a la euforia, incluyendo la "embriaguez del deportista".

El alcohol activa este sistema natural opiácico que a su vez estimula un mayor deseo de ingerir alcohol. De esta manera, nace el potencial para un ciclo que, con interrupciones y arranques esporádicos, puede eventualmente llevar a la adicción.

Así como un aumento en la actividad de los opiáceos induce a un incremento del deseo de beber, una *reducción* en la actividad de opiáceos produce una *disminución* en el consumo de alcohol. Este descubrimiento ha llevado a un hecho memorable: la venta de la primera droga para el tratamiento de la adicción al alcohol en cuarenta y ocho años. Esta droga *reduce* la habilidad de los transmisores de opiáceos para activar sus receptores.

Los pacientes tratados con dicha droga y terapia de apoyo para "no beber" se mantienen sobrios por doce semanas, una tasa *tres veces* mayor que la de los pacientes a los que se les da otro tipo de placebo. Al reducir la actividad de los opiáceos en sus cerebros, estos pacientes experimentan menos deseos por el alcohol, por lo que si llegan a recaer, reducen la cantidad de alcohol ingerido.

El tratamiento con esa droga es recomendable para personas que necesitan y desean asistencia farmacéutica como apoyo para dejar el alcohol. Su eficacia a largo plazo es desconocida. Sin embargo, no debemos ser demasiado optimistas; el cerebro es tan adaptable que el curso natural de la adicción probablemente no será alterado por la ingestión de otra droga.*

Conclusión

No escuche a su cerebro. La adicción al alcohol es un desorden bioquímico de éste que implica un desequilibrio en el sistema neurotransmisor; este desequilibrio tiene un origen genético o es creado por beber en exceso. El cerebro que se ha vuelto químicamente adicto al alcohol, es el mismo órgano que decide si usted debe someterse a tratamiento. Es el ciego llevando al ciego. No lo escuche. Sólo haga lo que tiene que hacer.**

---

* En efecto, seis meses después de un tratamiento con esta droga, los pacientes reaccionan ante la bebida como si se les hubiera dado un placebo.

** Hay otros dos subtipos de neurotransmisores involucrados en la bioquímica del alcohol que no han sido mencionados en este texto. Uno es la norepinefina. Otro es el glutamato, un transmisor mayor excitatorio del cerebro; uno de sus receptores juega un papel importante en la memoria. El uso crónico del alcohol reprime su función receptora, y el cerebro probablemente responde aumentando el número de receptores del mismo tipo. Esto es peligroso porque tal aumento puede resultar en la hiperactividad durante la remoción del alcohol y contribuir a las convulsiones sufridas por algunas personas.

CAPÍTULO 26

Daniel

Mi sueño secreto era salvar al mundo haciendo algo grande. Entre tanto, seguía la regla no escrita de: "Todas las cosas importantes en la vida tienen que ver con el dinero". No importaba lo que lograra o lo mucho que ganara, siempre necesitaba beber para tener la sensación de bienestar.

Me encontraba deprimido casi todo el tiempo, por lo que registré en mis memorias lo que pensaba; la mayor parte era una continua crónica de "pobrecito yo". Mirando hacia atrás, me doy cuenta de que son los lamentos de un alma con cierta clase de heridas.

Trabajaba por mi cuenta, y si me sentía deprimido podía darme el lujo de dejar pasar los días en la zozobra. Podía parecer normal y dar la impresión de estar bien, pero no era así; no hacía casi nada y bebía una gran cantidad de alcohol por las noches. Durante el día, soñaba despierto y vagaba por las librerías en busca de respuestas. También buscaba con afán algunas diversiones (como aprender a pilotear un avión), con la esperanza de que eso pudiera ayudar a sentirme realizado. Finalmente, nada de lo que intenté funcionó.

Trabajaba como corredor de bienes raíces, ayudando a algunas personas a comprar o vender. Me levantaba, todas las mañanas, y revisaba qué negocios tenía pendientes, cuáles podía concluir o planear; hacía tanto como pudiera antes de que terminara el día.

En 30 años, pasé por tres períodos de bonanza seguidos por fracasos económicos; cada uno fue más próspero y más profundo que el anterior, hasta que el último dio al traste con el trabajo de tres décadas. También experimenté varios períodos de crecimiento dramático en mis valores monetarios, y ayudé a algunas personas a comprar terrenos baratos, lo cual les produjo un montón de dinero. Además compré buenos terrenos que sabía eran muy buenos, pero que no pude vender a nadie más.

Durante este tiempo, me acostumbré a tomar cerveza con regularidad, aunque sabía que no me convenía. Me gustaba la forma en que me hacía sentir, pero no disfrutaba de los efectos posteriores y no deseaba ser dependiente de ella. Nunca me aficioné a tomar café o fumar cigarrillos, así que no me hacía gracia la idea de tener que aferrarme a algo para sentirme de cierta manera.

Pero estaba en una intensa exaltación producida por el alcohol.

No lo necesitaba para ir al trabajo o realizar cualquier actividad, pero tenía que beber alcohol en algún momento, antes de terminar el día —para absorber lo que fuera, que hubiera sucedido el día anterior y el mismo. Siempre temí al día siguiente. Mientras estuviera activo, las cosas no estaban tan mal. Pero en el momento en que terminara lo que tuviera que hacer ese día, empezaba a preocuparme por el día siguiente, el próximo o los siguientes 20 años.

En retrospectiva, reconozco que en el día, desde temprano, pensaba en tomar un trago. Aunque realmente nunca bebí de día. Trabajaba todo el tiempo. Pero sí empezaba desde temprano en la tarde a decidir adónde iría por mi primer trago —si en la casa o en algún bar—, a hablar con amigos y a ver dónde nos íbamos a encontrar.

Cuando viajaba, lo primero que hacía después de atender los negocios era encontrar un bar. El bar del hotel, el bar del aeropuerto; lo que fuera y donde fuera —"tengo que encontrar ese bar", pensaba. Ahora puedo ver que mi bebida ocupaba una gran parte de mi pensamiento, incluso después de haber bebido.

Diariamente jugaba frontón a las 6:00 de la mañana en la universidad; algunas noches me emborrachaba y ¡ay, hermano!, después tenía que levantarme y jugar. Eso me parecía una penitencia, con mi culpa absuelta por el castigo masoquista recibido en la corte. Después iba a sentarme en el cuarto de vapor a "sudar el alcohol". Mientras sudaba abundantemente, mi cuerpo decía: "Oye, amigo, no puedes seguir así. Bebes o juegas". Claro, yo aseguraba que podría con ambos.

Sin embargo, ebrio o sobrio, siempre me sentí inconforme. No calzaba en el mundo en que estaba. Trabajaba bien en él, pero nunca me sentí parte de él.

Entre tanto, mi esposa y yo tuvimos cinco hijos; nuestra habilidad para gastar el dinero creció más rápido que el negocio. No importaba cuánto ganara, ya fuera suficiente apenas para almorzar o un camión lleno, lo consumíamos —y tenía que continuar en lo mismo, en un trabajo que me estaba dejando vacío. Nuestros hábitos de consumo también nos dejaron sin una protección, así que cuando el último fracaso económico nos golpeó, nos encontramos en un terrible aprieto financiero.

Para entonces, cuando la quiebra estaba en su apogeo, cuatro de nuestros hijos iban a la secundaria, y mi esposa y yo estábamos obligados a mantener todas sus actividades después de sus clases —basquetbol, futbol americano, soccer, béisbol, actuación. Iba como un fanático entusiasta, pero también quería escapar de ese sentimiento de inminente fracaso, y fue cuando me encontré bebiendo antes de los partidos y escapándome en los intermedios para tomar cerveza. Aunque estaba bastante tomado en casi todos los eventos, creo que me conduje bastante bien. Nos rodeaba una atmósfera de escuela religiosa; de modo que, si no lo hubiera hecho, algún benefactor de esos a los que les encanta dar consejos y señalar los errores de otros probablemente me hubieran dicho algo. Pero no, nadie me dijo que estaba mal. Ahora sospecho que pudo haber sido porque me temían. Durante esos años, creo haber presentado un semblante brusco; la gente solía preguntarme ocasionalmente por qué estaba enojado, cuando realmente no lo estaba.

Aunque no puedo identificar qué era lo que los hacía pensar eso, creo que la mejor respuesta es que yo era un imbécil. Claro, cuando necesitaban a un imbécil, ahí estaba yo. Cuando había una tarea desagradable que nadie quería hacer, yo estaba listo para ir. Los corredores y constructores involucrados en una batalla legal solían venir a buscarme porque sabían que yo disfrutaba al meterme en medio; amaba el combate y litigué por muchos años. Nunca entablé ningún juicio o pleito legal, pero sí enfrenté un montón de juicios presentados y entablados en mi contra, y los gané todos. ¡Porque estaba en lo correcto, por supuesto!

En principio explicaba que yo estaba en lo correcto, tomaba mi espada y embestía en el combate. Ahora veo que entrar en riñas no es necesariamente correcto, aunque el principio lo parezca. No es la mejor forma de resolver todas las cosas, pero esa era mi naturaleza cuando bebía.

Mi esposa y yo hemos estado casados durante 25 años y nos hemos adaptado bien el uno al otro, a través de los años. Pero cuando vino el último fracaso económico, yo estaba siempre frustrado y tuvimos algunos pleitos con palabras muy groseras. Nada físico, pero palabras muy fuertes y gritos.

Cuando el circo de tres pistas con problemas de dinero, niños y bebida, que era mi vida, estaba llegando a su gran final, almorcé con un viejo amigo al que había despedido cuando mi negocio quebró. Tuvimos una buena plática y cuando salimos, le dije: "Oye, Ismael, déjame invitarte una copa en el café *Vista del lago*, esta noche".

"No, gracias, Daniel."

"Bueno, si tienes otros planes... echo de menos verte, y me gustaría platicar otro rato contigo. ¿Qué te parece si nos vemos el viernes en *El portón de cedro*?"

Él titubeó, luego se inclinó, apoyó los codos en la mesa y me dijo: "Dan, ya no tomo".

"¿Por qué?"

"Te agradecería conservar esto en secreto, pero todos esos años que trabajé para ti, calculo que me bebía una botella de whisky casi todas las noches."

"Yo no tenía la menor idea."

"Mi esposa finalmente se molestó conmigo por eso. Se cansó de educar a los niños sola, mientras yo todo lo que hacía era trabajar y beber."

"¿Como dejaste de beber?"

"En AA."

Varias semanas después, me encontré con un amigo abogado en un estacionamiento. Le pregunté a qué se dedicaba, y él contestó: "bla, bla, bla..., y a propósito, entré a un grupo de AA". Siempre los había respetado a los dos y esto me hizo recapacitar y reflexionar en que ellos habían encontrado una manera efectiva de dejar el alcohol.

Yo mismo había dejado de beber varias veces —quizá cinco o seis— con la típica rutina de abstenerme por 30, 60 o 90 días. Una vez pasado ese tiempo, decía: "Bueno, no he de ser alcohólico. Puedo dejarlo cuando quiera". Después volvía a caer en lo mismo.

Pero esta vez decidí dejarlo para siempre y, por supuesto, aún pensaba que dejar la bebida por mí mismo era la solución.

Dejé de tomar más o menos durante 30 días, y luego empecé otra vez. Bebí un par de meses y volví a dejar el alcohol. Treinta días después, algo me hizo empezar de nuevo. En mi tercer intento ese año, juré: "Si no puedo dejar de tomar solo, esta vez iré a buscar uno de esos grupos de AA". Y, de hecho, sólo fue cuestión de tiempo antes de que estuviera deprimido y malhumorado; tenía que tomar whisky, cerveza o lo que fuera con tal de que fuese mucho y rápido.

Nunca me gustó pasar muchas horas bebiendo; quería sentir ese plácido relajamiento tan rápido como pudiera. Por lo general, llegaba a mi bar favorito, tomaba dos copas de whisky doble en las rocas, para empezar; después bajaba el ritmo de bebida y quedaba flotando mientras anochecía.

Cuando volví a beber esa tercera vez, mientas iba hacia el bar pensé: "Esta vez voy a tomar, y mañana iré a AA". Y fue exactamente lo que hice.

❦

Desde el primer día, supe que estaba donde debía estar. Era en una habitación con gente que enfrentaba el mismo desafío. Al entrar, yo tenía esa actitud elitista: "Sólo quiero un poco de ayuda para dejar de beber; yo sé que no soy un alcohólico y estoy seguro de que soy más inteligente que cualquier otro de los que están aquí". Pero apenas oí a unas cuantas personas, no sólo me di cuenta de que yo no era de una élite, sino que más bien era bastante común y corriente en cuanto a ser un alcohólico; yo era como muchos de ellos y estaba contento de haberlos encontrado.

Todos ellos eran hombres y mujeres a quienes les podía hablar de lo que *realmente* me sucedía. En el mundo de los negocios, aunque todo se estuviera yendo al demonio uno tiene que mantener las apariencias y decir: "¡Oh, me va de maravilla! Todo está muy bien". No puede hablar honestamente, y a mí me gusta estar en un lugar donde no tenga que mostrar una máscara y pueda, simplemente, decir lo que pienso.

En el transcurso de los siguientes tres meses perdí el deseo por el alcohol. Vi que mi verdadero deseo era espiritual. Había estado en una búsqueda espiritual toda mi vida e investigado a fondo muchas religiones —"vieja era", "nueva era" y de todas las eras— buscando sentirme bien. Adopté la esencia de sus enseñanzas, que era común a todas las demás, pero mis acciones nunca reflejaban mis convicciones espirituales, y eso fue parte de mi frustración general.

Algo que me fascinó del programa de AA fue que me enseñó cómo hacer que los principios espirituales se convirtieran en una parte funcional e integral de mi vida. Esa fue la gran falla de todo lo que yo había investigado antes, no me decían *cómo* llevarlo a cabo.

De AA obtuve un plan de práctica. "Ve y no peques más", dice la Biblia. Bueno, ¿cómo puede uno terminar con las cosas negativas cuando simplemente son un hábito? Entonces AA me dio una pequeña estrategia. Primero, tenía que reconocer cuando estuviera equivocado. Segundo, cuando lo reconociera tenía que admitirlo yo mismo y admitírselo a algún otro ser humano. Después, tenía que cambiar: y existe un mecanismo para lograrlo. Las religiones no me daban mecanismos para cambiar. Sólo me decían que lo hiciera.

Mucha gente puede hacerlo sola. Deciden: "Bueno, eso es lo que mi fe me dice que haga. Simplemente lo haré", y pueden hacerlo. Pero yo no soy así. No puedo cambiar con órdenes. Necesito tener algún mecanismo para lograr el cambio y estar con personas que deseen hacer lo mismo.

Esta no es una historia muy emocionante. Es común y corriente. De hecho, pienso que probablemente es más común que el historial alcohólico del bebedor que tocó un fondo muy bajo. En el mundo de los negocios, de clase media y para arriba, están caminando por ahí muchos más alcohólicos de los que podríamos imaginar, y eso afecta a mucha gente.

Una de las razones que tenía para dejar de beber era que en mi familia podía ver la tensión "disfuncional" —para usar el término de moda que, no obstante, describe con precisión lo que sucede en el ámbito familiar y en el hogar de un alcohólico. Siguiendo mi ejemplo, mis hijos desarrollaron el hábito de hacer tormentas en un vaso de agua. Eso es una buena señal que indica que uno está viviendo en un "hogar disfuncional" —personas que todo lo desaprueban, discuten; pelean por cosas irrelevantes y hasta evitan hablar sobre los asuntos verdaderamente importantes.

En una casa con siete personas, siempre hay pequeños altercados y fricciones. Uno deja sus libros en un lugar y otro los mueve porque necesita algo; entonces viene una gran discusión por eso: "Si yo dejé mis libros aquí; ¿cómo es que ya no están?" Es increíble cómo esas cosas explotan por toda la casa.

Nunca había oído, y por lo tanto mis hijos tampoco, que uno no debe enojarse si algo se sale de control. Pensaba que si alguien hacía algo que a uno le irritaba, uno tenía todo el derecho de enojarse. Si el sol salía en un día en que uno deseaba lluvia, o viceversa, tenía derecho a enojarse por eso. Bueno, uno tiene derecho, pero es una reacción inútil a un evento común. Así es como defino "disfunción": gente que reacciona en forma totalmente anormal ante cosas normales. ¿Cuál es la causa? La mejor respuesta que tengo es que no importa cuánto uno crea ser buena persona, trabajador esforzado y alguien deseoso de sacrificarse por su familia; cuando uno se encuentra predispuesto al conflicto, los demás no le importan. En realidad le importa sólo uno mismo.

Así era yo. Aunque hacía cosas para mis hijos, era responsable de ellos, pagaba las cuentas e iba a todas sus actividades, actuaba con una irritación personal cuando no se mostraban agradecidos conmigo. Podía haber andado todo el día detrás de ellos por el pueblo, ayudándoles con sus cosas, y en el momento en que me sentaba, uno de ellos venía y me decía, "Me llevas a la casa de José, en Podunk del Sur, Nueva Jersey?"

"He hecho cosas para ti todo el día", le respondía molesto. "¿No puedes dejarme en paz un momento?"

Aunque les ayudaba, actuaba como si lo que hacía por ellos fuera una carga y pretendía ser un mártir. Eso lo veo ahora, pero no me daba cuenta en aquel entonces. Pensaba que era un padre muy dedicado a su familia, que era explotado y ellos simplemente debían decir: "Ay, papá, haces tanto por nosotros; tómate una noche libre". Pero ellos nunca dijeron "Tómate una noche libre." Siempre dijeron: "¿Puedes hacer algo más?"

Cuando fui capaz de cambiar mi actitud, llegué a la conclusión de que mi trabajo era servir a mi familia: hacer las cosas que no podían hacer solos, y dejarlos (u obligarlos a) hacer las que sí podían.

En lugar de ver fuera de mi familia y pensar que debía hacer algo grande en mi vida y ser reconocido por eso, mi trabajo era ser un mejor Daniel cada día y dejar de preocuparme por la manera de influir en los demás.

Cuando comencé a cambiar, ayudado por un programa de recuperación, empecé a relacionarme con mi familia de una manera muy diferente. Dejé de reaccionar ante un pequeño detalle de ellos que me disgustara. Estoy seguro de que una de las características de una familia disfuncional es que los padres son sobreprotectores. Cada maldita cosa que hacen los hijos, uno dice algo; los critica o trata de controlarlos. Uno de los primeros grandes cambios consiste en dejar de dirigirse a los demás, especialmente a los hijos, dejar de decirles lo que está mal en sus vidas.

Ahora no les hago esas observaciones a mis hijos, a menos que me lo pregunten. Espero a que vengan y me digan que algo les preocupa y que desean mi consejo. En ese momento, sé que ellos están abiertos para oír mis propias experiencias. En el programa he aprendido a no decir: "Hiciste esto mal y ahora debes hacer esto otro". Hay un mundo de diferencia en la forma en que mis hijos reciben ahora la información, cuando les digo: "Bueno, entiendo tu situación; yo también tuve ese problema alguna vez. Y esto fue lo que hice entonces. No sé si a ti te funcionará". Empecé a tratar de no ejercer tanto control y dejarlos hacer sus cosas con mayor libertad. Trataba de no discutir con ellos, sino de dejar que encontraran las respuestas y consecuencias negativas por ellos mismos.

Cuando empecé a preocuparme menos por cada detalle de sus vidas, el nivel de tensión bajó. Ellos se sintieron más cómodos conmigo, yo me sentí más relajado con ellos, y mi esposa y yo volvimos a estar más contentos el uno con el otro. Todo esto no sucedió inmediatamente después de que yo dejé el control, pero sí hubo una gradual y notable mejoría en la conducta y el ambiente de nuestro hogar.

Les confesé a mis hijos que para mí era claro que yo era un alcohólico, y eso era una forma disfuncional de comportarse; cualquiera que fuera la causa —genética o ambiental—, yo tenía este problema y aceptaba tenerlo. Estaba admitiendo ante ellos que este comportamiento causado por el alcoholismo no era bueno para ellos y que yo había conducido sus pensamientos y comportamiento hacia los mismos patrones negativos.

Cuando empezamos a hablar del comportamiento disfuncional entre nosotros, mis hijos decían: "No menciones esa palabra de nuevo. Estamos cansados de oírla".

"Tenemos que discutirlo", les respondí, "porque yo hice lo mío: los hice a *ustedes* disfuncionales. Pero será su responsabilidad curarse. Eso es algo que no puedo hacer por ustedes."

Ahora todos estamos en recuperación. Mis hijos están en la universidad; tres de ellos todavía viven en la casa, y hay mucha gente en recuperación que nos visita. Sus amigos y mis amigos.

Además de los problemas de familia que debían ser resueltos cuando estuviera sobrio, también quedaron los destrozos financieros del pasado. Durante 30 años como exitoso corredor de bienes raíces, había ganado una impresionante cantidad de dinero; sin embargo, el saldo era que había gastado más de lo que gané.

Beber era una de mis adicciones, pero gastar dinero —o, mejor dicho, gastar crédito— era otra. No sabía negarle nada a mi familia, así que derrochamos dinero en autos, casas, yates y escuelas privadas. Yo gastaba dinero sólo para cambiar mi estado de ánimo. Si me sentía mal, me compraba un coche nuevo para sentirme mejor por un tiempo. O un pequeño avión, que una vez compré para sentirme bien. Uno se siente una persona muy importante cuando vuela en su propio avión. Pero eso no dura.

Entre otras razones, empecé a beber porque no me sentía realizado, y no me sentía realizado porque necesitaba aprobación: originalmente de mis padres y más adelante de mi familia, pero tampoco la obtuve. Mucho tiempo después, me di cuenta de que no sólo tenía esa tan ansiada aprobación sino que la estaba recibiendo, pero no la reconocía. La quería a mi manera; y cuando no la recibía exactamente de esa forma, trataba de comprarla.

Para la época en que el fracaso económico llegó, debía más dinero de lo que recibía y por un tiempo me sentí paralizado para hacer cualquier cosa al respecto. He trabajado durante seis años para saldar esa deuda, pagando solamente en efectivo, lo cual ha sido muy bueno para mí y para mis hijos.

La primera vez que nos fuimos a la quiebra hablé con todos y les dije: "Miren, estamos en una situación muy difícil. Tenemos deudas que no puedo pagar. Mis ingresos son inciertos y todos ustedes van a tener que trabajar medio tiempo para ganar dinero. Juntaremos diariamente nuestros ingresos en la familia y se los daremos a quien necesite usarlos ese día. Cuando alguien diga: 'Tengo que pagar la colegiatura', haremos ese pago entre todos."

Ese fue el método que tuve que adoptar en mi temprana sobriedad; una actitud mental para enfrentar la crisis: "Aquí estamos. No hay manera de dar marcha atrás. Vamos a tener que trabajar todos juntos para salir de esto y al mismo tiempo, con suerte, veremos a cada uno terminar la universidad".

Desearía haberme recuperado de ese naufragio financiero más rápido, pero aprendí que mi expectativa alcohólica siempre era más optimista que la realidad. Las cosas simplemente se mueven más despacio de lo que creo que deberían moverse. Esto es un típico deseo adictivo; quería rápido todo lo bueno. No quería perder tiempo en el proceso. ¡Sólo quiero resultados! Ahora he aprendido a disfrutar el viaje, aunque no ha sido un cambio fácil.

⁂

Me han dicho que cuando el comportamiento adictivo empieza, la madurez termina. Tenía 25 años de edad cuando comencé a beber cerveza con regularidad y no crecí de nuevo hasta que estuve sobrio a los 48, lo cual dejó una brecha sustancial entre algunos de mis contemporáneos y yo.

A pesar de que nunca pensé que mi modo de beber fuera dispar en relación con el de mis colegas en el mundo de los negocios, mirando hacia atrás, creo que yo era peor que la mayoría de mis semejantes, aunque no que todos ellos. Conozco a algunos tipos que no solamente se fueron a la quiebra financiera, sino que también perdieron a sus familias y todo lo demás y ni siquiera sé dónde están ahora. Muchos empresarios iban cada noche a su casa, en lugar de a los bares.

En otras palabras, había numerosas personas madurando, mientras yo no lo hacía: hombres y mujeres capaces y responsables, que ahora están retirados. Mientras que yo, fuera lo que fuera esta combinación de bebida, gastos y familia, todavía tengo que trabajar para vivir. Cuando miro alrededor y veo a mis contemporáneos satisfechos con su vida, me doy cuenta de que ellos lograron su propósito y yo no.

Ya no me interesa salvar al mundo, porque es mucho más grande que yo y evoluciona bajo un proceso que no puedo identificar, en cierta dirección y con ciertas leyes de operación que funcionan todo el tiempo; no puedo cambiarlo. Expresándolo de manera simplificada, mi concepto de Dios es que Él debe ser toda la energía que hay en el universo (y digo "Dios" sólo porque es la forma más fácil de identificarlo). Qué es todo eso, exactamente, no lo sé; pero aparentemente está organizado y se las arregla para operar perfectamente. Cada vez que parece no funcionar perfectamente es cuando voy en su contra. Si estoy en coordinación con él, todo parece hermoso.

En lugar de que yo trate de manipular todo esto, lo que se me ha dado es la oportunidad para manejar *mi* comportamiento, y eso es todo. Así que ahora estoy más concentrado en tratar de vivir en armonía, que en forzar a otras personas a caminar a mi ritmo.

Tampoco busco más las batallas y, cuando se me presenta alguna, uso el humor y la paciencia. Además, descubrí que prácticamente no existen motivos para pelear con la vida como antes pensaba.

Cuando siento que no estoy haciendo contribución alguna al mundo, voy a una reunión de AA, y aunque todo lo que haga sea sentarme allí y escuchar a alguien, sé que he hecho mi parte para ayudar. Aun cuando no necesito un grupo, algún hombre o mujer necesita que yo esté ahí para escucharlo. Solía recriminarme porque no estaba salvando al mundo y eso era razón suficiente para tomar un trago. Bueno, ahora no tengo que hacerlo, todo lo que tengo que hacer es ayudar a alguien más.

Cuando es la ceguera quien conduce

La adicción al alcohol es tan común y tan dañina para el cuerpo, que de hecho 25% de las personas admitidas en hospitales generales son adictas. Lo mismo ocurre con 20% de los pacientes que acuden a clínicas privadas.* ¿No es extraordinario?

Sin embargo, es igualmente extraordinario que, de estos pacientes alcohólicos, los médicos no logren identificar a nueve de cada diez. ¿Por qué? Porque la mayor parte de los bebedores cree que consume *la mitad* de lo que en realidad bebe** y entre más fuerte es su consumo de alcohol, más grande es el margen de error. De hecho, los que más beben consumen *tres veces más* de lo que dicen. Al igual que mucha gente obesa siempre asegura estar a dieta o comiendo moderadamente, los que abusan del alcohol a menudo afirman "beber socialmente", y promedian apenas un par de copas al día.

El engaño generalmente no es intencional —es una negación inconsciente, tanto hacia ellos mismos como hacia sus médicos —y el resultado es que la adicción al alcohol raras veces es tratada profesionalmente.

---

* Los pacientes externos, en la clínica médica de un hospital-escuela privado, fueron seleccionados mediante un cuestionario diseñado para identificar alcohólicos, y 20.3% de la población mostró resulados positivos. Resultados similares fueron encontrados en un centro de medicina familiar con una tasa sw 19.1%

** El consumo de alcohol reportado por las personas representan menos de 50% de las ventas.

Entre tanto, el individuo puede sufrir un gran cúmulo de daño físico, aparentemente no relacionado. Hagamos una revisión.

El corazón

El alcoholismo inmediatamente nos hace pensar en el hígado pero, de hecho, ataca *principalmente* por *su impacto, el músculo del corazón;* tan sólo la enfermedad cardiovascular causa una de cada tres muertes. Debido a que el corazón es tan vulnerable, se ha encontrado que la sensación de asfixia o las palpitaciones benignas ocurren en algunos hombres adictos.

Aunque muchos estudios han "documentado la contribución del abuso del alcohol a la disfunción cardíaca del ventrículo izquierdo, las arritmias y la deficiencia cardíaca", la población en general está todavía en oscuridad respecto de la estrecha relación entre el abuso del alcohol y las enfermedades cardíacas. Reaccionamos con incredulidad cuando una persona que tiene un desorden cardíaco sigue bebiendo sin darse cuenta de que la enfermedad del corazón bien pudo haber sido causada por el alcohol.

La gran C

Después de las enfermedades del corazón, el cáncer es el asesino más grande de hombres y mujeres adictos al alcohol. Aunque se elimine a los fumadores y a la gente obesa de sus rangos, *la mitad* de sus muertes prematuras son causadas por enfermedades del corazón y cáncer. En comparación, sólo 2% muere de cirrosis.

La inquietante amenaza de una epidemia

Beber alcohol elimina la respuesta inmunológica normal del cuerpo a las bacterias y a los virus. *Las personas que beben alcohol en exceso –ya sea ocasional o regularmente– están inmunodeprimidas*, y por lo tanto sujetas a infecciones más frecuentes y severas. No responden bien al tratamiento y tienen una sorprendente vulnerabilidad a la neumonía y a la tuberculosis.

La tasa de mortalidad para hombres con neumonía que son adictos al alcohol es tres veces mayor que la tasa normal. Además, las mujeres son propensas, a morir, siete veces más de lo esperado.* Estos números pueden empeorar rápidamente, debido a que muchas cepas bacterianas están desarrollando rápidamente una resistencia a los antibióticos, y los individuos que abusan del alcohol pueden, inesperadamente, encontrarse en un peligro todavía mayor.

Considere lo siguiente: en 1987, sólo 0.02% de las bacterias que causan la neumonía en Estados Unidos eran resistentes a la penicilina. Para 1995, de acuerdo con un estudio realizado por el centro de control de enfermedades (CDC, por sus siglas en inglés), este minúsculo porcentaje aumentó a un alarmante 25% en Atlanta. Esto representa un aumento de 1,000 veces, lo que indica una propagación potencialmente catastrófica de gérmenes resistentes a la droga.

El estreptococo es el responsable de que cada año exista medio millón de casos de neumonía, 6,000 casos de me-

---

* Las verdaderas cifras en una población alcohólica crónica probablemente sean mucho mayores. En este estudio de Toronto, por ejemplo, un número sustancial de muertes por neumonía fueron simplemente atribuidas al alcoholismo.

ningitis y tal vez seis millones de infecciones en el oído interno, tan sólo en Estados Unidos. En todo el mundo, este microrganismo causa de tres a cinco millones de muertes por año.

Un estudio del CDC mostró que el porcentaje más alto de cepas resistentes a la droga (41%) se presentó entre niños blancos, menores de seis años de edad. Los niños negros presentaban una tasa de 20%.

En 1995, una revista de medicina de Nueva Inglaterra,* en un artículo sobre el neumococo, decía que las cifras eran "alarmantes", y hacía una "escalofriante advertencia de que Estados Unidos —y en general el continente americano— estaba a salvo de la propagación de bacterias resistentes a la penicilina y a múltiples drogas" que ya eran comunes y frecuentes en España, Hungría y algunas partes de África y Sudamérica. Esta revista, que generalmente es muy seria y formal, asegura que: "Necesitamos urgentemente antibióticos originales y novedosos".

Una propagación similar de la bacteria que causa la tuberculosis, resistente a la droga, está ocurriendo en la ciudad de Nueva York. Su presencia en personas que nunca habían sido tratadas por tuberculosis se incrementó a más del doble —de 10% a 23%— entre 1984 y 1991. Tal proliferación de cepas resistentes a las drogas, en sólo siete años, es particularmente inquietante porque en Estados Unidos no había ocurrido un aumento de ninguna clase, a nivel nacional, desde 1950.

Contraer tuberculosis de una cepa resistente a la droga es un serio problema que requiere de hospitalización durante un promedio de siete meses, y alrededor de la mitad de los pacientes no se recupera. Los especialistas médicos que han tratado de salvarlos, recientemente declararon:

---

* "The preumococcus at the gates", *The New England Journal of Medicine.*

Si nosotros, con todos nuestros recursos, podemos tratar con éxito a menos de 60% de estos pacientes, ¿qué pasará en circunstancias menos ideales?

Las personas adictas al alcohol son particularmente susceptibles a contraer tuberculosis. En 1992, 42% de los clientes de un bar en cierto barrio de Minneapolis contrajeron la enfermedad por contagio de otro cliente.

En resumen, la amenaza que constituyen las cepas de neumonía y tuberculosis resistentes a las drogas es nefasta y representa un grave peligro de mayores proporciones para las personas inmunodeprimidas debido a un consumo excesivo de alcohol.

No hay nada peor que una cabeza hueca..

Puesto que el alcoholismo es un desorden del cerebro, no es ninguna sorpresa que, posiblemente, entre un tercio y la mitad de los pacientes con dependencia de alcohol en períodos prolongados hayan mostrado resultados anormales en tomografías cerebrales. Los ventrículos —los espacios vacíos en el cerebro que se extienden hacia la columna vertebral— estaban agrandados por el excesivo consumo de alcohol. En otras palabras, como la masa cerebral circundante es destruida, el cerebro se encoge y las cavidades crecen.

Esta reducción no está limitada a personas mayores. El hecho es que casi la mitad de las personas que se encuentran en la década de los veinte años de edad sufren cambios en la corteza cerebral después de cinco años de beber excesivamente.

...A menos que sea una cabeza hueca ansiosa

Casi uno de cada tres alcohólicos sufre permanentes preocupaciones, depresión, ansiedad u ocasionales ataques de pánico. Lamentablemente, muchas mujeres en esta situación toman anti-depresivos porque los médicos y las enfermeras no reconocen estos síntomas como señales o avisos del abuso del alcohol. Para las mujeres adictas al alcohol, la abstinencia casi siempre alivia estos síntomas.

Apoplejías o infartos

Entre los hombres que beben un promedio de cuatro o más copas al día, el riesgo de sufrir una apoplejía o infarto es *cuatro veces mayor* que entre los no bebedores. Es posible que esto se deba a una vasoconstricción en el cerebro, lo cual puede explicar los infartos y apoplejías sufridas durante parrandas prolongadas. Las mujeres que beben un promedio de tres o más copas al día, también tienen un significativo aumento de riesgo de un infarto o apoplejía.

Hepatitis C

El efecto del abuso del alcohol en el hígado es ampliamente conocido. Lo que poca gente sabe es que la hepatitis C, esencialmente, deja al hígado indefenso ante el alcohol; esta combinación ha matado a muchas personas que jamás lo habrían sospechado.

Con razón tantos mingitorios tienen colillas de cigarrillos

Beber hace que quienes son adictos a la nicotina fumen más, porque el alcohol facilita la eliminación de nicotina mediante la orina; por lo tanto, requieren cada vez más cigarrillos para mantener ciertos niveles de nicotina en la sangre. Otras personas envenenan sus cuerpos fumando sólo mientras beben, ya sea por la falta de juicio causada por la intoxicación, o para compensar los efectos depresivos del alcohol por medio de un alto consumo de nicotina.

¿Dónde es esa reunión de no fumadores?

Fumar en exceso acorta la vida por 8 años. El abuso del alcohol, a largo plazo, es doblemente letal y reduce la longevidad por 15 años.

Un estudio realizado con 500 hombres adictos al alcohol mostró que murieron a una *edad promedio* de 52 años. Muchos dejaron de beber por largos períodos de tiempo, para después recaer en algún momento.*

Esto es un gran incentivo para que los hombres y las mujeres que están en proceso de recuperación del alcoholismo también superen su adicción a la nicotina: los fumadores que lograron dejar de beber continúan muriendo a una tasa del doble de la normal, lo mismo que sus colegas que nunca dejaron de beber en exceso.

En 1996, un grupo de investigación médica reportó que más de la mitad de los pacientes internados que fueron dados de alta del tratamiento de alcoholismo, había muer-

---

* Un estudio posterior encontró que la edad promedio de muerte para los alcohólicos crónicos era también de 52 años.

to a causa de enfermedades relacionadas con el tabaco. Como resultado, estos médicos hicieron un llamado urgente para tratar la dependencia de la nicotina en la comunidad de alcohólicos en recuperación.

Mientras algunos centros de tratamiento continúan ignorando la adicción a la nicotina, temerosos de pedirle demasiado a sus clientes, otros han descubierto que —para las personas que estén dispuestas— la dependencia hacia la nicotina puede ser tratada con éxito sin interferir con el tratamiento del alcoholismo ni tampoco con el de la adicción a otras drogas.

¿Qué puedo hacer?

Uno llega a un momento en el que ya no es necesario,
ni posible, continuar solo.

Anónimo

Hemos alcanzado grandes avances en nuestro conocimiento del cerebro humano. De hecho, 80% de todo lo que se conoce ha sido aprendido únicamente en los últimos 12 años. Pero nuestro actual conocimiento no vislumbra siquiera de lejos la posibilidad de encontrar una solución al rompecabezas científico que implica la adicción al alcohol.

El futuro tal vez revele el mecanismo preciso por el cual el consumo excesivo o la predisposición genética dan como resultado trastornos químicos en el cerebro, junto con la necesidad de prescripción médica para corregir el desequilibrio inducido por uno mismo; o una complicada terapia de genes para remover y sustituir cualquier gen anormal.*

Por el momento, la mayoría de los tratamientos "médicos" consisten en una abstinencia desintoxicante, seguida por educación, apoyo y asesoría, ya sea como "paciente interno" de algún centro de rehabilitación, o "externo", que asiste a sesiones nocturnas mientras continúa trabajando y viviendo en su casa.

---

* La terapia de genes ya se utiliza para la fibrosis quística muscular; sin embargo, los científicos aún encuentran el proceso muy complejo, incluso después de identificar a los genes defectuosos responsables del daño o de la enfermedad.

Mucha gente no puede pagar el tratamiento, por lo que la mayoría de las personas que se recuperan, afortunadamente, pueden hacerlo sin supervisión profesional. Revisemos brevemente las opciones que existen.

Entrenamiento para controlar la bebida

El primer remedio que la mayoría de nosotros intenta es beber de manera controlada.

La experiencia de millones de personas ha demostrado que esto, realizado por uno mismo, no funciona. De hecho, enseñar técnicas para controlar la bebida en un programa formal de tratamiento, puede resultar contraproducente. Los primeros seis meses después de esta preparación pueden, irónicamente, llevar a un mayor abuso y una menor abstinencia, como si tal "preparación" nunca hubiera ocurrido.

A largo plazo, el entrenamiento para controlar la bebida no tiene absolutamente ningún impacto.

Los "loqueros"

Las constantes depresiones ligeras, la preocupación o el estrés —todos causados o exacerbados por el alcohol— llevan a muchos bebedores a buscar apoyo para aliviar sus síntomas. Otros terminan en el sillón de un terapeuta por problemas en sus relaciones de pareja o por el doloroso proceso de un divorcio.

A menudo, ni el paciente ni el terapeuta se dan cuenta de que el alcohol es la raíz del problema. Ambos asumen que si los problemas de la niñez o de la personalidad son

262 ✤ BERT PLUYMEN

encarados y resueltos, cualquier exceso en la bebida desaparecerá espontáneamente.

En consecuencia, históricamente, la psicoterapia ha tenido un fracaso abrumador cuando ha intentado ayudar a
los que abusan del licor a convertirse en abstemios. *De hecho, irónicamente, la terapia puede representar un obstáculo
para lograr la sobriedad inicial.* Mientras buscan las causas
psicológicas o míticas del abuso del alcohol, con frecuencia los pacientes no logran reconocer su adicción, la cual
puede ser incluso bioquímica.*

Al igual que el tabaquismo, la adicción al alcohol no
sólo es un problema emocional o intelectual.

Los estudios demuestran que la psicoterapia suele ser
menos efectiva que recurrir a grupos de autoayuda —especialmente para mujeres—, a no ser que el terapeuta tenga
muchos años de experiencia en asesorar a personas con
problemas de alcohol o de drogas.

Sin embargo, una vez que la persona deja de beber, la
terapia puede resultar muy benéfica en brindar asistencia
a la persona para mantenerse sobria. Las emociones que
llevan al deseo del alcohol, como el enojo o la soledad,
ahora pueden ser exploradas con relativa claridad. Y las ne-
cesidades subconscientes que antes eran apaciguadas por la
bebida, pueden ser identificadas y satisfechas por otros
medios.

Lo más importante es que quienes hemos anestesiado
nuestros verdaderos sentimientos respecto al alcohol durante muchos años, debemos recibir toda la ayuda que podamos encontrar para aprender a vivir con alegría. En alguna época, el lujo de contar con un consejero profesional

---

* A los 48 años de edad, 40% de la muestra universitaria del doctor Vaillant
había visitado a algún psiquiatra. Una vez recuperados, varios de los
elementos de la muestra universitaria se daban cuenta de que su psicoterapia había retrasado el reconocimiento de su alcoholismo.

personal sólo era accesible para la realeza. ¿Por qué no aprovecharlo ahora?

El tratamiento de pacientes internos

En años recientes, muchas compañías han instituido programas de asistencia a los empleados, y gastado muchos millones de dólares anualmente en seguros de salud y tratamientos para pacientes internados.

Dichos programas de tratamiento fueron un evidente fracaso. Por ejemplo, en 1974, un respetado investigador encontró que "en un sentido práctico, es muy probable que los alcohólicos dejen de beber completamente por seis meses o más cuando no tienen [tratamiento]".

Pero la eficacia del tratamiento últimamente ha mejorado de manera asombrosa. Hoy, más de la mitad de quienes terminan un programa de buena calidad de tratamiento con pacientes internos están sobrios al cuarto año después de ser dados de alta. La mayoría de los que recaen lo hacen en el primer año —incluso muchos de ellos lo hacen en los primeros días después del tratamiento— porque en ellos no funcionan los grupos de autoayuda.

La duración del tratamiento requerido varía según el individuo. Algunos hombres y mujeres son dados de alta después de siete días para ser atendidos fuera del hospital; otros necesitan la estructura, privacía e intensidad de un programa de cuatro semanas. Aun aquellos, en las peores circunstancias imaginables, tienen una más que merecida oportunidad de adquirir una abstinencia permanente y un empleo, con un tratamiento prolongado.

Numerosos centros con tratamientos excelentes están disponibles a un costo relativamente razonable. En otros, el costo por cuidado de pacientes internados es tan alto

que raya en la criminalidad. Algunos de los peores programas cobran hasta cuatro veces más que los mejores. Así que
le conviene buscar calidad y precio. El costo de un boleto
de avión puede ser la mejor y más barata inversión que usted haya hecho jamás.

Las clínicas diurnas

Una alternativa menos costosa elimina el gasto de una habitación y de la comida. Los pacientes asisten al tratamiento durante todo el día y se van a su casa por la noche y los
fines de semana. La tasa promedio de éxito es comparable
con la del tratamiento como paciente interno, con un aho-
rro de 60% del costo. Además, como elimina la transición
de regreso al ambiente de la casa, la mayor parte de los
pacientes expresan un sentido de bienestar más elevado los
primeros seis meses después de ser dados de alta.

Tenga cuidado: seleccionar un régimen menos intensivo
por razones estrictamente financieras puede ser una decisión inadecuada, debido al alto costo que representa este
modo de vida tan destructivo.

El tratamiento nocturno

Las personas con una fuerte adicción y que conocen más
de una droga —además del alcohol—, generalmente necesitan tratamiento como pacientes internos en clínicas. También lo necesitan aquellas personas cuyas estructuras de
apoyo social han sido destruidas. Difícilmente puede es-
perarse que hagan cambios en su vida sin un programa
intensivo.

Pero para otros, un entrenamiento corto combinado con un buen programa de tratamiento para pacientes no internos, es una buena opción. No sólo cuesta menos, sino que sus posibilidades de éxito pueden ser tan altas como las que ofrecen la asistencia y el cuidado brindados en un programa que incluya el internamiento.*

El programa de tratamiento del dolor

Muchas personas se recuperan sin tratamiento: a menudo bajo la condición de que ellos sufran un dolor bastante severo. Para algunos, la humillación de estar borracho delante de sus hijos, que los miran con los ojos muy abiertos, desconcertados, es suficiente para detenerse. Otros lo hacen cuando sus amados cónyuges hacen sus maletas y se van. Muchos se regeneran cuando son amenazados con la pérdida de su sustento. Pero la mayor parte de ellos continúan dando vueltas en espiral hacia abajo, buscando un fondo cercano a la muerte.

Lamentablemente, algunos miembros de la familia y amigos bien intencionados o empleados fieles, con frecuencia entorpecen el impacto de las dolorosas consecuencias que pueden llevar a la recuperación. La aterradora verdad es que esta cariñosa tolerancia alienta al adicto a continuar bebiendo.

---

* Muchas aseguradoras intentan asignar, por la fuerza, a *todas las personas* a programas de cuidado para pacientes externos después de la desintoxicación. Se basan en estudios que muestran tasas de éxito comparables entre pacientes asignados de manera aleatoria a programas de internamiento y programas de asistencia para pacientes externos. Esto es lamentable, ya que tales estudios a menudo abarcan pacientes que aceptan ser asignados de manera aleatoria porque no necesitan de un programa para pacientes internos.

Si usted está preocupado por alguien a quien quiere, en lugar de ser cómplice, trate de asistir a unas cuantas reuniones de un grupo familiar de Al-Anón, donde amigos y parientes de personas adictas al alcohol comparten su experiencia, fortaleza y esperanza. Otra excelente alternativa es buscar una afectuosa intervención profesional, competente. Su propósito es ayudar al bebedor a ver la realidad, hacerlo con respeto y ofrecerle opciones esperanzadoras que puedan ser aceptadas con dignidad.

Hombre, quiero otra droga

Los rápidos avances en el entendimiento científico de la interacción bioquímica entre el alcohol y el cerebro probablemente llevarán a la venta de numerosos compuestos para ayudar a hombres y mujeres adictos en las etapas iniciales de su recuperación. Como mencionamos antes, existe una droga que afecta el sistema opioide y es muy efectiva.

Es probable que pronto podamos ver un gran flujo de intensificadores de neurotransmisores, antagonistas e inhibidores de captación, cuyos objetivos sean la serotonina, GABA, dopamina, las endorfinas y sus receptores.

Es peligroso que la misma industria que nos inundó con tranquilizantes y antidepresivos ahora intente, con un afán lucrativo, guiarnos a un nirvana farmacéutico. Las actuales revistas de psiquiatría se anuncian en páginas completas y proclaman a los cuatro vientos las supuestas maravillas de medicamentos milagrosos que alivian la depresión, la ansiedad y el insomnio; los cuales inevitablemente serán recetados, por error, sólo para aliviar los síntomas de abstinencia característicos del abuso del alcohol. La industria farmacéutica prospera.

Pero en última instancia, la esperanza para millones de personas puede estar en esta dirección. No obstante, la triste realidad es que una abrumadora cantidad de alcohólicos sufre profundamente con su desorden hasta que muere. Una alternativa médica no destructiva sería bienvenida por todos.

Una solución comprobada y gratis

La solución estadísticamente comprobada para la adicción al alcohol está disponible hoy en día, cuando nosotros mismos decidimos hacer algo respecto a nuestra forma de beber y buscamos el apoyo de personas que ya han pasado por el mismo camino y están sobrias, y llevan vidas felices.

En 1935, un corredor de bolsa y un cirujano, ambos con doctorado en bebida, fundaron una organización de apoyo mutuo, Alcohólicos Anónimos; ésta ha tenido tanto éxito que en muchos lugares se ha convertido en motivo de orgullo, en vez de un estigma.

Los estudios realizados demuestran que la participación voluntaria en AA es un pronóstico positivo de sobriedad, y la asistencia ordenada por un juez o patrón tiene poco resultado. Además entre más prolongada sea la participación voluntaria, más larga es la sobriedad.

La tasa de éxito de AA aumenta con el tiempo. Las probabilidades de que un socio *activo* se mantenga sobrio un año más, mejoran de 40% durante el primer año de sobriedad, al 80% entre el segundo y quinto años, hasta llegar a 90% durante el sexto año.*

De manera impresionante, *los hombres y las mujeres que ayudan a los recién llegados sirviendo como sus padrinos tienen*

---

* Según una encuesta de 1986 hecha por la Oficina de Servicios Mundiales de AA.

un índice de abstinencia de 91%. No es extraño que ayudar a otros sea la base del programa.

La mejor evidencia de su eficacia es que AA, un grupo que alguna vez estuvo compuesto por fumadores masculinos de mediana edad, ha aumentado su membresía explorando alrededor del mundo entre mujeres y jóvenes. Casi dos terceras partes de los miembros de AA viven fuera de Estados Unidos, en países como Costa Rica y El Salvador, que tienen el doble de grupos de AA por número de habitantes.

En el directorio telefónico puede encontrar el número del grupo local de Alcohólicos Anónimos, prácticamente en cada ciudad de Estados Unidos, así como en la mayoría de las áreas metropolitanas más grandes del mundo. De hecho, la mayor parte de las ciudades tienen numerosos grupos de AA, ya que todo lo que se necesita para empezar uno nuevo es: un alcohólico que se esté recuperando y que tenga un resentimiento hacia el viejo grupo, una taza de café y *El gran libro de AA.* Puesto que cada grupo tiene su propia personalidad, recomiendo enfáticamente que quien busca esta ayuda acuda a varios grupos hasta encontrar aquél en donde se sienta más cómodo. Sin duda alguna, no debe decidir que el programa de AA no es para usted basado en una sola reunión con un solo grupo. Eso es como leer al azar una página de la obra de un gran autor.

Otros grupos de autoayuda

Involucrarse activamente en cualquier grupo donde la bebida no es la norma, puede resultar en una abstinencia sostenida, debido al refuerzo logrado y que proviene de las actitudes y los valores compartidos. Muchos lo encuentran mediante una activa participación en la comunidad de su

iglesia; otros, formando una red social de amigos y familiares no bebedores. Además, los grupos de recuperación no
basados en la espiritualidad, como los grupos estadouni-
denses Mujeres a Favor de la Sobriedad y Organizaciones
Seculares para la Sobriedad (SOS)* pueden ser encontrados
en un número creciente de comunidades norteamericanas.
Pero la realidad es que, para la mayoría de las personas, la
transición para salir de un estilo de vida con adicción a la
bebida, necesita ser iniciada con un tratamiento, en AA, o
con ambos.

Conclusión

No importa que usted elija el tratamiento como paciente
interno, pláticas nocturnas, grupos de AA u otro grupo de
apoyo, lo importante es que *haga algo*. Y no lo haga solo.
Vaya a algún lugar y hable con la gente. No permita más
que su cerebro adicto sea el único consultor; porque siempre llegará a la misma conclusión: "Yo puedo dejar de tomar solo, pero no lo haré", lo cual es nada más otra manera de decir que *no puede*.

---

* En el apéndice de este libro podrá encontrar las páginas de internet y la
página de internet de estas organizaciones.

CAPÍTULO 29

Prueba de diagnóstico

Puesto que no hay dos personas idénticas en su adicción al alcohol, un diagnóstico definitivo requeriría un largo y honesto diálogo con un entrevistador experimentado. Sin embargo, una prueba de diez minutos realizada por uno mismo es útil como un termómetro para quien tiene curiosidad de ver si sería razonable explorar el tema asistiendo a unas cuantas reuniones de AA; la mayor parte de estas reuniones recibe visitantes no alcohólicos, y el *único* requisito para ser miembro de AA es "el deseo de dejar de beber".

Las siguientes preguntas son resultado de investigaciones apoyadas en la literatura científica, así como también en la observación directa y la experiencia personal.

Responda "Sí" o "No" a cada pregunta:

SI NO

1. ¿Algunas veces le cuesta trabajo (o no logra siquiera) recordar lo que sucedió mientras bebía? ☐ ☐

2. ¿A veces le tiemblan las manos por la mañana, después de beber? ☐ ☐

3. ¿Bebe más cuando está deprimido, bajo presión o ansioso? ☐ ☐

4. ¿Bebe regularmente para aliviar el enfado, el insomnio o la fatiga? ☐ ☐

5. ¿Se molesta cuando alguien critica su modo de beber? ☐ ☐

6. ¿Suele tomar más alcohol o algún medicamento para aliviar su resaca? ☐ ☐

7. Cuando alguien le sirve una copa de vino, ¿compara en secreto el nivel del líquido en su copa con lo servido a los demás? ☐ ☐

8. ¿Periódicamente siente remordimiento por su modo de beber? ☐ ☐

9. ¿Ha intentado cambiar de bebida o seguir diferentes planes para limitar su forma de beber? ☐ ☐

10. ¿Descuida constantemente sus obligaciones en el trabajo, la escuela o su hogar debido al alcohol o a las resacas? ☐ ☐

11. ¿En ocasiones se ha sentido incómodo porque no hay alcohol disponible? ☐ ☐

12. ¿Ha sido arrestado por su comportamiento mientras bebía, como beber y manejar, o por emborracharse en la vía pública o por alterar la paz? ☐ ☐

13. ¿Bebe regularmente para sentirse más atractivo, o para aliviar la timidez, el aburrimiento o la soledad? ☐ ☐

14. ¿Ha dejado de beber por algunos períodos para demostrar que puede? ☐ ☐

15. ¿Espera impacientemente o con gran anhelo tomar el primer trago del día? ☐ ☐

16. ¿Algunas veces bebe mientras maneja de regreso a su casa cuando sale de la escuela, el trabajo o cuando realiza un largo viaje? ☐ ☐

17. ¿Ha encontrado que aumentó la cantidad, el tamaño o la potencia de sus bebidas desde que empezó a beber? ☐ ☐

18. ¿Se arrepiente de cosas que ha dicho o hecho mientras bebía? ☐ ☐

19. ¿Regularmente no logra cumplir promesas
    que se ha hecho a sí mismo respecto de su
    bebida?   ☐ ☐
20. ¿Le preocupa la posibilidad de tener un
    problema con la bebida?   ☐ ☐

Si se saltó la prueba para ver cómo es el sistema de evaluación, le recomiendo que no se adelante, pues podría
invalidar sus propios resultados. Haga primero la prueba
primero.

Como persona pensante, usted sabe que cualquier respuesta "Sí" merece reflexión. Puede haberse decidido ya a explorar el problema más a fondo, lo cual es sabio si está
preocupado porque tal vez tenga un problema con su forma de beber. Si contestó "Sí" a tres o más preguntas, sería
razonable asistir a unas cuantas reuniones con grupos de
apoyo, consultar a un psicoterapeuta experimentado en problemas relacionados con el alcoholismo y las drogas u obtener una evaluación confidencial y de un profesional, en
una clínica para alcohólicos.

Epílogo

Existe una gran razón para que usted o sus seres queridos toquen fondo tan rápido y tan alto como sea posible: la vida es corta. Desafortunadamente, cuando el alcohólico adicto finalmente toca fondo y comienza a vivir de nuevo, los años han pasado de manera irrecuperable: años en que los hijos han crecido, han dejado su preciosa niñez sin que nosotros lográramos disfrutarla; años en los que nuestros seres queridos se han ido a pasar sus días con otros; años en los que la belleza y la buena salud se han desvanecido o han sido destruidas gradualmente sin saberlo; años en que los numerosos días que pudieron vivirse sin estrés en un mundo lleno de rayos del sol, alegría y sonrisas, fueron malgastados en una callada y desesperada batalla física y emocional.

Permita que hoy sea "su cumpleaños de sobriedad".

Mira este día
porque es vida,
la misma vida de vida.
En su corto trayecto yace todo:
las realidades y verdades de la existencia,
el deleite del crecimiento,
el esplendor de la acción,
la gloria del poder.

El ayer no es más que un sueño,
y el mañana es tan sólo una visión;
pero el hoy bien vivido

hace que cada ayer sea un sueño de felicidad
y que cada mañana sea una visión de esperanza.

Mira bien, por lo tanto, este día.

Proverbio sánscrito

Nota final

En casi todos los temas científicos que abarca este libro, existen varias escuelas de pensamiento. La información presentada no podría ser "exhaustiva" sin tener el mismo efecto en el lector, y eso implica una selección. El punto de vista científico predominante, si existe uno, es a menudo el que fue reportado. Y estuve ciertamente influido por la investigación personal sobre el alcoholismo, que la mayor parte de los científicos, por suerte, no hicieron. Yo sé que uno no tiene que sufrir de cáncer para ser un buen oncólogo; sin embargo, no hay una prueba objetiva para el desorden amorfo que nosotros llamamos alcoholismo y, definitivamente, los años de experiencia personal sí proporcionan una agudeza de ingenio y un buen discernimiento.

Los errores al tratar de resumir varios campos de investigación, son inevitables. No obstante, espero que con indulgencia, todos estos errores resulten de poca importancia o secundarios.

También, muchos factores están sujetos a una constante modificación al realizar nuevas investigaciones: los genetistas, los especialistas del cerebro, los epidemiólogos y otros publican cada mes nuevos artículos.

Apéndice

Los doce pasos de Alcohólicos Anónimos

1. Admitimos que éramos impotentes ante el alcohol, que nuestras vidas se habían vuelto ingobernables.
2. Llegamos al convencimiento de que sólo un Poder Superior podría devolvernos el sano juicio.
3. Decidimos poner nuestras vidas y nuestra voluntad al cuidado de Dios, *tal como lo concebimos.*
4. Sin ningún temor, hicimos un inventario moral de nosotros mismos.
5. Admitimos ante Dios, ante otro ser humano y ante nosotros mismos la naturaleza exacta de nuestras faltas.
6. Estuvimos dispuestos a dejar que Dios eliminara todos estos defectos de carácter.
7. Humildemente le pedimos a Dios que nos librara de nuestros defectos.
8. Hicimos una lista de todas aquellas personas a quienes ofendimos y estuvimos dispuestos a reparar el daño.
9. Reparamos directamente, en lo posible, el daño causado, salvo en los casos en que al hacerlo perjudicaríamos a otro.
10. Continuamos haciendo nuestro inventario personal y al equivocarnos, lo admitimos de inmediato.
11. Buscamos, con la oración y la meditación, mejorar nuestro contacto con Dios, *como lo concebimos,* pidiéndole solamente que nos dejara conocer *su* voluntad y nos diera la fortaleza para aceptarla.

12. Habiendo experimentado un despertar espiritual como resultado de estos pasos, trataremos de llevar este mensaje a los alcohólicos que aún sufren, y de practicar estos principios en todos nuestros actos.

Si desea obtener mayor información sobre Alcohólicos Anónimos, la Oficina de Servicios Generales de AA y otras instituciones para el tratamiento del alcoholismo, consulte el Anexo de este libro:

Programa de aceptación "Nueva vida" de Mujeres a favor de la sobriedad*

1. Tengo un problema que amenaza mi vida y que antes me dominaba.
   Ahora yo asumo el control de mi vida. Yo acepto la responsabilidad.
2. Los pensamientos negativos me destruyen, únicamente, a mí misma.
   Mi primer acto consciente deberá ser eliminar la negatividad de mi vida.
3. La felicidad es un hábito que yo voy a desarrollar.
   Yo creo la felicidad, no la espero.
4. Los problemas me molestan, únicamente, en el grado en que yo permita que me molesten.
   Ahora comprendo mejor mis problemas y no permito que me abrumen.

---

* Traducido literalmente de: *"New Life" Acceptance Program of Women for Sobriety, Inc.* La página en internet de Women for Sobriety es: www.mediapulse.com/wfs/ y la página de Organizaciones Seculares para la Sobriedad (Secular Organization for Sobriety) es: www.secularhumanism.org/sos/

5. Soy lo que yo pienso.
   Soy una mujer capaz, competente, afectuosa y compasiva.
6. La vida puede ser común y corriente o puede ser extraordinaria.
   La grandeza es mía por un esfuerzo consciente.
7. El amor puede cambiar el rumbo de mi mundo.
   El afecto se convierte en algo de importancia vital y total.
8. El objetivo fundamental de la vida es el crecimiento emocional y espiritual.
   Diariamente pongo mi vida en un orden debido, sabiendo cuáles son las prioridades.
9. El pasado se fue para siempre.
   Nunca más seré víctima del pasado; soy una nueva persona.
10. Todo el amor que uno da, regresa.
    Aprenderé a saber que otros me aman.
11. El entusiasmo es mi ejercicio diario.
    Atesoro todos los momentos de mi nueva vida.
12. Yo soy una mujer competente y tengo mucho que darle a la vida.
    Esto es lo que soy y deberé tenerlo siempre presente.
13. Yo soy responsable de mí misma y de mis acciones.
    Tengo el control de mi mente, de mis pensamientos y de mi vida.

Otros libros sobre alcoholismo

Black, Claudia, *Eso no me sucederá. Hijos de padres alcohólicos,* México, Pax México, 2000.

Castro Sariñana, M.L., *Chimalli. Modelo preventivo de riesgos psicosociales en la adolescencia,* México, Pax México, 1997.

González Ancira, Jorge y Helena Manjarrez, *Soluciones para convivir con un alcohólico,* 2ª ed., México, Pax México, 2000.

North, Robert y Richard Orange Jr., *El alcoholismo en la juventud,* México, Pax México, 2000.

EL CAMINO A LA SOBRIEDAD
PRIMERA EDICIÓN
OCTUBRE 20, 2000
IMPRESIÓN Y ENCUADERNACIÓN:
ARTE Y EDICIONES TERRA, S.A.
OCULISTAS NO. 43
COL. SIFÓN
MÉXICO, D.F.